Manfred Flügge

Rettung ohne Retter

oder: Ein Zug aus Theresienstadt

Deutscher Taschenbuch Verlag

Von Manfred Flügge sind
im Deutschen Taschenbuch Verlag erschienen:
Figaros Schicksal. Das Leben des
Pierre-Augustin Caron de Beaumarchais (24235)
Heinrich Schliemanns Weg nach Troia.
Die Geschichte eines Mythomanen (34025).

Originalausgabe
August 2004
Deutscher Taschenbuch Verlag GmbH & Co. KG,
München
www.dtv.de

Umschlagkonzept: Balk & Brumshagen
Umschlaggestaltung: Catherine Collin unter Verwendung
einer Fotografie von © Photonica / Kamil Vojnar
Satz: Fotosatz Reinhard Amann, Aichstetten
Gesetzt aus der Minion 10,4/12,9˙ (QuarkXPress)
Druck und Bindung: Kösel, Krugzell
Gedruckt auf säurefreiem, chlorfrei gebleichtem Papier
Printed in Germany · ISBN 3-423-24416-X

Inhalt

Für Annette

Prolog

Jetzt kommt das Ende, denken die Menschen im Zug, als sie den Befehl der SS-Leute hören. Alle gelben Sterne sind von den Kleidern abzutrennen. Die Männer sollen sich rasieren und Krawatten anlegen, die Frauen sollen sich schminken. Nach der Zeit in Theresienstadt sind sie auf alles gefasst. Zynische Bemerkungen fallen, bittere Kommentare. Und warum bleibt der Zug die ganze Nacht stehen, wenn er wirklich schon die Schweizer Grenze erreicht hat? Vielleicht findet sich auch ein Witzbold, der sagt: Jetzt fehlt bloß noch, dass sie uns Champagner verordnen.

So viele Züge waren in diesem Krieg gefahren, Züge mit ausrückenden Soldaten und heimkehrende Lazarettzüge. Es fuhren mit Menschen voll gestopfte Viehwaggons zu den Vernichtungslagern im Osten, es fuhren dezent temperierte Wagen erster Klasse mit geraubten Kunstwerken aus französischen Sammlungen, die für die Elite der NSDAP oder für Museen im Reich bestimmt waren.

Die Kriegsherren benutzten Sonderzüge, die als rollendes Hauptquartier dienten. Der Sonderzug des Führers bestand aus zehn Waggons mit zwei Lokomotiven, dazu zwei flachen, offenen Güterwagen, bestückt mit Flakgeschützen. Zwei Waggons dienten als Wohn- und Besprechungsraum, ein dritter als Befehlszentrale mit Kartentisch, Fernschreibern und Funkgeräten.

Im gepanzerten Sonderzug von Reichsmarschall Göring war ein ganzer Wagen für die zahlreichen Uniformen und Jagdkostüme bestimmt, aber auch für Morgenröcke aus Seide und Brokat. Ein anderer Wagen enthielt ein weiß gekacheltes Badezimmer. Wenn Göring ein Bad nahm und frühstückte, musste der Zug solange stehen bleiben. Das hielt andere Transporte auf und brachte die Fahrpläne für einige Zeit durcheinander.

Die Feldkommandostelle von Heinrich Himmler, die zunächst »Sonderzug Heinrich« hieß und 1943 in »Sonderzug Steiermark« umbenannt wurde, bestand aus 14 Eisenbahnwagen. In der Mitte fuhren schwarz glänzende Schlafwagen, ein eleganter Speisewagen sowie ein Salonwagen, ferner ein Bürowagen mit Schreibtisch. Den Abschluss bildete ein offener Waggon mit Flakkanonen. Der Zug wurde von SS-Sturmbannführer Josef Tiefenbacher kommandiert und stand während der ersten Kriegsjahre meist in »Hegewald« in Ostpreußen, ein Deckname für eine durch Tarnnetze und Bäume geschützte Stelle in der Nähe von Hitlers »Wolfsschanze«. Er fuhr aber auch quer durch das Großdeutsche Reich, von Breslau bis zum Schwarzwald, von Ostpreußen bis nach Salzburg oder Wien. In diesem Zug führte Himmler in den letzten Monaten des Krieges wichtige politische Verhandlungen.

Anfang April 1944 reisten zwei aufgeregte Damen mit dem Nachtzug von Paris nach Madrid. Die eine besaß einen großen Namen in der Modewelt, die andere war ihre englische Freundin, die man mit List und Druck aus Rom herbeigelockt hatte. Sie fuhren im Auftrag von Himmlers Geheimdienstchef, mit einer ganz speziellen Botschaft für englische Regierungsstellen, als Beauftragte in einem Spiel, das sie nicht durchschauten.

Über Züge mit rätselhaften Ladungen kursierten viele Gerüchte. Ende September 1944 suchte ein Zug mit Raubgut aus jüdischem Besitz in Ungarn einen Weg in die österreichischen Alpen. Eingeweihte sprachen vom »Goldzug«. Etwa zur selben Zeit, als die Wehrmacht aus dem besetzten Frankreich vertrieben wurde, rollte ein Güterzug aus der Champagne in Richtung Süddeutschland. Trotz Bombenangriffen und beschädigter Gleisanlagen erreichte der Transport mit seiner rätselhaft klirrenden Ladung die Schwäbische Alb. Dort sollte sich wohl ein geschützter Stollen finden.

Und nun also ein Musterzug aus dem Musterlager in das Musterland? Am 5. Februar 1945 war ein Zug mit 17 Pullmanwagen aus Theresienstadt abgefahren, nach drei quälenden Tagen der Auswahl der 1200 Passagiere. Konnte man den Angaben der Lagerleitung trauen, dass die Fahrt wirklich in die Schweiz ging? Wie viele Transporte hatten schon das Lager verlassen, angeblich zum Arbeitseinsatz im Osten, ohne dass man je wieder etwas von den Verschleppten gehört hatte. Wolken von Fragen, Ängsten und Gerüchten schwebten drohend über den Menschen, von Massenerschießungen auf freiem Feld war die Rede, von Gaseinleitungen in die Waggons. Was würde mit den Menschen in dem verdächtig komfortablen Zug geschehen? Würde man sie ausreisen lassen? Was hatte sich zugetragen, bevor dieser Zug fahren durfte?

Anderthalb Tage dauerte die Fahrt, über Karlsbad, Bayreuth, Nürnberg, Augsburg, Friedrichshafen. Die zweifelnden Reisenden sahen zerstörte Ortschaften, ausgebrannte Häuser, schief in den Himmel ragende Stümpfe von Kirchtürmen. Würde man an ihnen Rache nehmen für den Bombenkrieg? Auch dieses Gerücht kam auf. Eine ganze Nacht ließ man den Zug bei Konstanz stehen. Eine Nacht der Ungewissheit. Ein deutscher Wachmann rief: »Das war alles nur Bluff. Jetzt kommt ihr ins Gas!« Aber nichts rührte sich, nichts geschah, niemand durfte aussteigen.

Dann kamen SS-Leute durch die Abteile und gaben erstaunliche Befehle aus. Die Judensterne sollten entfernt werden, die Frauen sollten sich schön machen, die Männer ihre Bärte abnehmen. In Theresienstadt hatte es mehrere »Verschönerungsaktionen« gegeben, um Delegationen vom Roten Kreuz zu täuschen. Würde man dieses grausame Spiel nun fortsetzen?

In einigen Abteilen herrscht ängstliches Schweigen, in anderen ist das Redebedürfnis ungeheuer, so überspielt man die Anspannung, die Angst. Sie scherzen ohne zu lachen. Nur das ältere Paar, das sich gleich neben einer Abteiltür gegenübersitzt und anlächelt, sagt kein Wort. Aber sie sind kein Paar, sie sind nur zufällig dort platziert worden von den höheren Mächten, die ihr Schicksal längst in die Hand genommen haben, seit er von österreichischen SS-Leuten in Berlin aufgegriffen wurde, seit sie aus dem jüdischen Krankenhaus in Moabit geholt wurde, die Witwe eines 1918 sehr jungen Kriegers. Sie haben sich nie zuvor gesehen, sie lernen sich nun erst kennen. Sie müssen nicht viel sagen, sie verstehen sich auch so. Mit ihren Blicken halten sie sich aneinander fest. Sie schauen sich an und hoffen stumm. Doch was sie hinter sich haben, gibt sie so bald nicht frei. Alles Vorangegangene muss ihnen wie eine Fügung vorkommen, die sie, unscheinbare Randfiguren eines großen Schicksals, nun zusammenführt.

Am frühen Morgen rollt der Zug plötzlich an. Sieht alles echt aus, denken die Passagiere, als sie endlich aussteigen dürfen. Oder haben die Nazis jetzt auch eine falsche Schweiz nachgebaut?

Hinter den Prellböcken am Ende der Schienenstränge erhebt sich ein weiß getünchtes Fabrikgebäude. »Zentraler Schlachthof« ist mit großen schwarzen Lettern aufgepinselt. Und etwas kleiner darunter: Sankt Gallen.

1. KAPITEL

Onkel Max

1

Sie können ja sagen, dass es ein Roman ist, auch wenn der historische Rahmen stimmt, Namen, Orte und Aktionen keineswegs ausgedacht sind. Wenn jemand fragt, wie Sie auf die Geschichte mit dem Zug aus Theresienstadt gekommen sind, und vor allem auf das skurrile Nachspiel, die Sache mit dem Champagnerzug, berufen Sie sich auf Zeitzeugen, die anonym bleiben wollen. Sagen Sie nur, dass Sie bei einem Spaziergang in Paris in einer Seitenstraße eine kleine deutsche Buchhandlung entdeckt hätten, deren Schaufenster noch die breiten Holzumrandungen von Läden aus der Vorkriegszeit besaßen. Sie seien in den bescheidenen Laden gegangen, hätten ein Gespräch mit der Buchhändlerin angefangen, und so weiter.

Jene Buchhandlung, nennen wir sie *Die Arche*, wurde gerade aufgelöst. Sie war gleich nach dem Krieg von einem deutschen Emigranten gegründet worden, um all die Bücher wieder anzubieten, die vor 1945 in Deutschland verboten und verbrannt worden waren, hatte einen gewissen Namen erworben und über die Jahre hinweg eine Stammkundschaft gehalten, die aber immer kleiner wurde. Sie können ja beschreiben, wie bei jedem Treffen mit der Buchhändlerin ein weiteres Regal ausgeräumt war und die Bestände allmählich verschwanden, während die Erzählung voranschritt. Von mir müssen Sie nicht viel erzählen. Es genügt, wenn Sie sagen, ich hätte die Buchhandlung von meinem Stiefvater geerbt. Meine Mutter hatte ihn im Schweizer Exil kennen gelernt und war mit ihm nach Paris gegangen, während mein leiblicher Vater nach dem Krieg zunächst in der Schweiz blieb und später in Deutschland wieder politisch aktiv war.

Unsere Familienverhältnisse sind etwas verwirrend für Außenstehende. Es gab allerlei Wechselspiele und Lebensprovisorien, Trennungen und Versöhnungen. Vater oder Adoptivvater, Mutter oder Tante oder auch Nenntante, Gefährte oder Gatte, das war nicht so wichtig. Es ging nur nach Sympathien in einem großen Kosmos von Leuten, und immer waren ganze Scharen beisammen, in unüberschaubaren und wechselnden Konstellationen. Familie war ein ganz falsches Wort für unsere Kohorte. Ich glaube, mein Stiefvater gebrauchte dieses Wort. Bald ist ja wieder die ganze Kohorte beisammen, sagte er vor Feiertagen.

Lag es wirklich nur daran, dass in den Jahren von Exil und Krieg alles so durcheinander gewirbelt wurde? Manchmal glaube ich, die äußeren Umstände haben nur eine Tendenz verstärkt, die immer schon bestand. Als ich jünger war, habe ich mir keine Gedanken gemacht und geglaubt, alles im Leben sei Zufall, denn das ließ Chancen offen und Glücksversprechen, doch seit einiger Zeit denke ich immer mehr an die Notwendigkeit, die hinter noch so chaotischen Geschichten stecken mag. Aber liegt die Notwendigkeit in uns selbst oder in äußeren Verhältnissen, auf die wir keinen Einfluss haben und die wir gern fröhlich übersehen, um zumindest die Illusion der Freiheit zu retten?

Einige von uns lebten in Paris, andere in Tel Aviv oder in der Schweiz, wenige in Berlin, irgendein Zweig war auch immer gerade in Amerika vertreten, selbst in Südengland hatten wir ein Clan-Konsulat, wie es meine Mutter nannte. Freunde, Verwandte und Angelachte konnte man oft nicht auseinander halten. Aber das hat mich als Kind nicht verwirrt, ich fand es eher spaßig, es sorgte für Abwechslung und allein war man auch nie. Später lernte ich dem turbulenten Spiel zu misstrauen. Diese aufgeplusterte Fröhlichkeit, die sich so leicht herstellte, war vielleicht nur ein Vorhang vor einem dunklen Hintergrund, von dem alle wussten, den man aber nicht ansprach.

Ich selbst bin immer nur Mitreisende gewesen, eine stille Nebenfigur, keineswegs vernachlässigt, doch nicht für eine Heldenrolle vorgesehen. Vielleicht habe ich ja deshalb solche Sympathien für Onkel Max entwickelt.

Ich habe alles nur geerbt. Ich habe die unausgesprochenen Aufträge anderer Leute übernommen. Aber es konnte zu nichts führen, dass ich irgendwann das planlose Leben aufgab, das ich seit meinem Abitur geführt hatte, und nach dem Tod meines Stiefvaters Piet Cary, ich war schon über 30, diese Buchhandlung übernahm. Irgendwie lag die Erwartung in der Luft, ich würde die *Arche* weiterführen, auch wenn es nie ausdrücklich besprochen wurde. Und nun geht die Geschichte der Buchhandlung zu Ende. Viele werden es bedauern und sie dann vergessen, obwohl alle wussten, dass sie auch ein Denkmal war, eine halbwegs lebendige Erinnerung an unerzählte Geschichten, so wie mein Leben ein Schattenleben war, im Schatten anderer, größerer Gestalten aus der Generation zuvor, ein Leben in der Melancholie des Exils, das niemals endet und über alles, was später kommt, einen leichten Schleier legt.

2

Meine Mutter wäre bestimmt entsetzt, wenn sie wüsste, dass ich ausgerechnet die Geschichte meines Onkels Max Bamberger festhalten möchte, für den sich niemand bei uns interessierte. Dabei ist seine Geschichte die unsicherste, mehr ein Gerücht als eine Tatsache für Reporter. Aber ich möchte ihn vor der unausgesprochenen Geringschätzung retten, die er in unserer Kohorte erfuhr, wo es in den finsteren Jahren so viele Kämpfer und Helden gegeben hatte. In unserer Familie schien man Onkel Max die Umstände seiner Rettung vorzuwerfen, dabei hatte er sie genauso erduldet wie seine Verschleppung. Als er 1945 in die Schweiz ausreisen durfte, ahnte er bestimmt nicht, wie der Zug aus Theresienstadt ermöglicht wurde. Gauner und Opportunisten, Verbrecher und naiv Wohlmeinende waren an dieser Aktion beteiligt und verfolgten dabei ihre eigenen Interessen. Max konnte nicht wissen, dass gleichsam die ganze Weltgeschichte in einer absurden Anstrengung in Bewegung gesetzt werden musste, damit er und seine Braut gerettet würden.

Mein Vater hatte in einem englischen Buch den Begriff »Himmler's pet camp« gefunden, womit Theresienstadt gemeint war, und er scheute sich nicht, manchmal von »Himmlers Lieblingen« zu sprechen. Aber selbst das nahm Max hin, als habe er sich etwas zu vergeben. Man belächelte ihn ein bisschen, nahm ihn nicht sehr ernst, machte Witze über ihn und vor allem über seine Braut. Sie wurde Tante Elli genannt, und mehr schien man von ihr nicht wissen zu müssen. Das Wort »Braut« wurde immer leicht herablassend ausgesprochen. »Ach, Onkel Max und seine Braut«, hieß es spöttisch, als sei damit alles gesagt. Man reagierte sich an ihm ab, aber nie habe ich verstanden, was man ihm eigentlich übel nahm. Er ließ sie reden, wehrte sich nie, lächelte nur still, als schäme er sich ein bisschen.

Einmal fragte ich meine Großmutter: »Was ist denn mit Onkel Max? Warum lächelt er immer so?«

»Ach, dieser Sonntagsmaler«, sagte sie nur.

Der Spott über Onkel Max war nie sehr böse, aber er kam mir ungerecht vor. Einmal beobachtete ich ihn, als er allein auf der Terrasse vor seinem kleinen Haus im Tessin saß. Ich sah dieses sonderbare Lächeln um seinen Mund. Er schien gar nicht in die Landschaft zu schauen, auf die Berge oder den Luganer See, er war ganz in sich gekehrt, ein bisschen wie in Trance. Er hatte ein schmales, hohes Gesicht mit abgerundeten, aber deutlichen Kanten, eine sehr feine Nase, einen weißen Lippenbart, dichtes silbergraues Haar, das wie ein leichter Hahnenkamm nach oben ragte. Ich fand ihn vornehm, und ich fand ihn schön. Seine Augen schimmerten leicht feucht, in einem seltsam wässrigen und erstaunlich hellen Blau, und obwohl sie etwas klein wirkten, hatten sie eine Intensität, die mich sprachlos machte. Nur dieses Lächeln irritierte etwas. Ich habe später andere Menschen erlebt, die unter ganz verschiedenen Umständen in Gefängnissen gesessen hatten oder interniert waren, und immer habe ich bei ihnen dieses Onkel-Max-Lächeln gefunden. Sie wissen etwas, das die anderen sowieso nicht verstehen können und wonach man besser nicht fragt.

Wie alt wird er damals gewesen sein? Ich nehme an, er war um die 65, er war ja der älteste der Brüder, mein Vater war der jüngste. Tante Elli war etwa so alt wie er. Sie hatte einen kleinen, fast runden Kopf und ein Gesicht, das auf den ersten Blick sehr glatt schien und in dem man erst allmählich eine Unzahl feiner Risse entdeckte, wie auf einem alten Gemälde, wenn man es aus zu großer Nähe betrachtet, es wirkte, als hätte sich jemand einen grausamen Scherz mit dem Porträt einer schönen Frau erlaubt, die sich ein Leben lang darum bemüht hatte, jung und frisch zu bleiben.

Sie muss ihren eigenen Humor gehabt haben, denn einmal sagte sie: »Mein Großvater hieß Wiener, mein Vater hieß Frankfurter, und ich bin jetzt eine Bamberger. Man wird eben bescheidener.«

Soweit ich verstanden habe, hatte Elli, die wohl Elisabeth hieß, als junge Frau ihren Verlobten verloren, er fiel in einer der letzten Schlachten an der Westfront im Jahr 1918. Später hat sie nicht mehr geheiratet, als hätte sie sich für einen besonderen Anlass aufgespart. Aufgespart war sie für die Deportation. Onkel Max lernte sie im Zug von Theresienstadt in die Schweiz kennen, und sie blieben für den Rest ihres Lebens zusammen. Sie sind ja sehr alt geworden.

3

Wir sprachen nicht von Theresienstadt und auch sonst kaum von der Vergangenheit, so wie in manchen Familien nicht über Sexualität gesprochen wird (über die hingegen wurde bei uns viel gesprochen). Dafür trafen wir immer wieder junge Deutsche, welche die schwarzen Jahre bis ins Detail kannten. Meine Mutter ging nie zu Kolloquien oder Gedenktagen. Sie verbiss sich in ihre besondere Form der Sozialarbeit, sie half Frauen aus Deutschland, die in Paris gestrandet waren. Ich glaube, das hat es in dieser Form nie wieder gegeben. Sie hat ihre ganze Entschädigung dafür aufgebraucht. Und manchmal sage ich mir, auch sie hatte ihre Geheimnisse.

Ein Wort war besonders tabu: Champagner. Damit war eine peinliche Geschichte verbunden, mit der man Onkel Max leicht aufziehen konnte.

»Champagner kann ich euch leider nicht bieten«, sagte mein Stiefvater, als er uns in ein Restaurant in Lugano einlud.

»Und Max kann uns da auch nicht helfen«, fügte meine Mutter hinzu.

Onkel Max lächelte nur mitleidig und ließ die andern reden.

Als mein Vater sagte: »Jeder hat eben sein besonderes Talent«, zuckte Max mit den Schultern und antwortete ungewöhnlich lange: »Ich will weder Einstein noch Rothschild sein, auch kein kleiner Karl Marx oder sonst eine große Leuchte. Ich gedenke meine Existenz durch keine andere Heldentat als mein pures Dasein zu rechtfertigen.«

Onkel Max hat nie sehr viel gesprochen. Er hat eigentlich immer nur gelächelt und geschwiegen. Mit Tante Elli sprach er so leise, dass niemand etwas verstehen konnte. Es wirkte wie ein unterdrücktes Lachen, als ob sie immerzu etwas erzählten, was die andern sowieso nicht begreifen würden.

Wenn ich heute an Onkel Max denke, dann wiegt sein Lächeln so schwer, ja es tut mir fast weh in meiner Erinnerung. Immerhin war er fast drei Jahre in Theresienstadt gewesen. Was hatte er erlebt? Niemand wusste es. Die anderen, meine Mutter, mein Vater, mein Stiefvater, und auch die feinen Großeltern hatten auf diese oder jene Weise überlebt, und selbst ich kleines Gör war irgendwie eine Überlebende. Was Max erlebt hatte, schien nicht zu zählen. Die anderen hatten große Pläne, wollten Politik machen oder Buchhandlungen eröffnen, nur Max musste sich nichts vornehmen. Wenn ich den Andeutungen der anderen glauben sollte, hatte er vor dem Krieg nichts aus seinem Leben gemacht und hatte es jetzt auch nicht vor. Er ging spazieren und genoss die gute Schweizer Luft und das Licht.

In unserer Familie wurde nicht gerne von persönlichen Erlebnissen erzählt. Immer gab es in der Gegenwart viel Dringlicheres zu tun, man hatte keine Zeit für Erinnerungen. Die meisten von uns hatten ja einiges erlebt, aber niemand gab seine Erfahrungen zum Besten, das war nicht üblich und wäre bestimmt nicht gut aufgenommen worden. Und doch habe ich mir nach und nach einiges zusammengereimt, als hätte man die Aufgabe des Erzählens auf mich abgewälzt, genau wie diese Buchhandlung und das, wofür sie stand.

Vielleicht empfanden meine Leute Erzählen als zu leidenschaftslos, zu schicksalsgläubig. In unserem Kreis hatten alle zu tun, waren äußerst betriebsam, politisch immer auf dem Quivive. Mir kam ihr Leben ziemlich unwirklich vor, wie eine einzige Fiktion. Sie hatten überlebt, aber sie waren aus der Bahn geworfen, führten kein wirkliches Leben mehr, liefen Chimären nach, überdeckten alle Fragen mit grenzenloser Aktivität.

Mein Vater hielt überall in Deutschland Vorträge, trat im Fernsehen auf, schrieb Artikel und Bücher, leitete Akademien und Tagungen; die Genossen und Gewerkschafter luden ihn gern ein; ein engagierter Jude, der einiges mitgemacht, aber alles verziehen hatte, das sorgte für ein gutes Gefühl; nur zu seiner Beerdigung ist dann niemand von denen gekommen; meine Mutter leistete Sozialarbeit in Paris; mein Stiefvater führte die Buchhandlung, in der er immer wieder politisch-literarische Abende organisierte, aber diese vielfältigen Aktivitäten erschienen mir nur als Ersatz für etwas, das man nicht benennen konnte.

Das klingt vielleicht unfreundlich, aber solche Gedanken kommen einem in diesem Schattenleben in der Buchhandlung, die ich fast 20 Jahre geführt habe, die ständig bedroht war und nur mit großzügiger Hilfe von außen überleben konnte, als Erinnerung an etwas Verlorenes.

Ich merke, ich springe hin und her, meine Erinnerungen und die historischen Erkenntnisse vermischen sich, man sucht nach etwas Ganzem, aber man findet nur auseinander gebrochene Teile.

Glauben Sie nicht, dass ich mich mein Leben lang mit Onkel Max beschäftigt habe. Ich besitze nur wenige Stücke von ihm, zwei, drei Fotos, ein paar Briefe, das ist alles. Erst seitdem ich diese Buchhandlung ausräume, etwas langsamer als nötig, als müsste ich mich von jedem Buch einzeln verabschieden, ist er mir wieder in den Sinn gekommen. In einer Schublade fand ich ein Foto von unserem letzten Besuch in der Schweiz. Onkel Max sitzt etwas matt auf einer Bank neben der Bushaltestelle, von wo aus wir nach Lugano herunter fuhren. Ich weiß nicht, wer es in diese Schublade gelegt hat, vielleicht war es sogar mein Stiefvater. Sollte er sich auch Gedanken über Onkel Max gemacht haben?

Er hatte noch zwei andere Fotos dazugelegt. Dieser junge Mensch in SS-Uniform ist Walter Schellenberg, der letzte Geheimdienstchef der Nazis, Himmlers rechte Hand. Es schockiert etwas, ihn so neben dem Foto von Onkel Max zu sehen, mein Onkel Max und dieser schmächtige, blasse Bursche in der schwarzen Kluft. Man wundert sich ja manchmal, wie jung die Funktionäre der Nazis waren. Da steht er, der Mann aus dem Reichssicherheitshauptamt, und hat sein Rumpelstilzchenlächeln aufgesetzt, imponiert sich selbst gewaltig, aber was weiß er wirklich? Was hat er getan?

Und dann sage ich mir: Das soll der Retter von Onkel Max sein? Von Onkel Max und über 1000 anderen Menschen. Ist eine Rettung weniger wert, wenn sie aus politischer Berechnung geschah und dann auch noch mit Himmlers Segen? Kann man den Verzicht auf weitere Morde überhaupt eine Rettung nennen?

Ein anderes Foto zeigt noch so einen fragwürdigen Helfer. Seine Erscheinung ist nicht unsympathisch: glattes Gesicht, eleganter, diskreter Lippenbart, sehr hohe Stirn, rundlicher, fast kugelförmiger Kopf, kraftvoll kurze Kinnpartie, die den Kopf noch runder wirken lässt, offene, aber etwas zu schmale Augen, kräftig vorspringende Wangen, sehr flache, eng anliegende Ohren. Ich bin sicher, dass er leicht gerötete Haut hatte und viel gesünder aussah als Schellenberg, denn er ist ein Schweizer aus den Greyerzer Bergen, dem Oberland südlich von Fribourg. Er heißt Jean-Marie Musy und war im Jahr 1944 schon im Ruhestand, einst Schweizer Finanzminister und Anfang der dreißiger Jahre sogar Bundespräsident. Er pries die Leistungen der faschistischen Regime in Europa, hatte wiederholt Kontakt zu Himmler, entwickelte dann aber in den letzten Kriegsmonaten eine erstaunliche Aktivität, um möglichst viele Juden aus den Lagern zu retten. Welches waren seine Motive? Ist dabei viel Geld geflossen? Warum hat er mit Schellenberg zusammengearbeitet? Ein Abgrund von Fragen. Eine unangenehme Gesellschaft, mit der man es bei dieser Geschichte zu tun bekommt. Im Grunde ist es eine Rettung ohne wirkliche Retter.

4

Max Bamberger war nicht besonders mitteilsam. Man hätte seinen Gleichmut für Ausdruckslosigkeit halten können, wenn nicht gar für Apathie, wären da nicht seine hellblau leuchtenden Augen gewesen, auf die sich sein ganzes Temperament konzentriert zu haben schien. Er schaute gern zu, er hörte gern zu, das machte ihn bei Frauen beliebt, wenn auch nur als Gesprächspartner.

»Du scheinst auf etwas zu warten«, sagte sein Bruder Siegfried einmal, »aber du weißt wohl selbst nicht worauf.«

Max hatte sich daran gewöhnt, Theorien über seine Person zu hören. Er schien es geradezu als seine Rolle anzusehen, Bemerkungen zu provozieren, als glaubte er, dass alle Äußerungen oder Taten den Menschen charakterisieren, der sie von sich gibt, sonst aber keine Bedeutung haben. Dabei zeigte er eine sehr spröde Art der Aufmerksamkeit, ob er sich Lebensbeichten anhören musste oder Geschwätz. Der Mensch ist, was er zu erzählen weiß, lautete sein Motto.

Da er selbst nur selten erzählte, wusste niemand so recht, was für ein Mensch er denn war, auch in der eigenen Familie nicht. Die Schule hatte er mit gelangweilter Gleichgültigkeit absolviert, mit nur einer Ehrenrunde; am Unterricht beteiligt hatte er sich nur, wenn man ihn provozierte. Er konnte aus dem Stegreif ganze Cicero-Reden deklamieren oder alle Länder des Globus samt ihren Hauptstädten aufzählen, aber er legte keinen Wert darauf, vor den andern zu glänzen, protestierte nie gegen ungerechte Noten und schrieb besonders knappe Aufsätze. Seine Abiturnoten waren mittelmäßig, ein Studium hatte er niemals beabsichtigt.

Die Bambergers waren um 1875 von Breslau nach Berlin gezogen und betrieben in zweiter Generation eine mittelgroße Druckerei. Max würde sie niemals übernehmen können, für das Geschäft eignete er sich nicht. Sein jüngerer Bruder Franz war zu sehr an Politik interessiert, so blieb nur Siegfried als künftiger Firmenchef. Doch übernahm Max, der sich sein Erbe auszahlen ließ und ein Zimmer in der Passauer Straße in Charlottenburg mietete, zuweilen kleine Aufträge für die Firma des Vaters.

Einmal brachte er Druckfahnen zum Haus des Verlegers Bruno Cassirer in der Derfflingerstraße in Schöneberg. In der prächtigen Villa, deren Wintergarten als Ausstellungsraum diente, traf man nicht nur Autoren, bildende Künstler, Buchbinder und Kritiker, sondern auch Stallburschen, Fahrer und Getreidelieferanten, denn der korpulente Hausherr gehörte in seinem zweiten Leben zur Leitung des Trabrennvereins Mariendorf und besaß ein eigenes Gestüt, das bei Rennen sehr erfolgreich war. Max gefiel dieser bunte Reigen bei Cassirer, und schon bald war er hier regelmäßiger Gast. An einem Mittwochnachmittag ließ er sich mitnehmen auf die Rennbahn. Die Mischung aus Berliner Gesellschaft und nervösen Tieren, aus Parfüm und Schweiß, aus stolzer Selbstdarstellung und hektischem Wettbetrieb bot seiner Beobachtungslust ausreichend Stoff.

An einem anderen Renntag traf er seinen ehemaligen Klassenkameraden Hans Bürgler, der sich sehr wunderte, den stillen Max an diesem turbulenten Ort zu sehen. Als Hans seine letzten Groschen auf das Pferd Kitty setzen wollte, seinen Favoriten im Hauptrennen, warf Max ein: »Ich habe gehört, Kitty ist außer Form.«

Hans stutzte. »Was verstehst du davon?«

»Nichts, aber ich habe ein Gespräch von Leuten mitgehört, die sehr viel davon verstehen.«

»Dann setze ich eben auf Fidelio.«

Und tatsächlich gewann dieses Pferd.

»Wenn du noch mehr so gute Tipps hast, lass es mich wissen.«

Und so trafen sich Max und Hans, die in der Schule nichts füreinander übrig gehabt hatten, des Öfteren auf der Rennbahn und Hans,

Dr. jur. und karg entlohnter Assessor im Innenministerium, konnte sein Gehalt dank der Hinweise von Max etwas aufbessern.

»Wenn ich einmal reich bin, feiern wir mit Champagner«, sagte Hans.

»Lass dir Zeit«, sagte Max, der sich für seine Mitmenschen interessierte wie für Romanfiguren, vielleicht weil es ihm die Illusion eines sicheren Abstandes vermittelte.

Ihre seltsame Zusammenarbeit ging auch nach 1933 noch eine Zeit lang weiter. Bruno Cassirer hatte 1934 seinen Platz im Vorstand des Trabrennvereins, den er einst vor dem Ruin gerettet hatte, aufgeben müssen, aber noch 1937, ein Jahr vor seiner Auswanderung nach England, gewann sein Pferd Robert der Teufel den Großen Preis von Mariendorf.

Hans Bürgler hatte an jenem Tag besonders gute Kasse gemacht, aber statt sich bei Max zu bedanken, sagte er nur mit sehr ernster Miene, dass weiterer Umgang mit ihm nicht opportun sei. Er könne aber seinen Eltern zur Auswanderung verhelfen, wenn Max bereit sei, einmal für ihn nach England zu reisen, eine ganz ungefährliche Mission. Dafür erhalte er einen speziellen Pass. Max lehnte ab, er wusste, dass seine Eltern auch ohne diese Bedingung die Ausreise bewilligt bekämen. Vor dem Abschied übergab Hans an Max dennoch einen neuen Pass.

»Frag nicht, woher ich den habe, vielleicht brauchst du ihn noch einmal. Wer weiß, wann wir uns wieder sehen.«

Erst später bemerkte Max den Eintrag: »Die Dienstreise erfolgt im Auftrag der Reichsregierung.«

5

Die Großeltern von Max Bamberger hatten gewissenhaft die jüdischen Lebensregeln beachtet, die Großmutter trug eine Perücke, der Sabbat wurde ebenso eingehalten wie die Speisegesetze. Bei den Eltern wurde beides schon weniger ernst genommen, aber sie besuchten an den Feiertagen die Synagoge und spendeten für die Wohltätigkeitsarbeit der Gemeinde, ließen jedoch ihren drei Söhnen freie Hand.

Franz hatte eine wahre Leidenschaft für Politik entwickelt. Er war von der Idee der sozialen Gerechtigkeit besessen, war aber mit den Sozialdemokraten ebenso unzufrieden wie mit den Kommunisten. Als Mitglied der SAP, einer kleinen linken Partei, die sich von der SPD abgespalten hatte, war er Ende Februar 1933 nach Paris ins Exil gegangen. Siegfried, der sich auf seine religiösen Wurzeln besann, brachte den Plan auf, die Druckerei aufzugeben und nach Palästina auszuwandern. Die Eltern lehnten das entsetzt ab. Ihre Heimat war Berlin, was sollten sie in der Fremde, der Hitlerspuk würde schnell vorbeigehen. Sie trösteten sich mit dem Satz: »Schließlich ist Deutschland ein ordentliches Land.« Aber bald mussten sie einsehen, dass es in der neuen Ordnung für sie keine Zukunft gab.

Nachdem Ludwig Bamberger seine Firma für einen Spottpreis an seinen »arischen« Geschäftsführer abgetreten hatte, reiste er, nach Zahlung einer »Reichsfluchtsteuer«, Anfang 1938 mit seiner Frau Henriette und seinem Sohn Siegfried aus der Heimat, die sie nicht mehr wollte, in ein Land, das es noch nicht gab. Siegfried, der den Anstoß gegeben hatte, hielt es nicht lange in Haifa aus; er begab sich in die Vereinigten Staaten, wo er bald Arbeit fand in einer Druckerei in Cincinnati.

Max hatte von all dem nichts wissen wollen. Er blieb in Berlin und kam zunächst in einer jüdischen Buchhandlung in der Artilleriestraße unter. Seit 1937 durften dort nur noch an jüdische Kunden Bücher verkauft werden. Max suchte nun auch Kontakt zur Gemeinde, die er bislang ignoriert hatte. In Scharen strömten die Berliner Juden zu Vorträgen über jüdische Geschichte. Man musste ja endlich erfahren, wer man war, da die anderen das so schrecklich genau zu wissen schienen.

Max versuchte sich nützlich zu machen in den schwierigen Jahren. Er war das unscheinbarste Mitglied in dem, was von der Gemeindeverwaltung noch übrig geblieben war. An seinem Verhalten änderte sich wenig, auch als 1941 das Tragen des Judensterns befohlen wurde und die ersten Deportationen begannen. Seine Beobachterhaltung hatte sich in eine Art Gefühlsstarre verwandelt, als wäre das der sicherste Reflex.

Die Synagoge in der Levetzowstraße war in der Pogromnacht im November 1938 unzerstört geblieben. Zum Jom-Kippur-Fest 1941 richteten die Nationalsozialisten in diesem Gebäude die »Sammelstelle für die Verschickung« der Berliner Juden ein, angeblich zum Arbeitseinsatz im Osten, in Wahrheit in das Ghetto von Łódż und von dort in die Vernichtungslager. Man erstellte Listen mit etwa 500 Personen pro Transport; insgesamt wurden über 35 000 Personen aus Berlin deportiert.

Als im Jahr 1942 im Lustgarten eine Widerstandsgruppe die antibolschewistische Propagandaausstellung »Das Sowjetparadies« durch einen Sprengstoffanschlag in Brand setzte, gab es fünf Tote. Dank einiger Spitzel ermittelte die Gestapo bald eine Gruppe junger Juden als Täter, die ihrer eigenen Partei einen Beweis ihrer Handlungsfähigkeit geben wollten; in der KPD waren Juden von jeder Untergrundtätigkeit ausgeschlossen, weil man sie für »zu auffällig« hielt.

Die Gestapo rächte sich an Berliner Juden, die mit diesem Anschlag nicht das Geringste zu tun hatten. Der Landesvorstand der jüdischen Gemeinde, der in einem Haus in der Artilleriestraße tagte, musste einen ganzen Vormittag lang an der Wand stehen, lediglich der angesehene Rabbiner Leo Baeck, der führende Repräsentant der deutschen Juden, durfte sich für eine Viertelstunde setzen. Dann erschien Gestapochef Müller persönlich und entschuldigte sich für das Stehen. Er teilte allerdings auch mit, es seien 250 Juden erschossen worden, für jeden Deutschen 50. Beim nächsten Mal betrüge der Todeskurs 1 zu 250.

Im Herbst 1942 wurde die Berliner Gestapo vorübergehend von österreichischer SS abgelöst, die den Berlinern mal zeigen wollte, was Sache war. Alois Brunner aus Wien leitete die wilden Straßenrazzien, bei denen alle festgenommen wurden, die die Alpenländler für Juden hielten, auch wenn sie keinen gelben Stern trugen. Sie wurden in leere Räume des früheren jüdischen Altersheims in der Großen Hamburger Straße gebracht. Man hatte alle Möbel zum Fenster hinausgeworfen. Zum Sitzen oder Liegen blieb nur der nackte Fußboden.

Zu den Aufgegriffenen gehörte auch Max Bamberger. Als man seine Personalien registrieren wollte, zog er den Pass hervor, den er von Hans Bürgler erhalten und noch nie benutzt hatte. Der Gestapobeamte reagierte erstaunt, blickte Max an, sagte aber nichts. Max wurde zum Polizeigefängnis gebracht, einem riesigen Gebäude aus roten Ziegelsteinen nahe dem Alexanderplatz. Man sperrte ihn in eine große Zelle, in der sich 30 Menschen drängten. Zwei Tage kümmerte sich niemand um ihn, dann wurde er herausgerufen, in einen kleinen Raum gebracht, in dem ein Mann in schwarzer Uniform saß. Erst nach einer Weile erkannte Max seinen Kameraden Hans Bürgler wieder.

»Hättest du damals meinen Auftrag angenommen«, begann Hans, als sie allein waren, vollendete seinen Satz aber nicht. Max blieb still.

»Ich kann nicht viel für dich tun«, sagte Hans, um das peinliche Schweigen zu überbrücken, »aber ich kann dich an einen Ort bringen lassen, wo du bessere Chancen hast.«

Max nickte nur.

»Den nächsten Auftrag von mir musst du aber annehmen.« Es sollte wie ein aufmunternder Scherz klingen.

Max wurde wieder in eine Sammelstelle in der Großen Hamburger Straße gebracht. In einer ehemaligen Schule war im Erdgeschoss ein kleines Büro des Gemeindevorstands eingerichtet worden, im ersten Stock wartete, wer für Theresienstadt, im zweiten, wer für Auschwitz bestimmt war. Max kam in den ersten Stock.

Da es bei den österreichischen Razzien zu etlichen Fehlgriffen und Protesten gekommen war, übernahm ab Januar 1943 wieder die Berliner Gestapo das Zusammentreiben der Opfer. Im Februar 1943, kurz nach Stalingrad, wurde beschlossen, alle Juden aus Berlin zu entfernen. Die Leibstandarte Adolf Hitler führte die sogenannte Fabrik-

Aktion durch. Juden, die noch in Fabriken arbeiteten, wurden an ihren Arbeitsplätzen verhaftet und sogleich zum Bahnhof Grunewald gebracht, von wo aus die Züge in den Osten rollten.

Nur eine kleine Gruppe war noch in Berlin verblieben. Der Rest des Gemeindevorstands beendete seine Tätigkeit am 10. Juni 1943. Bis zum 16. Juni wurden alle in der Großen Hamburger Straße festgehalten und dann nach Theresienstadt verschleppt. Am selben Tag wurden auch etwa 200 Patienten des jüdischen Krankenhauses aus Berlin dorthin deportiert.

»Ich werde gehen, wenn ich der letzte in Deutschland lebende Jude bin«, hatte Leo Baeck gesagt, der von Reisen nach Palästina oder England stets nach Berlin zurückgekehrt war, zuletzt im Jahr 1939. Als er vom Anhalter Bahnhof nach Theresienstadt gebracht wurde, endete eine Epoche, eine Hoffnung. Vor den wenigen Studenten der Jüdischen Hochschule, die bis zuletzt in der Artilleriestraße bestand, hatte er gesagt: »Keine Katastrophe kann auch nur eine einzige Idee zerstören.« Und: »Die Macht hat nur das Schicksal unterzugehen.«

2. KAPITEL

Was zu retten ist

6

Als Maurice Rossel 1942 in die Residenz der Mitarbeiter der Schweizer Botschaft und des Roten Kreuzes einzog, sagte man ihm, dieses schöne Haus am Wannsee habe zuvor der Schauspielerin Brigitte Helm gehört, der Hauptdarstellerin aus dem Film ›Metropolis‹. Um dem Wehrdienst daheim zu entgehen, hatte sich der Eidgenosse, gerade 25 Jahre alt, für den Auslandseinsatz beim Internationalen Roten Kreuz entschieden, am unfriedlichen Standort Berlin. In dieser Metropole lernte er den besonderen Humor ihrer Bewohner kennen. Die Kaffeeprämie nach Angriffen von mehr als 1000 Bombern nannten die Berliner zum Beispiel »unseren Zitterkaffee«.

Rossel inspizierte im Auftrag des Roten Kreuzes Kriegsgefangenenlager. Auf seinen Inspektionen begleitete ihn stets ein Offizier der Wehrmacht. Nur einmal hatte er sich eigenmächtig mit dem Auto auf den Weg gemacht. Der Name Auschwitz war ihm nicht unbekannt geblieben. Er wollte wissen, was es damit auf sich hatte. Als Vorwand diente ihm die beabsichtigte Zustellung von Medikamenten. Lagerkommandant Höß empfing ihn in einem Gebäude, das wie ein Café wirkte, lehnte jedoch höflich, aber bestimmt eine Besichtigung des Lagers ab. Auch Rossels Wunsch, die Krankenstation zu sehen, wurde verweigert. Von Deportationen und hohen Todesraten wusste er. Er sah auch leidende, ausgemergelte Häftlinge. Er bemerkte angeblich weder Feuerschein noch Rauch noch Leichengeruch. Nach Berlin zurückgekehrt, ließ er einige Pakete mit Medikamenten schicken.

Im Juni 1944 besichtigte Maurice Rossel den Ort Theresienstadt.

Die Hilfsorganisation American Jewish Joint Distribution Committee, allgemein Joint genannt, hatte sich in dieser Angelegenheit wiederholt an das Internationale Rote Kreuz gewandt, weil sich die dänische Regierung nach dem Schicksal der dort internierten Juden aus ihrem Land erkundigt hatte (mehrere hundert). Rossels Mission, in Begleitung einer kleinen Delegation, war die Folge dieses Vorstoßes.

Am 23. Juni 1944 schrieb Rossel einen Rapport über seine Eindrücke. Er sprach von »Privilegierten«; in Theresienstadt sagte man: »Prominente«. Die Elite der Todgeweihten ...

Alles war irgendwie getürkt und dekorhaft, die Menschen zu fügsam, zu passiv, das merkte der Schweizer schon, aber nicht, dass die Deutschen den Ort eigens für seine Visite präpariert hatten. Rossel hat in den drei Stunden dort viel fotografiert. Auf der Kleinen Festung erhielten die Gäste ein Mittagessen. Dort seien die Berufsverbrecher eingesperrt, sagte man den Schweizern, deren Führung der »Judenälteste« Eppstein übernommen hatte. Alle wussten oder spürten, hier wird eine Farce inszeniert, irgendetwas stimmt nicht, aber das Unaussprechliche blieb unausgesprochen.

Hinterher beschlich Rossel das hässliche Gefühl, dort seien lauter reiche Juden, die sich Vorrechte erkauften, aber das vertraute er nur seinen Bekannten an, wagte nicht, es in seinen Bericht zu schreiben. Er sah saubere Häuser mit Blumen in den Fenstern, ein Kaffeehaus, einen Pavillon mit Orchester, Parks mit Bänken, eine Sparkasse, ein Postamt. Die Kinder sprachen den Kommandanten mit »Onkel Rahm« an (es war so befohlen worden). Sogar einen Kinderpavillon zeigte man Rossel. In Wahrheit wurden dort Zwangsabtreibungen vorgenommen. Puppenstuben des Todes.

Die Bäume scheint sich der junge Schweizer nicht angesehen zu haben, denn fast überall waren die Äste abgesägt und Horden hungriger Spatzen hockten auf den kahlen Resten, genauso abgemagert wie die Menschen. Kein einziges Haus hat er betreten, er konnte nur die Erdgeschosse einsehen, die meisten Menschen waren gezwungen worden, sich in den oberen Etagen zusammenzudrängen.

Kaum war die kleine Delegation abgereist, wurden alle, die mit ihr in Kontakt gekommen waren, nach Auschwitz deportiert. Wer vorgezeigt wurde, überlebte das nicht lange. So definierte man in Theresienstadt »Prominenz«.

In Rossels Rapport wurde die Sauberkeit der Straßen erwähnt, der korrekte Eindruck der Menschen, er sah Hüte, Seidenstrümpfe, Handtaschen. Sogar eine Synagoge hatte man ihm gezeigt (auch sie war ein Bluff, Religionsausübung war nicht gestattet). Rossel schrieb von 15 Todesfällen im Monat, es waren Hunderte.

»Ich sah eine fast normale Provinzstadt.« Schöner Titel für ein Buch. An diesem *fast* hing alles. »Nur das Familienleben ist schwierig.« So berichtete Maurice Rossel. An den Legationsrat von Thadden im Auswärtigen Amt in Berlin schrieb er einen Dankesbrief und legte Fotos bei: »Wir benützen die Gelegenheit, um Ihnen, auch im Namen des Internationalen Komitees vom Roten Kreuz, für die Organisation des Besuches in Theresienstadt unseren verbindlichsten Dank auszusprechen. Dank Ihrer Bemühungen wurden uns alle Erleichterungen gewährt. Die Reise nach Prag wird uns in bester Erinnerung bleiben und es freut uns, Ihnen nochmal versichern zu dürfen, dass unser Bericht über den Besuch in Theresienstadt für viele eine Beruhigung bedeuten wird, da die Lebensbedingungen zufrieden stellend sind.«

Vor dem Besuch der Schweizer Delegation war nicht nur eine Aktion zur Säuberung und Verschönerung unternommen worden, man hatte mit den Menschen eine richtige Generalprobe durchgeführt, das Grüßen und Lächeln geübt, damit die Besucher einen freundlichen Eindruck erhielten. Und man hatte besonders viele Internierte nach Auschwitz deportiert, damit die Stadt nicht überbelegt wirkte.

Die SS war sehr zufrieden mit dem Versuch. Die Kulisse hatte Wirkung erzielt. Das ließ eine noch kühnere Idee reifen. Vielleicht könnte man ja einen Film drehen lassen über das schöne Leben in Theresienstadt?

Der Friedensnobelpreis des Jahres 1944 ging an das Internationale Rote Kreuz, zum zweiten Mal in dessen Geschichte.

7

Es gibt Orte, die man nicht mehr nennen kann. Ihre Namen sind die Verneinung von allem, was Menschenleben ausmacht, Kultur und Tradition, Freiheit und Würde. Manche Namen sind Erfindungen und klingen nach schwarzer Romantik, Buchenwald, Birkenau, nach germanischer Mythologie wie Dora, und wieder andere sind historisch, doch wird ihre Geschichte ausgelöscht in dem Klang, den ihre Namen nach dieser ganz anderen Geschichte erhielten. Die Orte selbst sind in ihrer Seele getroffen. So legt sich eine deutsche Karte über den ganzen Kontinent, eine Karte der verneinenden Namen, eine Galaxis der schwarzen Sterne. Man sollte all diese Nicht-Namen nur noch durchgestrichen schreiben, mit einem dicken schwarzen Strich quer durch die Buchstabenkette. Denn wer will die Auslöschung beim Namen nennen?

Theresienstadt wurde im Jahr 1780 von Kaiser Joseph II. als böhmische Garnisonsstadt gegründet und nach dessen Mutter benannt, der Kaiserin Maria Theresia, die im Jahr 1744 die böhmischen Juden ausweisen ließ. Die Militärstadt, die in keinem Krieg von Bedeutung war, wurde als sternförmiger Festungsbau angelegt, mit zwölf Ecken und sechs Toren. Die hohe Stadtmauer verhinderte, dass man den Ort von außen einsehen konnte. Als die Deutschen 1939 das Land besetzten, war es immer noch eine schöne enge Stadt, mit einem rechtwinkligen Straßennetz innerhalb der gut erhaltenen Stadtmauern und einer kleinen Festung anbei.

Bis Anfang 1942 wurden die knapp 4000 tschechischen Einwohner vertrieben. In der leicht zu bewachenden Stadt wurde Platz geschaffen für ein Siedlungsexperiment der besonderen Art. Die Nationalsozialisten machten die ganze Stadt zu einem großen Gefängnis, in dem sie Juden aus dem Protektorat Böhmen und Mähren, aber auch aus Mittel- und Westeuropa internierten.

Kommandanten waren Dr. Siegfried Seidl, Arzt, SS-Mann und Sadist (November 1941 – Juli 1943), Anton Burger (Juli 1943 – Februar

1944) und Karl Rahm, ungelernter Arbeiter und Choleriker, der gern seine Macht demonstrierte (Februar 1944 – Mai 1945). Tschechische Gendarmen stellten das Wachpersonal. In der »Kleinen Festung«, die der Gestapo in Prag unterstand, wurden politische Gefangene eingesperrt, misshandelt, ermordet. Adolf Eichmann kam zu wiederholten Inspektionen. Seine ständige Wohnung und sein Büro mussten vor seinem Eintreffen jedesmal von einer Gruppe von Ärztinnen, und nur von ihnen, gesäubert werden.

Planungen gingen auf den Oktober 1941 zurück, als Reinhard Heydrich vorschlug, die Internierung gewisser Gruppen von Juden gesondert zu regeln, prominenter Personen, Kriegsveteranen oder deren Angehöriger, auch älterer Menschen. So entstand die Vorstellung von einer bevorzugten Internierung, aber der Vorzug bestand nur darin, dass die Fahrt in die Vernichtungslager etwas später erfolgte. Zugleich dachte man daran, Theresienstadt als »jüdische Mustersiedlung« zu präsentieren, um die Weltöffentlichkeit zu täuschen.

Die Ambivalenz der Situation vertiefte sich, weil die Führung der tschechoslowakischen Juden den Plan unterstützte, hoffte sie doch, dass die Juden nicht in den Osten deportiert würden, sondern den Krieg über in ihrem Heimatland bleiben könnten, wenn auch unter schweren Bedingungen, und weil es mit dem Rat der Ältesten eine Art Selbstverwaltung gab, die von manchen jedoch als Kollaboration gewertet wurde. Den Vorsitz im Rat hatte Jakob Edelstein, dem zuerst der Soziologe Paul Eppstein und dann Rabbiner Benjamin Murmelstein aus Wien im Amt folgten.

Die erste Gruppe von Juden kam aus Prag und traf Ende November 1941 ein. Bis Ende Mai 1942 wurden 28 887 Personen nach Theresienstadt deportiert, ein Drittel der jüdischen Bevölkerung des Protektorats. Bald wurde deutlich, dass auch Theresienstadt die Juden nicht vor der Deportation in die Todeslager bewahren würde.

Im September 1942 lebten auf einer Fläche von 115 004 Quadratmetern 53 004 Menschen. In diesem Monat trafen 18 639 Personen in Theresienstadt ein, 3941 starben dort, 13 004 wurden in Todeslager deportiert. Zwischen Februar und Juni 1943 wurden die letzten Berliner Juden, 1944 die noch verbliebenen Juden aus den Niederlanden und aus Dänemark nach Theresienstadt gebracht.

Dank der großen Zahl von Künstlern, Schriftstellern, Wissenschaftlern und Geistlichen unter den Internierten entwickelte sich ein reges kulturelles Leben, mit mehreren Orchestern, einer Oper, einer Theatertruppe sowie Kabarettgruppen. Vorlesungen und Seminare wurden abgehalten. Allwöchentlich gab es Dutzende von Aufführungen und Vorträgen.

Vor allem mussten die Menschen eine neue Sprache lernen, Begriffe wie »Hundertschaft machen« für den Arbeitseinsatz in Gruppen, und vor allem ein Vokabular der Täuschung. »Transport« war ein Schreckenswort für die Verfrachtung ins Unbestimmte. Die Internierten konnte man nicht lange täuschen. Sie durften pro Monat eine Postkarte in deutscher Sprache verschicken. Schmutz, Wassermangel, Gestank und Fliegenplagen bestimmten das Leben, und vor allem Hunger bis zum Wahnsinn. Auf den Straßen lag eine dicke Staubschicht, die sich bei Regen in zähen Schlamm verwandelte. Massen von Ungeziefer fielen die Internierten an. Zehn Stunden Arbeit waren an allen sieben Wochentagen zu leisten, es gab 350 Gramm Brot am Tag, gelegentlich winzige Portionen Margarine, als Mittagessen, meist unter freiem Himmel, ein paar Pellkartoffeln oder Knödel oder etwas Suppe, wofür man stundenlang Schlange stehen musste, bei jedem Wetter. Glücklich war, wer Kartoffelschalen ergattern konnte. Privat abgeschickte Pakete wurden leer ausgehändigt; nur der Inhalt von Paketen des Roten Kreuzes oder der amerikanischen Hilfsorganisation Joint wurde verteilt.

Am 23. September 1944 hatte der Judenälteste Eppstein »eine sehr schlechte Mitteilung« zu machen. Es war die Rede von einem Arbeitseinsatz in Sachsen, 5000 Männer wurden weggeschickt – in Wahrheit wurden sie nach Auschwitz gebracht. Am 27. September wurde Eppstein selbst verhaftet und in der Kleinen Festung erschossen, ohne dass man dies im Lager wissen ließ. Eppstein hatte am 19. September vor 1200 Zuhörern eine Rede gehalten, die der SS missfallen hatte: Neujahrsgedanken zum jüdischen Jahr 7505. »Auf irgendwelche Möglichkeiten darf man nicht spekulieren. Wir sind gleichsam auf einem Schiff, das vor einem Hafen liegt, aber nicht einfahren kann, weil eine dichte Minensperre das verhindert. Nur die Schiffsleitung kennt den schmalen Weg, der zum sicheren Lande führt.«

Im September und Oktober 1944 wurden in elf Transporten Tausende aus Theresienstadt in die Vernichtungslager abtransportiert. Ältere Menschen wurden bei dieser »blutigen Ernte« verschont. Ermordet wurden die tüchtigen, die kräftigen, besonders ehemalige Offiziere, alle, denen die Aufseher zutrauten, einen Aufstand anzuzetteln. Immer noch fantasierten die Nationalsozialisten von der Macht der Juden, auch jene, die über gelegentliche Freilassungen verhandelten; sie glaubten, dass die Juden die Welt beherrschen, aber sie erfuhren doch deren Ohnmacht: Kaum jemand wehrte sich, niemand half.

In Theresienstadt waren jetzt noch knapp 12 000 Menschen interniert. Die »Blüte des Lagers« war fort. Von 720 Ärzten etwa lebten noch 76. Theresienstadt wirkte wie eine zerstörte Stadt, in der nichts mehr funktionierte. Viele Häuser standen leer, die Straßen waren schmutzig. Dann begann eine mühselige Neuorganisation. Die Menschen wurden mit Ausbauten und sinnlosen »Verschönerungen« beschäftigt.

Im November 1944 mussten Frauen und Kinder die Asche Verstorbener wegschaffen, in langen Eimerketten wurde sie zu Lastwagen durchgereicht. Es gab auch papierene Aschenbeutel mit den Namen der Toten. Makabre Witze waren zu hören, um die Arbeit erträglich zu machen. Man passte sich dem Todeshumor der SS an. Zur Belohnung für diese Arbeit gab es Sardinenbüchsen. Angeblich sollte die Asche nach Prag auf einen Friedhof gebracht werden, in Wahrheit wurde sie in die Eger gekippt. Im Februar 1945 wurde die Arbeitszeit von 70 auf 65 Stunden in der Woche »verkürzt«, nun gab es einen freien Nachmittag.

Das Leben in der Schattenstadt hatte seine Blüten, täuschend echt – kulturelle Veranstaltungen, Vorträge, Musikaufführungen, Kabarett und Theater. Die »Stadt des Als Ob« hat ein dort internierter Komponist Theresienstadt genannt. Theresienstadt war die Illusion einer Illusion, eine Inszenierung, die auf imaginäres Publikum wartete, aber nur als eine gesteigerte Form des Sadismus. Oder ist das »Als Ob« die Wahrheit und alle Kultur und Verschönerung dienen nur der Täuschung und Selbsttäuschung? Und dahinter lauert das Nichts?

Vor der Deportation nach Theresienstadt wurden »Heimeinkaufverträge« geschlossen und man fragte: Wollen Sie eine Wohnung mit Nordlage oder zur Sonnenseite? Die »Miete« war im Voraus zu zahlen. Die Gestapo hatte ihren ganz eigenen Humor. Theresienstadt war der größte makabre Scherz der Geschichte. Das verdiente dokumentiert zu werden.

8

Der Teufel liebt das Kino, keine Frage, und die Liebe ist gegenseitig. Was wäre das Kino ohne die Figuren des Bösen? Böse Menschen drehen durchaus auch Filme, auch Filme mit schönen Liedern. Auch in Theresienstadt wurde gedreht, und man hatte dafür prominente Fachleute geholt.

Diese Stadt, in der sich der Tod als buntes Leben verkleidet hatte, das »Paradiesghetto«, wie es ein Aufseher nannte, war die ideale Filmkulisse, vor allem nach der »Verschönerungsaktion« vom Frühjahr 1944. Potemkin verkehrt – eine echte Stadt, die das Große Nichts verbarg. Hier kam der Nationalsozialismus zu sich selbst – als Kultur des Todes und der Lüge und der Verhöhnung. Und der Demütigung, denn man erzwang die Mitarbeit und das Mitspielen der Opfer.

Ein Kritiker beschrieb Kurt Gerron als »eine dunkle Masse Mensch mit einer ziemlich knarrenden Stimme«. Eines der Erfolgslieder dieses massigen Kerls hieß ›Ich bin dein kleines Nachtgespenst‹. Das Schicksal leistet sich Anspielungen ...

Gerron (Jahrgang 1897, eigentlich hieß er Gerson) hatte Medizin studiert, im Ersten Weltkrieg aber die Lust an seinem Beruf verloren und sich in Berlin der Bühne zugewandt. »Gastspiel Kurt Gerron« wurde 1920 im *Küka* (Künstlerkabarett) in der Budapester Straße angekündigt. Sein ganzes Leben blieb eine Art Gastspiel. Er war schnell erfolgreich, in diversen Metiers: Kabarettist, Kleinkünstler, Schauspieler auf Bühne und Leinwand, Regisseur. 1928 spielte er den Polizeichef Brown in der Uraufführung von Brechts ›Dreigroschenoper‹; er sang auch erstmals den Mackie-Messer-Song des Prologs. Wo sich die Haifischzähne versteckten, sollte er noch erfahren. Mit Brecht verstand er sich gar nicht. Es kam zu diversen Szenen und Schreiorgien. Brecht schrie ihn an: »Sie fetter Arschkomiker, Sie Missgeburt!« Und Gerron schrie zurück, Brecht hätte lieber ein richtiges Stück schreiben sollen, statt sich auf der Bühne auszuscheißen.

Gerron spielte immer wieder Zuhälter, zwielichtige Kerle, als Höhepunkt seiner Karriere 1929 den Zauberkünstler Kiepert in ›Der Blaue Engel‹. Bei den Dreharbeiten freundete er sich mit einem Bären an, als hätte er einen Seelenverwandten gefunden.

Wie Marlene Dietrich stand auch Gerron in heimlicher Rivalität zum Star Emil Jannings. Und so lautete der heimliche Titel dieser Verfilmung von Heinrich Manns Roman ›Professor Unrat‹: Die Drei von der Zankstelle …

Gerron bewährte sich auch in komischen Filmen. Dieser Körpertyrann und schwere Junge verbarg unter seiner Fülle so viel Sanftheit. Papa Gerron wurde er gern genannt. Ein Kritiker schrieb: »Der schwere Körper ist heruntergedrückt, als laste eine geheimnisvolle Vergangenheit auf ihm.« Seine Masse ließ ihn älter erscheinen. Auf seinem jung-müden Gesicht lastete Vergangenheit, aber vor allem eine düstere Zukunft. Es war, als wolle sich das Schicksal böse Scherze mit ihm erlauben, und fast hat man das Gefühl, es wäre ihm in den alten Filmen anzusehen. Er trägt seine Haut zu Markte, man wird sie ihm abziehen, und er weiß es.

Als Regisseur war er für seine Temporegie berühmt. Nur politisch war er nicht. Bei Dreharbeiten rief er: »Wo ist denn meine kleine SA?«, wenn er seinen Aufnahmetrupp meinte.

Als er am 1. April 1933 des Studios verwiesen wurde wie ein ungezogener Schüler (unerwünschter Jude), soll er geweint haben. Über Nacht verließ er Deutschland, aber seine Laufbahn als Nachtgespenst war noch nicht zu Ende. Nach Versuchen in Paris und Wien fand er in Holland eine zweite Heimat und feierte Erfolge als Regisseur. Sollte er Holland und Hollywood verwechselt haben? So kam er nicht zum Löwen von Metro-Goldwyn-Mayer, sondern in die Löwengrube, wurde interniert im besetzten Holland.

Kann es sein, dass der Wille zur Bühne stärker ist als der Überlebenswille? In der Joodschen Schouwburg sorgte man für qualitätvolle Unterhaltung, so gut, dass der Wehrmachtsoffizier, der am 12. Juli 1942 das Etablissement schließen sollte, die ›Csárdásfürstin‹ zu Ende spielen ließ. Erst dann wurde das Theater zur »Schleuse«, zur Durchgangsstation für die Deportation. Und auch Kurt Gerron musste sich hier einfinden, am 20. September 1943, bevor er in das berüchtigte Internierungslager Westerbork kam. Dort sorgte er mit einigen Kollegen für gute Unterhaltung; die Todgeweihten hatten viel zu lachen. Sie liebten ja das Leben.

Am 25. Februar 1944 kam er ins Lager Theresienstadt, »als bekannter Filmkünstler, Produktionsleiter und Regisseur, außerdem Frontkämpfer 1914/18«. Hier spielte er seine letzte Gastrolle auf Erden, die einen Schatten auf seinen Namen warf.

Einmal erkannte ihn jemand und rief ihn an. Ein SS-Mann trat auf ihn zu und schlug ihn kräftig ins Gesicht. Der Komiker sagte nur: »Es lohnt sich nicht, berühmt zu sein.«

Nicht in Theresienstadt.

Das Kabarett, an dem er in Theresienstadt mitwirkte, hieß *Das Karussell.* Im September 1944 erhielt er den Auftrag zu einem Film über Theresienstadt. Sein Ehrgeiz, das Ehrgefühl seines Berufes, war noch nicht erloschen. Er wollte einen »international erstklassigen Reportagefilm« drehen. Gerrons Originalmanuskript hieß: ›Das jüdische Selbstverwaltungslager in Theresienstadt. Entwurf zu einer Filmreportage.‹ Man ahnt, dass er die offiziellen Fiktionen unterlaufen wollte. Sein Kameramann Ivan Fric stammte aus Prag. Er filmte mehr, als er sollte.

Für den Film mussten sich alle schön machen, bekamen zu essen, und die Margarinestullen waren meist schon aufgegessen, bevor gedreht werden konnte. Die Männer sollten Smokings tragen, aber es fanden sich nicht genügend. Bilder als Fassade vor der Wirklichkeit.

Noch vor Beendigung der Dreharbeiten wurde Gerron nach Auschwitz deportiert und sofort ermordet, weil er bei der Selektion die Frage von Doktor Mengele, ob er arbeitsfähig sei, verneint hatte. Sein Nachfolger als Regisseur in Theresienstadt wurde Karel Peceny.

Mitte September war der Film fertig, im März 1945 wurde er mit jüdischer Musik im Lager synchronisiert. Himmler ließ sich das abgedrehte Material vorlegen. Schließlich wurde der Film einer Delegation des IRK aus der Schweiz gezeigt, zur Widerlegung der »Gräuelpropaganda«.

Schon im Herbst 1944 hatte die deutsche Wochenschau Ausschnitte aus dieser Reportage gebracht und perfide kommentiert: »Während in Theresienstadt Juden bei Kaffee und Kuchen sitzen und tanzen, tragen unsere Soldaten alle Lasten eines furchtbaren Krieges, Not und Entbehrungen, um die Heimat zu verteidigen.«

Erst nachträglich kam der zynische Titel auf, ›Der Führer schenkt den Juden eine Stadt‹. Auf dem Plakat hätte stehen müssen: »Nach einer Idee von Heinrich Himmler«.

Kaum war der Film abgedreht, erlebte Theresienstadt im September und Oktober 1944 die schrecklichste Deportationswelle. Vermutlich hat niemand überlebt, der in dem Film zu sehen ist.

»Die Darstellung des Anrüchigen und Unappetitlichen gilt dem Juden als besonders ergiebiges Gebiet für komische Wirkungen«, hieß es im Kommentar des infamen Propagandafilms ›Der ewige Jude‹ von 1942. Zu diesem Satz zeigte man eine Filmszene mit Kurt Gerron. Für die Darstellung des Widerwärtigen hatten ihm seine deutschen Zeitgenossen reichlich Anschauungsmaterial geliefert. Der Unvergessene bleibt unser Nachtgespenst.

Niederlagen kannte er nur als Spiel. Er boxte mit seinem kleinen Sohn, ließ sich zum Schein k.o. schlagen und fiel um, besiegt von einem Knirps. Mit schwarzem Leibchen und schwarzer Turnhose rollte er sich im Gras und musste laut lachen. Dass jemand stärker sein könnte als er, war doch ein zu komischer Gedanke.

Dieser Segler und Kampfflieger – ein weiches Kind, das sich Härte und Sportlichkeit erst antrainieren musste – verblüffte durch einen sonderbaren Körperbau. Auf den ersten Blick war er eine blonde Mustererscheinung, eine kräftige hohe Gestalt mit länglichem, fast gestrecktem Kopf, der für den langen Hals etwas zu klein wirkte. Nur in der Körpermitte war er seltsam füllig, hatte auch eine irgendwie schleppende Gangart. Die lange, gerade Nase stülpte sich an ihrer äußersten Spitze überraschend nach oben, die schmalen Augen lagen in engen Schlitzen, aber nicht ganz auf einer Linie. Man ahnte bei seinem Anblick, dass er äußeren Glanz und Machtentfaltung brauchte, um nicht schüchtern und unbeholfen zu wirken. Was ihm selbst an nordischer Erscheinung abging, kompensierte er durch seine Mitarbeiter, lauter schlanke blonde Knaben.

Reinhard Heydrich war nicht nur ein guter Boxer und Fechter, sondern spielte auch Geige, schließlich kam er aus musikalischem Hause. Der Vater war Komponist, schrieb das Operndrama ›Amen‹, dessen erster Teil einen prophetischen Titel trug: »Reinhards Verbrechen«. Nur reden konnte Reinhard Heydrich nicht, er hatte eine sehr hohe Stimme, tat sich auch niemals öffentlich hervor. Er handelte im Dunkeln, im Hintergrund. Er war der Mann, der im Schatten lächelte, die Verkörperung des Bösen in seiner schneidigsten Form.

Wegen anstößigen Verhaltens war der zu sexuellen, alkoholischen und verbalen Exzessen neigende Mann 1931 aus der Marine ausgeschlossen worden und suchte einen anderen Kreis, in dem er seine überschäumende Vitalität ausleben konnte. Der in seiner Partei noch ziemlich unbedeutende Heinrich Himmler, seit 1929 Reichsführer SS, empfing Reinhard Heydrich auf seiner Hühnerfarm in Waldtrudering bei München und eröffnete ihm, nach kurzem Eignungstest, neue Perspektiven in seiner bescheidenen Organisation. Er heuerte den verstoßenen Matrosen für den neu zu gründenden Sicherheitsdienst der SS an. Heydrich, dem als berufliche Alternative nur ein Angebot als Segellehrer an der Ostsee vorlag, begann mit einem halben Büro ohne Schreibmaschine. Zehn Jahre später war er einer der mächtigsten und gefürchtetsten Männer Europas.

Seine erste Aufgabe bestand darin, Feinde innerhalb der Partei zu finden, »den Gegner aufzuspüren und zu vernichten«. Mit echten und erdachten Feinden fertig zu werden gehörte zum Nationalsozialismus und zu Heydrichs Weg nach oben.

Vor allem zeichnete er sich durch rücksichtslose Maßnahmen aus. Der Schlag gegen Röhm und die SA im Jahre 1934 war vor allem seine Idee. Bei seinem Aufstieg stärkte er zugleich Himmler, dem er überhaupt erst klar machte, was für Möglichkeiten in seiner SS steckten. Obwohl Himmler ein alter Kämpfer und schon 1923 beim Putsch in München dabei war, traute ihm niemand etwas zu, und auch Heydrich war sicher, ihn jederzeit beiseite schieben zu können.

Die Stärke Heydrichs lag in der Ausforschung. Macht beruht darauf, dass man alles über seine Feinde weiß, vor allem über die in den eigenen Reihen, aber auch über die eigenen Chefs. So wurde er zum ersten Hitlerforscher, ließ alles über Hitler zusammentragen, insbesondere über dessen Jugend in Wien. Er verschaffte sich medizinische Gutachten über Hitler, Himmler und andere Führungsfiguren. Er sammelte »Argumente« für einen speziellen Tag, auf den er hinarbeitete. Besondere Feindschaft bestand zwischen ihm und der Abwehr. Seit 1938 häufte Heydrich Material gegen Admiral Wilhelm Canaris und seine Freunde, insbesondere gegen Hans Oster und Joseph Müller an. »Munitionskiste« nannte er diese Sammlung.

Nur die Ausforschung durch andere konnte er nicht leiden. In seiner Biographie gab es einen empfindlichen Punkt. Dass »mit seiner Abstammung etwas nicht in Ordnung« war, begann sich herumzusprechen. Auch einige Gegner wie Abwehrchef Canaris sammelten nun Material über ihn.

»Juden sind mir in der Seele unerträglich, als Nationalsozialist bin ich Zionist«, soll Heydrich gesagt haben. Hatte er da zu lange in den Spiegel geschaut? In den dreißiger Jahren tauchten Zeugen auf, die sich erinnerten, dass es da eine jüdische Großmutter gegeben habe, eine Sarah Heydrich. Heydrich strengte Prozesse gegen die »Verleumder« an, ließ Akten verschwinden und auch einen der Zeugen. Der Grabstein der Großmutter in Leipzig wurde erneuert, aus »Sarah« wurde »S. Heydrich« (aber die Rechnung für diese Korrektur durch den Steinmetz fand sich später wieder).

Nach Kriegsbeginn im September 1939 flog er zuweilen Kampfeinsätze, obwohl es ihm eigentlich verboten war, aber er wollte sich einen Luftorden verdienen. Auch nach Juni 1941 hat er in Russland Einsätze geflogen. Dabei wurde er abgeschossen, blieb zwei Tage hinter den russischen Linien verschollen, schlug sich aber durch auf die deutsche Seite.

Vom ersten Tag des Krieges an befasste sich Heydrich mit der Durchführung der Vernichtungspolitik. Seine Idee war es, die gesamte Führungselite Polens umzubringen. Die Einrichtung des Sonderlagers Theresienstadt ging wohl auf seinen Vorschlag zurück, erst später hat sich Himmler diese Idee zu Eigen gemacht. Seinen Ehrgeiz steckte Heydrich in die Politik der Auslöschung. Die Todesraten waren ihm viel zu niedrig. Er sann auf technische Verbesserungen, auf politische Gesamtkonzepte, wollte effizienter morden lassen. Die Radikalisierung der politischen Ziele und Mittel diente dabei immer seinem Aufstieg. Träumte er schon von der ganzen Macht?

»Ich bin kein Mensch mehr, sondern eine Prinzessin«, sagte Frau Heydrich nach ihrem Einzug auf der Prager Burg. Ihr Mann war nun Statthalter von Böhmen und Mähren. Doch 1942 wurde beschlossen, ihn nach Frankreich zu versetzen. »Auch über Frankreichs Juden ist das Todesurteil gesprochen«, lautete sein Kommentar dazu.

Zur Einweisung in seine neue Funktion wurde er nach Berlin bestellt. An einem Maimorgen küsste er das Söhnchen. Es war der Abschiedskuss. Heydrich fuhr mit dem Auto, einem offenen Mercedes, Kennzeichen SS-3, durch Prag zum Flughafen. In einer Kurve erwarteten ihn Attentäter, aus England eingeflogene exiltschechische Agenten. Sie verwundeten ihn nur. Er starb ein paar Tage später an einer Blutvergiftung. Sein Tod wurde grausam gerächt durch die Zerstörung des Ortes Lidice.

Vor der Beisetzung hatte man ihm die Totenmaske abgenommen. Himmler stellte sie sich in sein Arbeitszimmer. Er entdeckte darin jüdische Züge. »Ein Mann wie aus einem Guss« nannte ihn die SS-Zeitung ›Das Schwarze Korps‹ in ihrem Nachruf. Oder doch eher eine Legierung? Hitler wertete Heydrichs Tod als »eine verlorene Schlacht« und hatte damit vielleicht Recht. Noch vor Stalingrad war der absolute Machtwille des Regimes, das von Heydrich verkörperte »gute Gewissen zur Grausamkeit«, das der Führer forderte, in seiner Person gebrochen worden.

Gleich nach Heydrichs Tod stellte sich Himmler in Prag ein, ließ sich von einer Krankenschwester dessen zuletzt getragene Uniformjacke geben und entnahm ihr den Bund mit den Safeschlüsseln. Welche Akten hat er gefunden, über sich selbst, über Rivalen in der Partei, über Hitlers Krankheiten?

Heydrich war der einzige höhere Naziführer, auf den ein Attentat glückte. Mit etwas Fantasie könnte man sich ausdenken, wie ihn eine Koalition aus Canaris, Himmler und anderen, die ihn fürchten mussten, zur Strecke brachte. Heydrich schien eine Aktion gegen sie vorzubereiten. Vielleicht genügt auch die Erklärung, dass der englische Geheimdienst, der sonst Attentatspläne ablehnte, in diesem Fall die Tschechen gewähren ließ, weil man Heydrich nicht in Frankreich haben wollte, wo er für die Infrastruktur der Résistance gefährlich geworden wäre, von der auch der Secret Intelligence Service profitierte.

Von Heydrich blieb seine Lieblingsidee: das »jüdische Siedlungsgebiet« Theresienstadt.

10

»Cherbourg haben wir schon aufgegeben ... und überall gehen wir sehr zurück ... Aber alle glauben so fest an den Sieg, dass ich als Tochter des jetzt besonders angesehenen und beliebten Mannes es auch denken muss, ich tue es auch«, notierte die 15-jährige Gudrun Himmler am 15. Juli 1944 in ihr Tagebuch, das sie seit 1941 führte. Sie war sehr stolz auf ihren Vater. Undank jedoch war dessen Lohn. »Alle bekommen Orden und Auszeichnungen, nur Pappi nicht.« Und überhaupt: »Die Luftwaffe ist immer noch so schlecht. Göring kümmert sich schon um gar nichts, der protzige Kerl.« Ohne ihren Vater ginge es nicht, wusste Gudrun, denn »wenn er nicht wäre, dann wäre manches anders«.

Ihr »Pappi« mochte sie sehr, nannte sie »Püppi«. Allerdings lebte »Pappi« nicht mehr mit ihrer »Mutti« zusammen. In dieser schweren Zeit gab es eben auch Familienprobleme, selbst für den Reichsführer SS.

Heinrich Himmler hatte sich schon 1937 von Gudruns Mutter, seiner acht Jahre älteren Frau Margarete, genannt Marga, gelöst. Sein neues »Häschen« war nun seine Sekretärin aus Köln, Hedwig Potthast, 19 Jahre jünger als Marga, mit der er bald einen Sohn und eine Tochter hatte. Entbunden hatte sie in Hohenlychen, einem Sanatorium nördlich von Berlin, das ein Vertrauter von Himmler leitete, Professor Gebhardt. Eine Scheidung hatte Himmler erwogen, aber als unpassend verworfen.

»Wenn Frieden ist, bekommen wir sicher ein Gut im Osten. Vielleicht bekommen wir auch noch auf dem Obersalzberg ein Haus«, schrieb Gudrun. Und: »Leider glauben schon eine Menge Deutsche nicht mehr an den Sieg. Aber wir müssen siegen. Pappi wird viel, sehr viel dazu beitragen.«

Wenn sie gewusst hätte, dass auch er schon längst am Sieg zweifelte, ja, verräterische Gedanken hegte ...

Der Reichsführer SS war nicht sehr gesund, aber der Führer durfte nicht wissen, wie sehr er litt. Wenn er litt, machte ihn sein Masseur wieder fit, der Mann mit den Wunderhänden, Eduard Alexander Felix Kersten, geboren am 30. September 1898 in Dorpat, Livland. Die Vorfahren des Balten waren aus Brandenburg eingewandert, seine Eltern waren einflussreiche Großgrundbesitzer, die in Verbindung mit führenden Politikern Europas standen. Felix sollte Landwirt werden, aber der Erste Weltkrieg ruinierte die Familie, die Oktoberrevolution in Russland sorgte für Beunruhigung. Felix kämpfte 1918 in der finnischen Armee. In einem Lazarett sagte ein Arzt zu ihm: Sie haben Hände, die für Massage geeignet sind.

Felix ging 1922 nach Berlin. Dort schlug er sich als Tellerwäscher und Filmkomparse durch und lernte 1925 den geheimnisvollen chinesischen Arzt Dr. Koo kennen, der ihn in einer speziellen Massagetechnik ausbildete, eine Art Akupressur, Kersten nannte es Physio-Nervale-Therapie. Dazu gehörten bestimmte Griffe, eine große Fähigkeit, sich in den Kranken einzufühlen, ein Wissen vom Zusammenhang von Körper und Seele. Mit dieser Ausbildung wurde Kersten dank einer gut situierten Kundschaft bald ein Mann der Berliner Gesellschaft und konnte sich ein Landgut in Harzwalde leisten (bei Gransee, nordöstlich von Berlin).

In den Jahren 1928 bis 1934 war der Mann mit den goldenen Händen Leibarzt des Prinzgemahls der holländischen Königin Wilhelmina, Prinz Hendrik. Als Arzt für Naturheilkunde wurde Kersten, der kein studierter Mediziner war, erst 1941 in Berlin anerkannt, aber da verfügte er schon über allerhöchste Unterstützung durch einen anderen Prinz Heinrich.

1939 suchten ihn zwei Industrielle auf, August Diehn und August Rosterg vom Kalisyndikat, und baten ihn, Himmler zu behandeln und bei dieser Gelegenheit auf ihn einzuwirken, damit die Reichsführung auf die Verstaatlichung der Großindustrie verzichte. Das Honorar für die Behandlung würden sie begleichen. Zuvor aber suchte Kersten Rückendeckung bei der finnischen Botschaft (denn er hatte einen finnischen Pass).

Himmler litt unter akuten Schmerzen, als ihn Kersten am 10. März 1939 zum ersten Mal behandelte. Nach der einen Stunde, die eine solche Behandlung gewöhnlich dauerte, war Himmler selig: »Ich habe viele deutsche Professoren konsultiert, noch keiner konnte mir helfen wie Sie.«

Und so wurde Kersten Himmlers Vertrauter. In Himmlers Dienstkalender war für Kersten auch während des Krieges regelmäßig die Zeit von 9 bis 10 Uhr morgens reserviert. Er knetete seinen Körper, beseitigte Kopfschmerzen und Verkrampfungen, sorgte dafür, dass der Reichsführer SS sich immer wieder wohl fühlte und frisch an seine Arbeit gehen konnte.

Zu Himmler will Kersten gesagt haben: »Sie sind wissenschaftlich sehr interessant für mich.« (Die einen machen medizinische Experimente mit den Opfern, die andern mit den Tätern.)

Himmler: »Lassen Sie Freundschaft bestehen zwischen uns, bis ich bezahlen kann. Wissen Sie, ich habe keinen Freund, ich bin so einsam.«

Kersten zog eine Liste heraus: »Sehen Sie, Herr Reichsführer, da sind meine Freunde in Not, helfen Sie.«

Himmler: »Das darf ich nicht, es sind Staatsfeinde.«

Kersten: »Unter Freunden darf man vieles.«

Und tatsächlich erwirkte Kersten auf diesem Wege die Freilassung von internierten Holländern und anderen.

Später sagte Heydrich, der Kersten loswerden wollte und Material gegen ihn sammelte: »Da hat mir der Kersten wieder zwei Holländer beim Reichsführer herausmassiert.«

In stillen Augenblicken will Kersten mit Himmler auch über »die Judenfrage« gesprochen haben. Er habe ja eine weniger harte Lösung gewollt, eine Abschiebung oder Auswanderung, sagte Himmler. Aber Goebbels habe den Führer beschwatzt, und dann befahl der Führer zu Anfang des Krieges, dass die Juden vernichtet werden sollten. Diese Aufgabe solle die SS übernehmen.

»Der Führer gab mir den strikten Befehl, die Juden zu vernichten. Diesen Befehl musste ich ausführen. Sie wissen nicht, mit welcher Härte der Führer mich dazu gezwungen hat!«, sagte Himmler. Er musste über jede Maßnahme dem Führer unter vier Augen berichten. »Natürlich ist es keine angenehme Arbeit, Juden zu vernichten. Aber es muss sein, wenn Deutschland leben will.« Einer müsse sich opfern (sich opfern, indem er andere opfert?).

Kersten gegenüber beklagte sich Himmler über Göring: »Der Göring, der Bluthund, der tötet alles Wild.«

Kersten, der selbst ein leidenschaftlicher Jäger war und gern in einem grünen Lodenanzug auftrat, in dessen Taschen er sein Notizbuch gut verstecken konnte, verteidigte die Jagd.

»Wie können Sie nur Vergnügen daran finden, auf diese armen Tiere, die so unschuldig, wehrlos und ahnungslos am Waldrand äsen, aus dem Hinterhalt zu schießen?«, empörte sich Himmler. Nach dem Krieg würden die Kinder zur Tierliebe erzogen, Tierschutzvereine polizeiliche Befugnisse erhalten.

Kersten machte ihn auf seine widersprüchliche Einstellung aufmerksam, aber Himmler erwiderte nur, es gebe Menschen, Tiere und Juden, das würde auch Kersten noch begreifen.

11

Am 29. Juli 1942 erhielt Gerhart Riegner, emigrierter Berliner, Jahrgang 1911, Leiter des Genfer Büros des Jüdischen Weltkongresses, einen Anruf von seinem Freund Benjamin Sagalowitz, der in Zürich als Pressesprecher des Schweizerischen Israelitischen Gemeindebundes arbeitete. Der Freund drängte auf ein Treffen am 1. August in Lausanne, wollte am Telefon aber nicht den Grund dafür nennen.

In Lausanne berichtete Sagalowitz, dass ein Freund von ihm einen deutschen Industriellen kenne, der für die Rüstungsindustrie arbeite, Zugang zu Kreisen der Wehrmachtsführung habe und öfter in die Schweiz komme. Der Industrielle heiße Eduard Schulte und sei Generaldirektor eines Bergwerk-Konsortiums. Schulte habe berichtet, dass im Führerhauptquartier ein Plan zur Ausrottung der europäischen Juden diskutiert werde, es sei die Rede von Zahlen bis zu vier

Millionen, die getötet werden sollten. Es werde bereits mit Blausäure experimentiert. Schulte wolle, dass man die Jüdischen Organisationen und die Westmächte darüber informiere.

Stundenlang spazierten Riegner und sein Freund am Seeufer auf und ab, hatten keinen Blick mehr für die Alpenpracht hinter dem gegenüberliegenden Seeufer. Konnte man das glauben? Sie kannten Hitlers drohende Reden, sie wussten, was in ›Mein Kampf‹ stand, sie wussten von Massenerschießungen an der Ostfront durch die Einsatzkommandos.

Riegner beschloss, selbst nach Zürich zu fahren und mit der Kontaktperson von Sagalowitz zu sprechen, dem Industriellen Isidor Koppelmann. Jener bestätigte, dass Schulte alles so berichtet hatte. Er halte ihn für glaubwürdig, denn er habe 1941 auch den bevorstehenden Angriff auf die Sowjetunion angekündigt.

Am 8. August suchte Riegner das amerikanische Konsulat in Genf auf. Es war Ferienzeit, der Konsul war verreist. Er wurde vom Vizekonsul empfangen, Howard Elting junior. Nach langem Zureden überzeugte ihn Riegner, ein vorsichtig formuliertes Telegramm an das State Department zu schicken. Der Post traute er nicht, fürchtete auch das Abfangen von Briefen durch die Deutschen. Die Depesche wurde als Privattelegramm aufgegeben, Riegner bezahlte die Gebühren, fast ein Monatsgehalt für ihn. Aber erst viel später erfuhr er, dass man im State Department das Telegramm nicht weitergeleitet hatte.

Der spätere Versuch, ein ähnliches Telegramm nach London zu schicken, erwies sich als schwierig. Doch endlich gelang es Riegner, nach London durchzukommen und auf diesem Umweg Rabbi Stephen S. Wise zu informieren, den Leiter des Jüdischen Weltkongresses in den USA, der auch Zugang zu höchsten Regierungskreisen hatte. Alle stellten sich die Frage der Glaubwürdigkeit der Informationen, denn niemand kannte Riegner.

Schon im Winter 1941/42 hatte sich eine Schweizer Sanitätseinheit an die Ostfront begeben, um medizinische Hilfe zu leisten, eine Geste des guten Willens in Richtung Deutschland, das gelegentlich mit einer Besetzung der Schweiz drohte. Im Osten erfuhren die Schweizer einiges über deutsche Gräueltaten. Nach ihrer Rückkehr im Februar 1942 sprach ein Mitglied der Delegation, ein Dr. Bucher, vor Ärzten in Bern darüber. Er wurde dafür vom Schweizer Verteidigungsministerium gerügt: ihm sei nicht erlaubt, darüber zu sprechen. Die Schweiz war eben neutral. Aber hieß neutral zu sein auch, bestimmte Dinge offiziell nicht zur Kenntnis zu nehmen?

Riegner kontaktierte Carl Jacob Burckhardt vom Internationalen Roten Kreuz. Burckhardt ließ ihn wissen, dass auch er ähnliche Informationen von zwei Deutschen aus Berliner Ministerien erhalten hatte. Burckhardt erstattete aber keine Meldung darüber an die Spitzen des IRK. Auch dort wollte man nicht zu viel wissen. Immerhin informierte Burckhardt den amerikanischen Konsul in Genf, Paul Squire.

Mittlerweile war Eduard Schulte wieder in die Schweiz gekommen und bestätigte seine ersten Berichte. Es gäbe einen Führerbefehl, die »Judenfrage in Europa endgültig zu lösen«, und er werde schon umgesetzt. Daraufhin bemühte sich Riegner um ein Gespräch in der US-Botschaft in Bern. Tatsächlich empfing ihn Botschafter Leland Harrison, ein Geschäftsmann, kein Berufsdiplomat. Riegner hatte ein Memorandum von 30 Seiten mit allen gesammelten Informationen vorbereitet, er nannte auch seine Quellen. Der Botschafter las Riegners Text und stellte präzise Fragen. Schließlich schenkte er ihm Glauben und leitete das Memorandum in die USA weiter.

In der Folge wurden jüdische Organisationen unterrichtet und erste Aktionen erwogen, es gab Schlagzeilen in der jüdischen Presse, in den USA wie in London. Die Exilregierungen wurden informiert, aber nicht alle glaubten daran (zum Beispiel die holländische Exilregierung in London nicht). Zweifler sagten: Das kommt alles von einem Juden, der in der Schweiz lebt. Dabei hatten im Laufe des Jahres 1942 verschiedene Stellen Informationen erhalten; neu war, dass von einem deutschen Gesamtplan zur Vernichtung die Rede war.

Nach einer Anregung von Riegner gaben die Alliierten am 17. Dezember 1942 eine Erklärung über die »deutsche Politik der Vernichtung der jüdischen Rasse« ab, die auch in Schweizer Zeitungen veröffentlicht wurde. Im englischen Parlament sprach Außenminister Anthony Eden zu dem Thema, anschließend hielten die Abgeordneten zwei Schweigeminuten ein. Schweigen bestimmte weitgehend auch die Politik. Zuerst müsse der Krieg gewonnen werden, hieß es immer wieder. Verhandlungen mit Deutschland kämen sowieso nicht in Frage, auch nicht über das Schicksal der Juden.

Die Schweiz hatte bis 1940 etwa 9000 Flüchtlinge aufgenommen. 1938 hatten Schweizer Behörden angeregt, in den Pass von Juden aus Deutschland ein J zu stempeln. Die Idee sollte Schule machen. Am 30. August 1942 hielt Bundespräsident Eduard von Steiger eine Rede, in der er die Aufnahme weiterer Flüchtlinge ablehnte; das Boot sei voll, sagte er sinngemäß, eine kühne Metapher für das Alpenland.

Am 13. September 1942 wurde in der Schweiz das Asyl auf politische Flüchtlinge beschränkt, »Rassenflüchtlinge« wurden ausgenommen. »Die französischen Juden sollen ausnahmslos abgeschoben werden, da ihnen in ihrem Land keine Gefahr droht«, hieß es in einer Anweisung an die Grenzpolizei vom 26. September 1942. (In *ihrem* Land vielleicht nicht, aber in dem von den Deutschen besetzten Land.) Die aufgenommenen Flüchtlinge mussten ihr Geld abgeben. Für jeden wurde ein Ausgabenkonto geführt (mit 3,50 Schweizer Franken pro Nacht berechnet); man versuchte, die Rechnung für Internierungen, die zum Teil in Hotels vorgenommen wurden, ausländischen Regierungen zuzustellen.

Im Jahr 1943, als sich die deutsche Niederlage abzuzeichnen begann, milderte man die Asylpolitik. Mitte Juli 1944 wurde auch die Polizei zu mehr Nachsicht mit bedrohten Ausländern angehalten. Im August 1944 sicherten die USA den Schweizer Behörden zu, dass sie 13 000 ungarische Juden aufnehmen würden (es kamen dann nur 1700). Insgesamt 40 000 Juden wurden von der Schweiz abgewiesen. Bei Kriegsende lebten dort 28 500 jüdische Flüchtlinge. Neben der zurückhaltenden offiziellen Politik stand aber eine Vielzahl von privaten Helfern, die sich nicht um Vorschriften scherten und das Leben der Flüchtlinge zu erleichtern suchten.

Gerhart Riegner wusste nicht, dass der Vatikan schon sechs Wochen nach der Wannseekonferenz im Januar 1942 erste Hinweise erhalten hatte und im Laufe des Jahres 1942 von mehreren Seiten informiert worden war. Die mahnende Ansprache des Papstes zum Weihnachtsfest 1942 war ein Resultat davon, auch wenn er darin die Leiden der Juden nur indirekt ansprach.

Im November 1942 kam Jan Karski nach England und Amerika und berichtete vor Regierungsmitgliedern von den Mordaktionen. Er war kein Jude, sondern Mitglied des national-polnischen Widerstands, hatte kurzzeitig illegal im Warschauer Ghetto gelebt und das Lager Belzec gesehen. Was er sagte, stieß aber eher auf Unglauben.

In Washington sprach Nahum Goldmann mit Finanzminister Henry Morgenthau. Goldmann plädierte für die Einschaltung der neutralen Länder und des Vatikans. Morgenthaus Engagement bewirkte, dass die amerikanische Regierung im Januar 1944 endlich eine Hilfsstelle für Bedrohte in Europa einrichtete, das *War Refugee Board* (WRB), dessen Name und Auftrag nicht ausdrücklich die Lage der Juden erwähnte. Zu dem Zeitpunkt waren schon Millionen ermordet worden.

12

Seit 1942 wussten die Alliierten von der Vernichtungspolitik gegen die europäischen Juden, sie planten aber keine speziellen Hilfsaktionen. Dabei hatte die amerikanische Regierung noch 1940 den Versuch unterstützt, bedrohte Intellektuelle aus dem untergehenden Frankreich zu retten. Mit Einverständnis von Präsident Roosevelt hatte sich in Marseille ein Hilfskomitee betätigt, geleitet von Varian Fry. Hunderten hatte man das Leben gerettet, denn über die Bedrohung bestand kein Zweifel.

Fry war Anfang 1941 von den Vichy-Behörden ausgewiesen worden. Zwischen Vichy und der amerikanischen Regierung begann nun ein subtiles Spiel. In Vichy glaubte man, eines Tages Mittler zwischen

Deutschland und den USA sein zu können. Und die Amerikaner wollten ihre Botschaft in Vichy nicht gefährden: Sie war eine Zentrale des OSS, des amerikanischen Geheimdienstes.

Als Amerika Ende 1941 in den Krieg eintrat, wurde die Zentrale des OSS in die Schweiz verlegt, ihre Leitung übernahm Allen Dulles. Militärische Imperative hatten Vorrang, auch gegenüber Rettungsaktionen für Juden. »Rescue by victory« lautete das Motto dieser Politik.

Das im Januar 1944 gegründete War Refugee Board (WRB) war zugleich an den amerikanischen Geheimdienst OSS angebunden. Leiter des WRB in der Schweiz war der Quäker Roswell McClelland. Er entfaltete eine rege Aktivität, half den italienischen Partisanen, besorgte falsche Papiere, ließ jüdische Waisenkinder aus Italien in die Schweiz schleusen. Ihm stand viel Geld zur Verfügung, doch galt für ihn die Weisung seiner Regierung: keine Geiselverhandlungen mit Nazideutschland, für eventuelle Freilassungen keine Gegenleistungen, die den Gegner militärisch stärken könnten.

Andere hatten schon früher an Hilfe gedacht. 1938, gleich nach dem Anschluss Österreichs und der dadurch ausgelösten Fluchtwelle, wurde in Montreux, am Ostzipfel des Genfer Sees, ein Hilfsverein für jüdische Flüchtlinge im Ausland gegründet, HIJEFS genannt, geleitet vom Ehepaar Isaac und Recha Sternbuch. Isaac Sternbuch, ein orthodoxer Rabbiner, war Schweizer Staatsbürger, seine Frau Recha war die Tochter des Rabbiners Rottenberg aus Antwerpen. Der Sekretär des HIJEFS, Herman Landau, war aus dem besetzten Belgien entkommen und hatte Asyl in der Schweiz gefunden. Sein Assistent Chaskel Rand war 1938 aus Wien geflohen. Im Hintergrund stand ein Rettungskomitee (Va'ad ha-Hatzalah) der Union der Orthodoxen Rabbiner in den USA und Kanada (Agudat ha-Rabbanim), die schon 1902 in New York gegründet worden war und Hilfsaktionen für orthodoxe Rabbiner und Thoraschüler in Osteuropa durchführte. Nach 1941 erhielt diese Aufgabe eine völlig neue Dimension. Bei nur begrenzten Hilfsmitteln konnten mehrere hundert Theologen aus dem besetzten Litauen nach Fernost geschmuggelt und so gerettet werden.

Der Gruppe in Montreux gehörten ausschließlich Orthodoxe an, ihr Kern war eine 1920 von Ets Haïm d'Eliezer Botschko gegründete Talmudschule. Für Isaac Sternbuch galt nur ein Prinzip: jüdisches Leben zu retten. Dafür war er zu allen Verhandlungen bereit, soweit sie irgendeinen Nutzen versprachen, scheute keine Verbindung. So suchte er Kontakt zu Schweizer Nazi-Sympathisanten, um zu einer Lösung zu kommen, bei der auch Zahlungen kein Tabu waren. Er wandte sich an Carl Truempy, den Schweizer Vertreter der deutschen Messerschmitt-Werke.

Im Gegensatz zu den linkszionistischen Kreisen des amerikanischen Hilfskomitees Joint, die sich der Strategie der Westalliierten (»Rettung durch Sieg«) unterordneten, war für die Orthodoxen das Prinzip des »pikkuah nefesh« maßgebend. Jüdisches Leben zu retten galt danach als heilige Pflicht, wofür man den Sabbat verletzen und auch mit Feinden verhandeln durfte. Auch Geldleistungen galten dabei als akzeptabel.

Sternbuchs Komitee half, untergetauchte Juden aus Polen, der Slowakei und anderen besetzten Gebieten in das noch relativ sichere Ungarn zu schmuggeln. Seine finanziellen Möglichkeiten waren allerdings begrenzt, da die Zentrale in New York sich eher um Hilfsaktionen im ferneren Osten bemühte.

Einen ersten Versuch, die Deportationen durch materielle Gegenleistungen zu stoppen, hatte es 1942 in Pressburg gegeben, wo Rabbi Michael Dov Weissmandel eine Unterbrechung der Aktionen gegen die slowakischen Juden bewirken konnte, als er Geldzahlungen in Aussicht stellte. Weissmandel entwickelte sogar einen »Europa-Plan« zum Stopp aller Deportationen; für finanzielle Kompensationen sollten die Juden in (damals) weniger exponierte Länder wie Ungarn gebracht werden. Die kleine wie die große Lösung scheiterten, die Juden aus der Slowakei wurden in die Vernichtungslager verschleppt.

Isaac Sternbuch hatte schon im September 1942 zwei Briefe erhalten, die ein außerhalb des Warschauer Ghettos versteckt lebender Jude an ihn gerichtet hatte. Darin schilderte er die Leiden der Menschen im Ghetto und die Deportationen in die Vernichtungslager.

Sternbuch gab die Informationen in die USA weiter, und zwar über einen geheimen Kanal zur polnischen Botschaft in Washington. 100 000 Warschauer Juden seien schon ermordet worden, den Deportierten der anderen Länder drohe dasselbe Schicksal.

Sowohl Riegners wie Sternbuchs Meldungen fanden nur einen begrenzten Widerhall außerhalb der jüdischen Organisationen Amerikas, und die jüdischen Organisationen selbst konnten sich nicht auf eine gemeinsame Hilfsaktion einigen, fochten untereinander Richtungskämpfe aus. Die amerikanische Regierung blieb bei ihrer Linie, dass Hilfe nur durch einen militärischen Sieg kommen könne. Als die Wehrmacht im März 1944 Ungarn besetzte, entfiel nicht nur das bisherige Zufluchtsgebiet, es bestand auch unmittelbare Gefahr für die ungarischen Juden.

Isaac Sternbuch war längst zu energischeren Rettungsmaßnahmen entschlossen und wurde nun auch von New York her großzügiger unterstützt. Da erfuhr er, dass Angehörige seiner Frau im besetzten Frankreich verhaftet und ins Lager Drancy nördlich von Paris gebracht worden seien. Wie konnte man ihnen helfen? Jemand nannte ihm den Namen eines Schweizer Politikers, der über gute Verbindungen zu den Deutschen verfügte, Jean-Marie Musy. Sternbuch zögerte nicht.

13

Als im Jahre 1942 der Oberbefehlshaber der Schweizer Armee, General Henri Guisan, den Vorschlag machte, man solle eine Delegation nach Berlin schicken, um den Schweizer Willen zur Selbstbehauptung wie zur Einhaltung der Neutralität zu betonen, da brachte sich auch Jean-Marie Musy als Emissär ins Gespräch. Niemand kenne die Deutschen so gut wie er, außerdem habe er Verbindungen zu den führenden Kreisen des Regimes, besonders zu Himmler, der für die Schweiz weniger gefährlich sei als andere.

In der Tat weist Himmlers Dienstkalender für Freitag, den 24. Januar 1941, um 17 Uhr ein Treffen mit Exbundespräsident Musy in Berlin aus. Und als im Februar 1944 das Amt Rosenberg an der Idee eines Antijüdischen Kongresses für Juli in Krakau arbeitete, gehörte zu den vorgesehenen Gästen neben prominenten Kollaborateuren besetzter Länder auch Jean-Marie Musy. »Der Antisemitismus als Geheimwaffe des Führers« (nämlich in den besetzten Ländern) sollte das Thema dieses Kongresses lauten. Der kam dann nicht zustande, aber es lässt sich daraus ersehen, wie man Musy einschätzte.

Die Musys, ein altes Geschlecht, waren seit dem 14. Jahrhundert im Greyerzerland (Gruyère) beheimatet. Ein Vorfahr namens André Musy zeichnete sich in der Schlacht von Murten am 22. Juni 1476 aus, als die Schweizer gegen Karl den Kühnen kämpften. Mehrere Familienoberhäupter bekleideten politische Ämter auf lokaler Ebene, die meisten waren wohlhabende Bauern, so auch Jules Musy, zugleich Wirt der Auberge de l'Ange in Albeuve, einem Dorf im oberen Greyerzbezirk. Seine Frau Louisa Thédy stammte aus dem Aostatal.

Ihr zweiter Sohn Jean-Marie wurde am 10. April 1876 geboren. Er ging in Fribourg zur Schule, zunächst am Kolleg Saint-Michel, dann in der Abtei Saint-Maurice, wo er die Matura ablegte. Danach studierte er Jura in Fribourg und wurde im Jahr 1904 zum Doktor der Rechte promoviert. Ergänzende Studien in Politikwissenschaft und Wirtschaftswissenschaft absolvierte er in Leipzig, München, Berlin und Wien. Nach einer kurzen Zeit bei der Staatsanwaltschaft in Fribourg ließ er sich im Städtchen Bulle südlich von Fribourg als Anwalt nieder. Zugleich leitete er dort die Bank Crédit Gruyérien. 1906 heiratete er Julietta de Meyer, Tochter von Graf Jules de Meyer, dem Kommandanten der Kantonspolizei von Fribourg. Aus der Ehe sollten sieben Kinder hervorgehen.

1912 begann Musys politische Laufbahn als reformfreudiger Leiter des Finanzwesens im Kanton Fribourg. 1919 wurde er für die Christlichdemokratische Volkspartei in den Nationalrat in Bern gewählt und mit 43 Jahren zum Finanzminister des Bundes ernannt. 1925 und dann wieder 1930 wurde er zum Bundespräsidenten gewählt, als

Nachfolger von Gustave Ador. 1929 setzte er sich für die Abschaffung des Bundesmonopols auf Getreide ein und machte sich damit viele Feinde. Als die weltweite Finanzkrise nach 1930 auch die Schweiz erreichte und Musy eine Minderung der Beamtenbezüge vorschlug, was aber per Referendum abgelehnt wurde, zog er heftige Kritik auf sich. Im Juni 1932 verübte ein Getreidehändler ein dilettantisches Attentat auf ihn, was die Presse zu ironischen Kommentaren reizte. 1934 trat er nach einem kleinen Skandal zurück. Musy malte und zeichnete in seiner Freizeit, am liebsten Motive aus dem Greyerzerland, außerdem stieg er oft auf die Berge und ging gern zur Jagd. Doch der Ruhestand behagte Musy nicht; 1935 ließ er sich erneut ins Parlament wählen, fiel aber nicht mehr politisch auf. 1939 scheiterte er bei der Wahl, dafür wurde er Ehrenbürger von Fribourg.

Jean-Marie Musys ältester Sohn Pierre war ein großer Sportler und brachte es in der Armee bis zum General. Als Springreiter und als Skifahrer errang er internationale Erfolge, bei den Olympischen Winterspielen in Garmisch-Partenkirchen 1936 gewann er eine Goldmedaille. Der zweite Sohn, Benoît Nicolas, Jahrgang 1917, hielt es mehr mit dem Motorsport. In der Armee hatte er es bis zum Leutnant der Luftwaffe gebracht, mit über 1700 Flügen. Sein Zivilberuf war erdverbundener: Er war ausgebildeter Agraringenieur und arbeitete für Lebensmittelfirmen.

Jean-Marie Musy war ein führender Vertreter des politischen Katholizismus in der Schweiz, aber seine Liebe zur Ordnung und seine Furcht vor dem Bolschewismus ließen ihn nach seinem Rücktritt vom Amt ziemlich weit nach rechts gleiten. Der ins politische Abseits Geratene entwickelte Sympathien für die autoritären Regime in Italien, Portugal, Deutschland und Spanien. 1938 sagte er, man müsse schließlich wählen zwischen der christlichen Lehre und der Revolution, also zwischen Christus und Lenin.

Über den Nationalsozialismus konnte er kaum Illusionen haben, denn er war mit Engelbert Dollfuß befreundet, der von Nazis verfolgt, bedroht und schließlich ermordet wurde. Nach dem Anschluss Österreichs 1938 nahm Musy dessen Witwe Alwine bei sich in Fribourg auf.

Andererseits leistete er sich eine suspekte Nähe zu den Machthabern in Berlin. Mit seinem Freund und Mitarbeiter Franz Riedweg, einem Journalisten aus Luzern, gründete er 1936 die »Nationale Schweizer Aktion gegen den Bolschewismus«. Riedweg hatte 1938 eine Tochter des Kriegsministers von Blomberg geheiratet und war in die SS eingetreten. Er betreute die »Germanische Leitstelle«, in der man sich um Freiwillige für die SS aus deutschsprachigen Ländern bemühte. Er unterhielt auch Kontakte zu deutschen Geheimdienstkreisen beim SD.

1938 war Musy an dem Film ›Die Rote Pest‹ beteiligt, der in München gedreht wurde. 1939 reiste er mit einer Delegation zu Franco nach Spanien, wenig später zu den Führern des Panarabischen Komitees nach Berlin. Seine Verbindung zum Panarabischen Komitee von Emir Arzlan und Hakby-Bey, das von Genf aus antibritische Aktionen im Nahen Osten organisierte, endete mit dessen Verbot im Februar 1940.

Seit 1938 stand Musy in Kontakt mit dem deutschen Botschafter in Bern, Otto Köcher, sowie mit dem Vertreter der NSDAP in der Schweiz, Hans Sigmund Freiherr von Bibra. Im November 1940 traf er Philippe Pétain und Pierre Laval und äußerte während des Krieges Wohlwollen für die Vichy-Regierung. Die von Musy herausgegebene Zeitung ›La Jeune Suisse‹ war das einzige Blatt aus der Schweiz, das im besetzten Paris zugelassen war. Darin artikulierte sich Bewunderung für die »Ordnungspolitik« von Mussolini, auch die von Hitler, wenn auch ohne Spuren von aggressivem Antisemitismus. Allerdings lobte Musy dort im Jahr 1942 das Wirken der Französischen Freiwilligenlegion gegen den Bolschewismus (LVF) an der Ostfront.

Sein politisches Denken hatte Musy in Artikeln und Vorträgen offenbart. Sie erschienen 1941 in Buchform: ›Die Schweiz und ihr Schicksal‹. Darin ging es vor allem um Fragen der Finanzpolitik und der Wirtschaft, aber es finden sich auch politische Aussagen. Das Problem der Schweiz stelle sich in einem verarmten und bald vielleicht zerstörten Europa. Man dürfe nicht nur abwarten, das Heil der Heimat hänge von mutigen Taten ab. Man müsse erneuern, um zu bewahren, wobei es aber ein deutliches Schweizer Gepräge zu bewahren gelte. Vieles, was der Faschismus in Italien und in Deutschland geleistet habe, sei in der Schweiz längst Realität. Der faschistische Stil habe noble und erhabene Elemente. Musy war für einen starken Staat, doch sei der Mensch das Ziel des Staates. Um den Platz der Schweiz im Europa von morgen zu sichern, müsse man aktiv sein, es sei auch mehr Autorität nötig. Es gehe um den Platz der Schweiz in der neuen Sozial- und Wirtschaftsordnung. Die faschistische Wirtschafts- und Sozialpolitik habe mit der Umverteilung von Gütern, gesenkter Arbeitslosigkeit und stabilem Konsum Erfolge erzielt.

Musy trat für eine Ständeordnung ein und hielt den Klassenkampf für ebenso absurd wie einen schrankenlosen Liberalismus. Die Regel einer gut organisierten Wirtschaft laute: der Mann zur Arbeit, die Frau ins Haus, mit wenigen Ausnahmen in Sozialberufen und bei einigen Fabrikjobs. Auch das politische System müsse verändert werden, wobei er sich eine disziplinierte Demokratie, geführt von einer starken Regierung, vorstellte. Die Schweiz habe sich wegen ihres Erbes an patriotischen und christlichen Werten behauptet. Die wahre Schweizer Demokratie sei älter und etwas anderes als die Ideen von 1789.

Die Schweiz wolle das volle Vertrauen ihrer Nachbarn erhalten, aber für ihre Erneuerung sei Neutralität nötig. Man sei stolz auf die starke Armee. Im Ernstfall müsse man aber von der Jugend das höchste Opfer verlangen, doch sollte kluge Politik verhindern, dass es jemals dazu käme. Deshalb müssten alle vorsichtig und zurückhaltend sein: Presse, Bevölkerung, Politiker. Eine neutrale freie Schweiz könne für die Befriedung Europas eine große Rolle spielen. Es gebe keinen Grund für einen rassisch motivierten Anschluss der einzelnen Landesteile an die jeweiligen Nachbarstaaten. Wer auch immer den Krieg gewinne, es würde ein neues Europa geben müssen.

Haupteinwand könnte sein, ob das nicht alles einer deutschen Hegemonie zugute komme. Aber stimme nicht eher das Gegenteil?

Immerhin könne man die deutsche Macht nicht ignorieren. Das Gegengewicht wäre die Teilnahme aller Länder Europas an einer europäischen Liga. Was er in Berlin gehört habe, ziele in diese Richtung.

Es gehe dabei um Vertrauensbildung und Überzeugungsarbeit, nicht um ein deutsches Diktat. Europa müsse aus dem Teufelskreis der Kriege heraustreten, der 1914 begonnen habe. Die Ursachen des jetzigen Krieges seien vor allem ökonomische. Erst danach sei er zum ideologischen Konflikt degeneriert. Der Frieden brauche eine ökonomische Basis. Keine Utopie. In der schwierigen Lage bis zu einem Frieden kämen auf die Schweiz große Hilfsaktionen zu, aus moralischer Verpflichtung und Tradition. An der neuen Ordnung Europas solle die Schweiz loyal mitarbeiten. Zwei Punkte würden dabei niemals in Frage gestellt: Gott und das Vaterland!

Im Jahr 1944 bekamen Musys langjährige Verbindungen zu den Spitzen des NS-Regimes plötzlich eine andere Bedeutung, und er konnte Schicksal spielen. Im April suchten ihn in seinem Haus in Fribourg Herr und Frau Loeb aus Bern auf und baten ihn um eine Intervention für die Schwester von Frau Loeb und deren Mann, ein Ehepaar Bloch, das in Clermont-Ferrand interniert worden war. Loeb kannte Musy aus dessen Zeit als Anwalt in Bulle, zudem hatte sein Sohn den Wehrdienst zusammen mit Musys Söhnen Pierre und Luigi in der Schweizer Kavallerie geleistet.

Musy begab sich im Juni 1944 nach Paris, wenn er auch nicht an einen Erfolg seiner Mission glaubte, und erwirkte eine Unterredung mit dem Leiter der dortigen Gestapo, dem SS-General Karl Albrecht Oberg, der ihm nur sagte: »Ein Jude, der einmal im KZ ist, kommt nie wieder frei.« Aber Musy blieb hartnäckig. Nach langen Unterredungen gab man die beiden Gefangenen frei – weil Frau Bloch Schweizerin war; ein bis dahin beispielloser Vorgang.

Der Erfolg sprach sich herum. Im Juli bat eine Frau Thorel aus Lausanne Musy um Intervention. Sie wollte ihren in Deutschland als Spion verhafteten Sohn Alain Thorel freibekommen. Wieder fuhr Musy nach Paris zu Oberg, wieder hatte er Erfolg.

Um seiner Aktion eine neue Grundlage zu geben, schrieb Musy

einen Brief an Himmler und bat um eine Unterredung. Noch während er auf Antwort wartete, suchte ihn im Oktober 1944 eine Frau Bolomey auf, die von seinen Bemühungen gehört hatte. Sie kam im Auftrag des Komitees von Rabbi Isaac Sternbuch in Montreux. Musy war bereit, die Sternbuchs zu empfangen. Sternbuch und seine Frau Recha baten Musy, nicht nur für ihre in Drancy internierten Angehörigen zu intervenieren, sondern für alle Juden, die sich in der Gewalt der Deutschen befanden. Auch Musy selbst dachte inzwischen an eine größere politische Unternehmung.

Von der deutschen Gesandtschaft in Bern wurde ihm ein Brief übermittelt: Himmler war bereit, ihn zu empfangen. Sich nach Deutschland zu begeben war angesichts der ständigen Luftangriffe, gerade auch gegen Verkehrswege, sehr gefährlich. Dennoch nahm der 69-Jährige das Risiko auf sich und ließ sich von seinem Sohn Benoît die 900 Kilometer im Auto nach Berlin fahren. Sie besorgten sich einen Mercedes, in der Annahme, für ein deutsches Auto leichter Ersatzteile finden zu können; auf das Dach des Autos ließen sie ein rotes Kreuz malen.

Die Reise unternahmen sie als Privatpersonen. Eine hohe Lebensversicherung wurde abgeschlossen. Nahm Musy auch »Honorar« für seine Intervention an? Es ist die Rede von mehreren zehntausend Schweizer Franken.

Aber was war von Himmler zu erwarten? Und was wollte Musy? Seine einstigen Sympathien vergessen machen? Als er an Allerheiligen in Berlin eintraf, war Himmler gar nicht in der Stadt, und so empfing ihn einer seiner Mitarbeiter, ein junger Mann, der aber mächtig zu sein schien, Walter Schellenberg. Wir finden ihn an jeder Ecke dieses Puzzles.

3. KAPITEL

Englandspiele

14

Die Leute der Abwehr um Canaris nannten ihn Babyface, doch sie unterschätzten ihn nicht. Sie konnten allerdings nicht ahnen, dass er einmal ihrem Chef nachfolgen würde.

Walter Schellenberg war ein Knirps, der sich nach der Decke streckte. Er wollte ein Held sein, ein schneidiger, nordischer Mensch im Herzen des Reiches, trotz seiner Herkunft aus dem deutsch-französischen Grenzgebiet. Viele Sportabzeichen erwarb er, doch blieb ein Makel: Er konnte nicht schwimmen. Dafür ritt er ausgezeichnet. Und er war der Herr der Ringe, oder vielmehr der geheimen Netze. Bei Kriegsende versuchte er davonzuschwimmen.

1910 wurde Walter Friedrich Schellenberg in Saarbrücken geboren. Sein Vater Guido Schellenberg war Klavierfabrikant. Seit 1923 lebten die Eltern in Luxemburg. 1929 nahm Schellenberg ein Studium in Bonn auf, erst Medizin, dann Jura. Er wurde Mitglied einer schlagenden Verbindung. Im Mai 1933 erfolgte der Eintritt in die NSDAP, so erhielt er ein Stipendium, denn über viel Geld verfügte er nicht. Er trat auch der SS bei, weil sie für ihn die Elite der Partei darstellte.

Seine Stimme war sanft und hell, eine Tenorstimme, er besaß jungenhaften Charme. Manche fanden ihn weichlich, ja weibisch, aber doch hartnäckig und zielstrebig – getarnt unter dem Anschein von Schüchternheit. Im ersten Pass von 1933 wird Schellenberg so beschrieben: Gestalt: mittel; Gesicht: länglich; Augen: graublau; Haar: blond; Kennzeichen: Narben im Gesicht. Die Fotos jener Zeit zeigen sein Gesicht eher als spitzes Dreieck. Der Blick ist sehr intensiv, seltsam gespannt, man spürt die Energie, den Drang nach oben. Mit strengem Scheitel links ist das Haar eher lang und glatt, seitlich nach hinten gekämmt. Das Bild in einem Reisepass von 1934 zeigt ein Konfirmandengesicht, aber schon das verschmitzte Lächeln; die Narben links unten am Kinn und an der rechten Wange sind eindeutig Schmisse. 1938 in Berlin sieht er etwas dicklich aus, leicht aufgequollen, fast hässlich, als feister Assessor, eine knollige Nase tritt hervor, das Gesicht wirkt oval. Man könnte glauben, er habe verschiedene Masken ausprobiert.

In Bonn 1933 hielt er öffentliche Vorträge und fiel einem Philologen auf (Professor Nehlis, der ein abtrünniger Priester war), weil sich scharfe Intelligenz und Unscheinbarkeit bei diesem schmächtigen Kerlchen so wunderbar verbanden. Nehlis bestellte ihn zu sich, lobte ihn und ließ das Wort »Auslandsdienst« fallen, das einen gewissen Zauber ausübte. Der Mann von der Grenze schien ihm für geheime Missionen geeignet.

Man gab ihm erste Anweisungen und Aufträge. Im Rahmen einer Schulung wurde er für vier Wochen nach Paris geschickt, um die politische Einstellung eines Professors der Sorbonne zu überprüfen. Man war mit seiner Leistung zufrieden. Solche Leute konnte man im Sicherheitsdienst, den man innerhalb der SS aufzubauen gedachte, gebrauchen. Die Nazis taten was für junge Leute. Schellenberg legte den SD-Eid ab und übernahm, während er weiterhin studierte, immer wieder Sonderaufgaben. Auch für Schutzaufgaben bei der höchsten Führung wurde er eingesetzt. Ende Juni 1934 bewachte er einen Raum, in dem Hitler, Goebbels und Göring tafelten. Durch die regennassen Scheiben sah er sie reden und gestikulieren. Hören konnte er nichts. Worüber sie gestritten hatten, wurde ihm erst Tage später klar, als man die Führung der SA um Röhm liquidierte.

1936 ging Schellenberg als Referendar nach Düsseldorf und arbeitete zugleich bei einem Rechtsanwalt, einem Freund seines Vaters, dessen Kanzlei er hätte übernehmen können. Da aber private Anwälte im NS-Rechtssystem kaum Zukunft haben würden, entschied er sich nach Beratung mit seinem Vater für die staatliche Laufbahn.

Der Partei diente er schon längst in deren SD-Hauptamt. Im selben Jahr wurde Reinhard Heydrich auf den talentierten Burschen aufmerksam, holte ihn zu sich und förderte ihn nach Kräften. Er zog mit ihm durch die Berliner Lokale, trank und führte wüst obszöne Reden. Heydrich hatte in Charlottenburg ein Luxusbordell einrichten lassen, das vor allem für ausländische Diplomaten gedacht war; diesen »Salon Kitty« besuchte er selbst gern zu Testzwecken; dann aber wurden die Abhörgeräte ausgeschaltet. Schellenberg machte alles mit, obwohl das nicht seine Art war. Welches seine Art war, war nicht ganz klar. Kollegen wussten nicht, ob er von Heydrich protegiert wurde oder gegen ihn arbeitete. Aber in diesen Kreisen schloss das eine das andere nicht aus. Heydrich nannte ihn einen seiner besten und vertrauenswürdigsten Mitarbeiter.

Sieben Jahre lang lebte Schellenberg mit einer drei Jahre älteren Frau zusammen, Käthe Kortekamp, die er im Studium kennen gelernt hatte. Sein Vorgesetzter im SD, Albert, machte ihm klar, dass es seine moralische Pflicht sei, sie zu heiraten. Schellenberg gehorchte, aber die Ehe wurde ein Desaster. Eine persönliche Krise und der Kampf um die Scheidung waren die Folge. Käthe reagierte hysterisch: Niemand kenne ihn wirklich, er sei so egoistisch, man könne sich nie auf ihn verlassen. Heydrich bestellte sie zu sich, um sie zur Scheidung zu überreden, aber sie wehrte sich, schrieb sogar an Himmler, musste dann aber dem Druck nachgeben.

Im November 1940 heiratete Schellenberg Irene Grosse-Schönepauck, doch auch diese Ehe wurde nicht glücklich. Schellenberg hatte einen Arbeitstag von 20 Stunden. Dass seine zweite Frau polnische Vorfahren hatte, machte manchen Kollegen im »Dienst« misstrauisch.

Schellenberg bewährte sich bei der Vorbereitung und Durchführung von Mussolinis Berlinbesuch 1937 und erhielt Auszeichnungen dafür. Nebenbei hatte er in Italien Nachrichtennetze aufgebaut, worin, wie sich zeigte, seine eigentliche Stärke lag. So geriet er immer stärker in das Nachrichtenwesen hinein. Er konnte Informationen in scharfsinnigen Memoranden zusammenfassen, sachlich, klar, ohne

Parteijargon geschrieben. Dabei lernte er, wahr und unwahr zu unterscheiden, auch das von den Mächtigen Erwünschte und das Unerwünschte. Er unternahm nun Auslandsreisen unter falschem Namen, nach Lissabon, Dakar, Stockholm.

Am 12. März 1938 rettete Schellenberg möglicherweise dem Reichsführer SS das Leben. Auf dem Flug nach Wien lehnte sich Himmler gefährlich nahe an den Sicherungshebel einer Tür, Schellenberg riss ihn zurück. Himmler war erst zornig, als er an der feldgrauen Uniform gepackt wurde, verstand dann aber die Rettungsgeste und versprach, sich bei Gelegenheit zu bedanken.

Immer öfter ließ sich nun Himmler von ihm Vorträge halten. Schellenberg merkte bald, dass zwischen Himmler und Heydrich Rivalität herrschte, und er begann zu lavieren, hegte aber keinen Zweifel, dass Heydrich der Mächtigere und Schlauere war, und hielt sich mehr an ihn. Himmler, der Ordensgeneral der SS, hatte okkulte Marotten, führte Séancen zur telepathischen Beeinflussung durch, sammelte in einer großen Bibliothek alles über den Jesuitenorden, schwelgte in Fantasien über altdeutsche Helden aus der Nibelungensaga wie aus dem Mittelalter.

Bei den Jubelfeiern nach dem Anschluss Österreichs bewährte sich wieder der Sicherheitsfachmann Schellenberg. Er beseitigte die Sprengladung an einer Donaubrücke, die der Führer passieren musste. Ein Jahr später, kurz nach Beginn des Zweiten Weltkriegs, zeigte Schellenberg, was in ihm steckte. Er errang einen großen Erfolg, der ihn für höchste Aufgaben empfahl.

Captain Payne S. Best und Major Richard H. Stevens waren Topleute des MI 6 auf dem Kontinent. Im Oktober 1939 waren sie in Holland im Einsatz, als sich über holländische Mittelsmänner ein Kontakt mit dem »Abgesandten eines deutschen Generals« ergab. Immer wieder hatten konservative Gegner des NS-Regimes Kommunikation mit englischen Stellen gesucht. Stephen C. Menzies, der neue Chef des MI 6, wusste von Canaris' Oppositionshaltung, wollte die Abwehr als Quelle nutzen, und so genehmigte er die Aktion.

Best und Stevens trafen sich also in Holland mit einem gewissen Dr. Fischer, der sich als Beauftragter der Wehrmachtsopposition ausgab, schon seit 1933 »im Exil« lebte und in Wahrheit ein Nazi-Doppelagent war. Zu einem über Fischer angebahnten Treffen erschien nicht der angekündigte Wehrmachtsgeneral, sondern nur dessen »Vertreter« namens Schämmel, begleitet von einem Freund. Es waren Schellenberg, der ein Monokel angelegt hatte, und sein Freund, der Charité-Arzt Professor Max de Crinis. Die falschen Widerständler boten England Verhandlungen an und nannten als Konzessionen: Sturz Hitlers, Ende des Krieges, neue Grenzziehungen. Chamberlain war unter günstigen Bedingungen durchaus bereit, den gerade erst erklärten Krieg wieder zu stoppen. Es war also ein Trick und Schellenberg nur ein Lockspitzel in diesem ersten seiner »Englandspiele«.

Am 8. November 1939 besuchte Hitler zuerst ein Krankenhaus in München, in dem Unity Mitford lag, eine englische NS-Sympathisantin, die nach Englands Kriegserklärung einen Selbstmordversuch unternommen hatte. Danach hielt Hitler seine Rede im Bürgerbräukeller, in dem kurz nach dem vorzeitigen Ende der Rede eine Bombe explodierte. Die deutsche Propaganda beschuldigte den englischen Geheimdienst und »die Juden«, auch noch nach der Verhaftung von Georg Elser, der diesen Anschlag ganz allein vorbereitet hatte. (Die englische Seite glaubte, die Bombe sei absichtlich vom Sicherheitsdienst platziert worden und Hitler habe Bescheid gewusst.)

Als unmittelbarer Racheakt wurde die Entführung der englischen Kontaktleute in Holland befohlen. Am 9. November rief Himmler um sieben Uhr in der Früh bei Schellenberg an und gab den Befehl zu einer sofortigen Gewaltaktion. Die beiden Engländer wurden von »Schämmel« zu einem Café nahe der Grenze bei Venlo bestellt. Kaum waren sie eingetroffen, als sie Schellenberg unter Waffeneinsatz von einem Kommando in ein Auto schleppen und im Rückwärtsgang über die deutsche Grenze bringen ließ. Bei dem Schusswechsel wurde ein holländischer Agent getötet.

Die Verhafteten Best und Stevens gaben bei Verhören Namen von Agenten preis, sie überlebten den Krieg (im Lager Sachsenhausen).

Für Stephen Menzies, gegen dessen Ernennung Churchill Vorbehalte gehabt hatte, war das ein schlechter Start. Auch Canaris war entsetzt. Das belastete alle zukünftigen Operationen in Richtung Westen.

Nach einigen Krisen arrangierten sich Menzies und Churchill, der am 10. Mai 1940 Premierminister wurde. Während des Krieges konferierten sie fast täglich. Ihr Einvernehmen besserte sich rasch, denn kurz nach dem Venlo-Zwischenfall konnte der englische Geheimdienst einen entscheidenden Erfolg verbuchen. Mittels mathematischer Theorien und neuer Maschinen zur Dechiffrierung gelang der Einbruch in das deutsche Kodierungssystem (Enigma), so dass die Militäranweisungen der Wehrmacht, aber auch die politische Kommunikation weitgehend mitgelesen werden konnten, was die Deutschen trotz mancher Pannen auf Seiten der Alliierten nicht erfuhren. Auch nach Kriegsende blieb es 37 Jahre lang ein Staatsgeheimnis.

Über Schellenbergs Aktion in Venlo war Hitler so erfreut, dass er ihn empfing und persönlich mit dem Eisernen Kreuz auszeichnete. Aber wer würde nun in Großbritannien noch einem Abgesandten der deutschen Opposition trauen? Und vor allem, was würde man dort auf politische Initiativen geben, die von Schellenberg ausgingen? Informationen durch Oppositionskreise empfing man weiterhin, nutzte sie aber eher, um Zwietracht und Misstrauen zwischen den deutschen Instanzen zu säen.

Am Tag des Kriegsbeginns im Osten, am 21. Juni 1941, wurde Schellenberg zum Leiter des Auslandsgeheimdienstes ernannt, des Amtes VI im Reichssicherheitshauptamt (RSHA). Er selbst nannte sich Chef der politischen Spionageabwehr. Der Status des Reichssicherheitshauptamtes zwischen Staat und Partei war ungeklärt, der Sicherheitsdienst war eine Organisation der Partei und von deren Budget abhängig, eigentlich eine private Machtzentrale in den Händen von Reinhard Heydrich, als Vorform noch zu schaffender Strukturen, in denen der Dualismus von Staat und Partei aufgehoben wäre.

Schellenberg war nun ein Kollege und Konkurrent von Canaris.

Am Abend der Ernennung lud Heydrich Schellenberg und Canaris in ein feines Berliner Restaurant, so dass sich beide kennen lernen konnten. Es trennte sie ein Altersunterschied von 23 Jahren, doch bald schon entwickelte sich ein intensiver persönlicher Verkehr zwischen beiden Geheimdienstleuten. Das war Schellenbergs Methode: sich nah an den Konkurrenten und möglichen Gegner heranmachen, von ihm lernen, seine Schwächen frühzeitig erkennen, ihn stürzen und dann beerben. Schellenberg und Canaris ritten morgens oft gemeinsam durch den Tiergarten, ohne dabei über die Arbeit zu sprechen. Nie tauschten sie substanzielle Informationen aus.

Das Amt VI residierte in Wilmersdorf, in der Berkaer Straße 32, Ecke Hohenzollerndamm. Schellenberg hatte sein Hauptbüro aber in der Zentrale des Sicherheitsdienstes in Berlin-Mitte, Wilhelmstraße 102/106. Auf seinem Schreibtisch stand eine kleine Kanone als Briefbeschwerer. Eine Art Rundfunkschrank verbarg ein Gerät zum Mitschneiden von Gesprächen mit seinen Besuchern. Manchmal wohnte er Hitlers Lagebesprechungen bei.

Schellenberg hatte nun einen Zipfel der Macht erhascht, mit 31 Jahren. Aber er stand zwischen zwei mächtigen Vorgesetzten und im Schatten eines Konkurrenten. Fotos zeigen einen schmächtigen Bubi, der ganz in seiner todschicken schwarzen Uniform verschwindet, seine Frau Irene ist einen halben Kopf größer. Er hat eine ölige Tolle, eine sehr gerade, kräftige Nase, ein recht kleines Kinn, das spitz zuläuft, ein verschmitztes Lächeln, das er mühsam zu unterdrücken sucht, wie aus einer Deckung aufblickende Augen.

Die deutsche Botschaft in Madrid war ein wichtiger Außenposten der deutschen Abwehr, mit viel Abhör- und Dechiffriertechnik bestückt. Botschafter von Stohrer, der zuvor in Kairo gedient hatte, wurde zuweilen von Hitler als töricht kritisiert. Auch Lissabon war ein geeigneter Ort für Kontakte, etwa zu japanischen Agenten. Die Japaner verfügten über ein gut ausgebautes Netz mit wichtigen Zweigstellen in Belgrad, Vichy, Stockholm und Rom. Der Gesandte Onodera koordinierte die Zentrale in Berlin.

Im Juli 1940 befahl Hitler dem Entführungsexperten Schellenberg, den Herzog von Windsor, der sich in Lissabon aufhielt, aus dessen Haus in Estoril zu kidnappen. Schellenberg will sich so angestellt haben, dass das Unternehmen scheitern musste, der Duke reiste unbehelligt auf die Bahamas ab. Immerhin notierte Schellenberg, welche Emigranten per Schiff in die USA fuhren.

Kein neues Venlo für Schellenberg. Noch dazu muss ihm in Lissabon jemand etwas sehr Unbekömmliches zu essen gegeben haben. Vielleicht die Engländer (wie er selbst später glaubte)? Oder hantierte er zu unvorsichtig mit den Giftkapseln, die man ihm mitgegeben hatte (und die angeblich im Atlantik landeten)? Jedenfalls zeigte er Symptome einer Vergiftung und hatte von da an große Probleme mit seiner Leber.

Als Schellenberg im Juni 1941 Leiter des Auslandsnachrichtendienstes wurde, nahm er zunächst Urlaub und schrieb ein Programm in zehn Punkten zur Schaffung eines einheitlichen deutschen Nachrichtendienstes. Sein nächstes Ziel war damit formuliert. Er zog Spionageringe in etlichen Ländern auf. Bei dieser neuen Tätigkeit stand ihm Reinhard Heydrich im Wege und wurde immer mehr zum Gegner, zumal er auch gegen Schellenberg Material sammelte und dessen polnische Schwiegereltern schikanieren ließ. Er warf Schellenberg defätistische Bedenken über den Ausgang des Krieges vor.

Von den Einsatzgruppen habe er nichts gewusst, wird Schellenberg später im Nürnberger Prozess aussagen, obwohl von ihm unterschriebene Befehle für Einsatzgruppen vorlagen. Erst später will er erfahren haben, dass es einen mündlichen Befehl Hitlers an die Führer der Einsatzgruppen gegeben habe, der auch nur mündlich weitergegeben werden durfte. Tatsächlich versuchte er, seinen neuen Dienst von allen polizeilichen und repressiven Aufgaben freizuhalten.

Schellenberg reiste nach Oslo und im Herbst 1941 auch nach Stockholm. Mit Hilfe eines gewissen Jahnke, der aber bald von internen Geheimdienstkonkurrenten als englischer Agent verdächtigt wurde, baute er Kontakte in der Schweiz aus. Schellenberg begann sich unbeliebt zu machen – sicheres Zeichen seines wachsenden Einflusses. Ribbentrop soll einmal gesagt haben: »Der Führer hat schon Recht, dieser Schellenberg ist wirklich ein entarteter Jurist, dazu ein unruhiger Geist, und man wird sich eines Tages noch mit ihm zu beschäftigen haben.«

Im Laufe des Jahres 1942 kamen Schellenberg zunehmend Zweifel am siegreichen Verlauf des Krieges, darin bestärkt durch die Informationen über seine japanischen Kontaktleute. Vor allem hatte er das amerikanische Potenzial berechnet, Stahlausstoß, Schiffsbau, Flugzeugproduktion. Drei Monate arbeitete er an seinem Bericht. Heydrich wurde bei der Lektüre blass, Göring wurde wütend. Schellenberg spinnt, schrieb er an den Rand. Hitler hielt solche Berichte für gefährlich, sie sollten nicht verbreitet werden. War Schellenberg nun also der Mann, der zu viel Negatives wusste?

Nach Heydrichs Tod war Schellenberg einer der möglichen Nachfolger, aber Himmler sagte zum Benjamin des Sicherheitsdienstes: »Sie kommen nicht in Frage, der Führer hält Sie für zu jung, und ich halte Sie für zu weich.« Vor allem traute er ihm noch nicht ganz. Er unterzog ihn einer scharfen Befragung: »Haben Sie Heydrich eingeredet, er allein käme als Nachfolger des Führers in Betracht?« (Genau das wird Schellenberg später Himmler einreden.) Schellenberg versuchte Himmler zu überzeugen, dass sein Verhältnis zu Heydrich gespannt war. Himmler: »Sie werden im Amt VI bleiben, aber ganz gleich, wer der Nachfolger im Reichssicherheitshauptamt wird, Sie werden mir persönlich unterstellt.«

Jetzt erst wurde Schellenberg ganz Himmlers Mann. Er bekam zugleich die nötigen Ratschläge: »Versuchen Sie, völlig abstinent zu leben. Ab jetzt kümmert sich Herr Kersten um Ihre Gesundheit.«

Himmler ließ jeden, den er für Führungsaufgaben vorsah, durch Kerstens dicke Hände gehen. Der Cagliostro des Dritten Reiches, der Balte mit der magnetischen Begabung, sollte die Eignung der Führungsriege testen. Diese Vorstellung: Er hat sie alle angefasst …

Einmal erzählte Schellenberg Himmler, dass es Gerüchte gäbe, Kersten sei ein englischer Agent. Immerhin flog Kersten regelmäßig nach Stockholm. Himmler entgegnete: »Du lieber Gott, dieser fette Bursche, der ist doch viel zu gutherzig, der würde mir nie was tun. Gehen Sie der Sache nach, aber regen Sie ihn nicht auf.«

Nachdem die gefährliche Klippe nach Heydrichs Tod genommen war, erfreute sich Schellenberg der besonderen Zuwendung Himmlers, der ihn nun mit wichtigen Leuten in Kontakt brachte, führenden Industriellen, die einen »Freundeskreis Reichsführer SS« bildeten, für besondere Anlässe finanzielle Unterstützung leisteten und auf politische Gegenleistungen hofften. Schellenberg verstand: Himmler baute allmählich an einer völlig neuen Reichsführung, in der alle Posten in Politik, Wirtschaft und Kultur von SS-Leuten besetzt wären, mit oder ohne Hitlers Einverständnis. In diesem Zuge wollte er auch Schellenberg fördern, als Teil seines Machtplans.

Ab Mitte 1942 ging Schellenberg dazu über, in verschiedenen besetzten Ländern Rückzugs- oder Informationsnetze aufzubauen, so genannte Meldeköpfe, meist mit »zuverlässigen Einheimischen« besetzt, die im Falle eines Vormarsches der Westalliierten zurückbleiben sollten, in Leitstellen zusammengefasst, aber selbstständig operierend. Dies tat er auf eigene Initiative. Als er es schließlich Himmler offenbarte, wurde der wütend, beschimpfte ihn als Defätisten, stimmte aber doch zu, nur solle Hitler kein Wort davon erfahren.

Schließlich erstellte Schellenberg eine Analyse des tatsächlichen Rüstungspotenzials der Russen und brachte das Fass zum Überlaufen. Als Hitler das Gutachten las, wollte er, dass man den dafür Verantwortlichen einsperre. Himmler erteilte Schellenberg daraufhin eine scharfe Abfuhr, drohte, er würde ihn wegen Überforderung ablösen. Doch im weiteren Verlauf ihrer Unterredung offenbarte ein plötzlich nachdenklicher Himmler eigene Zweifel: »Wenn wir diesmal mit dem Osten nicht fertig werden, was nur unter Einsatz größter Härte möglich ist, müssen wir aus der Geschichte abtreten.« Nachtgedanken des SS-Führers.

Nach Schellenbergs Eindruck verschanzte sich die Führung hinter dem Dogma, war nicht flexibel genug in der Lagebeurteilung, dachte in den Perspektiven des Tausendjährigen Reiches, während die Untergebenen nur sehr kurz sahen. Trotzdem versuchte Schellenberg die nüchternen Tatsachen zur Geltung zu bringen. Er, Schellenberg, hielt einen totalen Sieg Deutschlands nicht mehr für möglich. Er wollte Deutschland »vor dem Schlimmsten bewahren« und durch einen Kompromiss rechtzeitig aus dem Krieg hinausmanövrieren (als hätten ihn die anderen begonnen und als geschähe das Schlimmste nicht in und durch Deutschland). Er wollte verhandeln, solange Deutschland durch die Besetzung so vieler Länder eine Machtposition besaß.

Im August 1942 erhielt er Informationen über einen Dissens zwischen der Sowjetunion und den Westalliierten über die ausbleibende zweite Front im Westen. In dieser Lage wollte er nach beiden Seiten sondieren, benötigte dazu aber die Rückendeckung einer prominenten Persönlichkeit, die auch über Macht zur inneren Neuordnung verfügte, und das war eben nur Himmler. Ribbentrop war dafür nicht aufgeschlossen. Zu Göring hatte er keinen Zugang.

In seinen Memoiren verwendet Schellenberg große Sorgfalt auf die Szene, in der er sich Himmler offenbarte und seine geheimsten Gedanken nahe brachte, dabei seinen Kopf riskierte und ihn doch für ein riskantes politisches Spiel gewann.

Es geschah in der Ukraine, an der Ostfront, in der Feldkommandostelle Shitomir am Teterew, 150 Kilometer vor Kiew. Himmler bestellte ihn dorthin. Aus dem Flugzeug, einer viermotorigen Kondor, entdeckte der kleine Saarländer die einschüchternde Weite des russischen Raumes. Zum Abendessen bei Himmler erschienen alle in Zivil, auch Dr. Kersten war da.

In Shitomir ließ sich Schellenberg auf Himmlers Empfehlung zunächst von Kersten massieren. Dabei kam es zu einem offenen Gespräch, in dem beide von der Notwendigkeit sprachen, aus dem Krieg herauszufinden. Man schloss eine Art Bündnis, Kersten würde ihn gegenüber Himmler unterstützen, dafür versprach Schellenberg,

Kersten vor Gestapo-Müller zu schützen. Mit Schutzangeboten gegen reelle oder vermeintliche Bedrohungen hat Schellenberg immer gern gearbeitet.

Langsame Annäherung an die Szene. Ein Abendessen mit Himmler, irgendwo weit hinten in der Ukraine. Himmler spricht über historische Themen, über Indien und indische Philosophie und über Hexenprozesse im Mittelalter, eines seiner Lieblingsthemen. Der Reichsführer SS äußert echte Empörung darüber, dass so viel gutes deutsches Blut aus Aberglauben vergossen worden sei.

Über Politik wird nicht geredet, auch nicht über den Krieg. Am nächsten Tag hält Schellenberg Vortrag. Himmler merkt ihm an, dass er etwas Besonderes zu sagen hat. Schellenberg bittet um einen Termin für eine längere Aussprache, der auch gewährt wird. Es sei nichts Persönliches, doch eine Angelegenheit, die eine schwierige Entscheidung verlange.

Nach dem Essen ist es so weit. Der Reichsführer SS zündet sich eine Zigarre an und hört seinem Geheimdienstchef zu, der mit Märchenstimme erzählt, wie er im Studium bei einem wohlmeinenden Professor lernte, dass man in schwierigen Fällen immer eine Alternativentscheidung erwägen müsse; und das habe er sich zur Lebensmaxime gemacht.

Er hat den verdauenden Reichsführer eingestimmt, fast eingelullt, dann kommt der Schock: »Darf ich so kühn sein, Reichsführer, Sie zu fragen: In welcher Ihrer Schubladen haben Sie eine Alternativlösung zur Beendigung des Krieges?«

In der gedachten Spielfilmszene würde Himmler sich am Rauch der Zigarre verschlucken, es würde Minuten dauern, ehe er sich wieder gefasst hätte. Draußen wogen die Kornfelder der Ukraine, soweit sie nicht verbrannt oder abgeerntet oder verfault sind, draußen werden Aufmarschpläne erwogen oder schon umgesetzt, draußen werden Mordbefehle erteilt, und hier fragt einer nach dem Ausstieg aus dem Krieg, an dieser Front weitab der Heimat? Ein paar Kilometer weiter sitzt der Führer in seinem Hauptquartier an der Ostfront, scheinbar mächtig wie nie.

»Sind Sie plötzlich verrückt geworden, Schellenberg, haben Sie die Nerven verloren? Sie sind überarbeitet!«

Schellenberg lässt das erwartete Gewitter über sich ergehen. Er hatte mit einer weitaus schärferen Reaktion Himmlers gerechnet und stieß gleich nach. Auch Bismarck habe immer Alternativlösungen bedacht. Und: Deutschland stehe auf dem Höhepunkt seiner Macht, jetzt bestünden Chancen für eine Kompromisslösung.

Himmler schwenkt plötzlich um: »Solange ein Ribbentrop den Führer berät, ist daran nicht zu denken.«

Er offenbart eine Lücke, eine Schwäche, hier kann Schellenberg ansetzen. Nach einigem Fantasieren über die künftige Weltordnung, vor einem Globus stehend (wir sind in einer Filmszene), fragt Himmler, wie sich dieser Gedanke praktisch auswirken werde.

Schellenberg spricht von Sondierungen in beide Richtungen, nach Osten wie Westen, durch inoffizielle Kanäle. Bei Misslingen könne man die Emissäre fallen lassen. Man müsse nur Ribbentrop ablösen, als Zeichen des guten Willens einer neuen Führung, als Signal für eine Veränderung in Deutschland. Und dann spielen sie Friedenskonferenz, entwerfen die Konturen des neuen Europa, ziehen neue Grenzen, reden über deutsche Besitzungen (und kein Wort über die Juden). Der Gebietsgewinn im Osten sei dabei nur ein Faustpfand in Verhandlungen.

Schließlich gibt ihm Himmler Handlungsfreiheit für Kontaktversuche, mit der Androhung, ihn wie ein heißes Stück Kohle fallen zu lassen, wenn er einen Fehler mache. Aber konnte man sich auf Himmler als politischen Verbündeten verlassen?

15

Oberst Henry Guisan wurde von seinen Freunden Gigi oder auch Riquet genannt. Mit diesem jungen Offizier hätte man jeden Spielfilm besetzen können, strahlend weiße Zähne, immer lächelnd, geschmeidig und schlank, leuchtende Augen. Der Vater des Lebemannes, ebenfalls Henri mit Vornamen, aber mit –i geschrieben, war Chef des Schweizer Heeres. Guisan junior schien in allem sein Gegenstück zu sein, und war doch dessen liebstes Kind. Nur wenn er Dinge ausplauderte, die sein Vater, der General, als Staatsgeheimnisse betrachtete, wurde er von diesem auch vor Zeugen zornig niedergemacht. Ärger gab es auch wegen dubioser Geschäfte oder Frauengeschichten. Der Vater hatte sich gerade den Titel »Vater des Vaterlands« verdient. Und so wurde Gigi eben von Vater und Vaterland beschimpft. Obwohl er doch beiden zu dienen dachte – auf seine Weise.

Henry Guisan wurde von der Polizei überwacht. Vor allem fürchtete man, dass seine Gespielinnen im Dienst ausländischer Mächte stünden. So vermerkte die Kantonalpolizei Zürich am 3. März 1944, dass er in Damenbegleitung zwei Nächte im Hotel Schweizerhof in Zürich verbracht hatte. Die Wahl des Ortes verriet doch immerhin Patriotismus. Es waren übrigens zwei verschiedene Damen. Die erste war eine französische Tänzerin, die zweite eine Dame der Bourgeoisie, eine Madame W., die aus Holland stammte und durch Heirat Schweizerin geworden war. Eine neue Mata Hari? Man überprüfte sie, konnte beiden Damen aber keine Spionage nachweisen. Am 24. Juni wurde gar vermerkt, dass sich zwischen Gigi und Madame W. eine echte Romanze abspiele, sie würden ihre Beziehung nicht einmal mehr geheim halten.

Schon früher hatten Schweizer Abwehrleute bemerkt, dass Henry eine Liaison mit einer Deutschen unterhielt, einer Madame L., die in Lausanne einen sehr schlechten Ruf besaß. Man überprüfte auch sie, um sie abschieben zu können, aber außer ihrem schlechten Leumund wurde nichts Nachteiliges ermittelt. Henry wurde nahe gelegt, diese Beziehung zu beenden, was er auch sogleich tat, denn es hing seine Beförderung in Papas Armee davon ab. Immerhin konnte er sich nun denken, dass er überwacht wurde.

Ansonsten schien ihm der Fall gleichgültig zu sein, nur den Vater regte es auf, dass man ihn nicht über die Überwachung seines Sohnes informiert hatte. Er beschwerte sich bei Bundespräsident Eduard von Steiger, der ihn aber abblitzen und keine Dokumente der Fremdenpolizei einsehen ließ, schließlich sei die Schweiz kein Polizeistaat.

Guisan junior machte längst Politik auf eigene Faust. 1941 hatte er einen deutschen Geschäftsmann namens Hans Wilhelm Eggen kennen gelernt, der zugleich SS-Hauptsturmführer und Rittmeister der Reserve war. Eggen, dessen Mutter Französin war, wollte in der Schweiz über den Ankauf von 2000 Holzbaracken »für die Ostfront« verhandeln, ein Geschäft, das sich auf 22 Millionen Schweizer Franken belief. Die Firma Extroc SA (GmbH) in Lausanne sollte die Verbindung zum Schweizer Holzsyndikat herstellen, das in Kriegszeiten unter staatlicher Aufsicht stand. Bis 1944 wurden dann tatsächlich Holzbaracken geliefert, de facto für die Konzentrationslager Oranienburg und Dachau. Als Mitglied des Aufsichtsrates von Extroc erhielt Guisan junior ein hohes Gehalt, wobei er nicht mehr tat, als seinen Namen zur Verfügung zu stellen, wenn es nützlich schien. Wer wird nicht gern allein für seinen Namen bezahlt? Für die Vermittlung des Barackengeschäftes erhielt er eine Provision von 13 000 Schweizer Franken und heftige Schelte vom Papa.

In das nachrichtendienstliche Geschäft, das Gigi eingefädelt hatte, stieg Guisan senior dagegen ein. Schon 1941 brachte der Junior den Rittmeister Eggen mit seinem Freund Dr. Paul Meyer zusammen, der offiziell für die Interkommerz AG Zürich arbeitete und nebenbei die Nummer zwei des Schweizer Geheimdienstes war. Und er hatte eine weitere Schattenseite: Unter dem Pseudonym Schwertenbach veröffentlichte er Romane.

Guisan wusste, dass Eggen gute Kontakte zu Himmler besaß. Meyer brachte nun Eggen mit seinem eigenen Vorgesetzten zusammen, Oberst Roger Masson, dem Chef der Schweizer Abwehr. Das Treffen fand im Schweizerhof in Bern statt. (Hotels mit diesem Namen sollte man also grundsätzlich misstrauen?) Der Kontakt mit Eggen intensivierte sich, privat war er wiederholt bei Meyer zu Gast. Aber dann arrangierte Eggen ein Treffen von Masson und Standartenführer Walter Schellenberg. Geheimdienstwege sind manchmal etwas verschlungen, und jedes Treffen wird durch andere Treffen vorbereitet.

Im Juli 1942 flog Meyer zu einer Unterredung mit Schellenberg nach Berlin. Schellenberg übertrieb die Bedrohung der Schweiz durch eine Invasion der Wehrmacht. Er köderte Meyer mit der Behauptung, dieser habe die Chance, die Schweiz zu retten. Schellenberg ließ als Zeichen guten Willens einen Schweizer Offizier befreien, der in Deutschland wegen Spionage einsaß.

Im September 1942 traf schließlich Oberst Masson selbst in einem kleinen Ort hinter der deutschen Grenze mit Schellenberg zusammen, mit Erlaubnis von Armeechef Guisan. Weitere Gespräche an verschiedenen Orten waren die Folge. Masson war begeistert von Schelli, wie er ihn nannte.

Nach langer Vorbereitung kam es am 3. März 1943 zu einer Begegnung zwischen Schellenberg und General Henri Guisan im Gasthof Bären in Biglen, im Berner Oberland, bei einer Mahlzeit mit Champagner in großer Runde und einem längeren Gespräch unter vier Augen. Himmlers Vertrauter und der Schweizer Oberbefehlshaber hatten sich wohl viel zu sagen. Vor der Abreise trugen sich alle ins Gästebuch ein. Die Rechnung beglich Masson. Es wurden 273,50 Schweizer Franken berechnet, zuzüglich 5,50 für die Verlängerung der Polizeistunde.

General Henri Guisan, das wusste Schellenberg, war ein Bewunderer von Marschall Pétain, den er persönlich kannte und mit dem er auch nach 1940 Kontakt hielt. Brieflich beglückwünschte Guisan den Chef des Vichy-Regimes dafür, dass er Frankreichs Substanz gerettet und dessen Wiedergeburt möglich gemacht habe.

Über die Bedeutung des Treffens mit Schellenberg, von dem die Schweizer Regierung nichts wusste, wurde viel gerätselt und der General später sehr dafür gescholten. Aber Guisan wie Masson glaubten, dass Schellenberg Sympathien für die Schweiz hege und es vermöge, die Scharfmacher in Berlin davon abzuhalten, die Schweiz zu besetzen. So rechtfertigt man wohl immer dubiose Kontakte, indem man seinen Gesprächspartner überschätzt. Für die Schweizer war er eine politische Versuchung (so steht es in einem Schweizer Protokoll). Sie glaubten, auf diesem Wege Zugang zur deutschen Führung zu erlangen.

In Schellenbergs Akten werden Masson wie auch Meyer mit Decknamen geführt (Senner I und Senner II). Noch lange nach dem Barackengeschäft von 1941 findet sich im August 1943 eine von Eggen vorgeschlagene und von Schellenberg abgesegnete Anweisung, Meyer »unter dem Vorwand der Aufrechterhaltung der Geschäftsverbindungen« monatlich 2000 Schweizer Franken »zur persönlichen Verwendung freizugeben«. Dass Meyer Geld annahm, machte dessen Informationen, etwa über die Planungen der Alliierten für eine Landung in Frankreich, besonders glaubwürdig für Schellenberg. Allerdings waren Meyers Meldungen irreführend, so dass man im Hintergrund eine englische Desinformationskampagne vermuten kann, mit oder ohne Wissen des Schweizers.

Drei deutsche Dienste waren in der Schweiz aktiv, mit insgesamt 1000 Agenten, Deutschen und Schweizern: die Abwehr von Canaris, die Gestapo und Schellenbergs Amt VI des Reichssicherheitshauptamtes. Für Schellenberg, dessen SD in Bregenz eine geheime Informationsstelle über die Schweiz unterhielt, war es mehr ein Kontakt für alle Fälle, ein Kanal für die ungewisse Zukunft.

Am 29. April 1944 landete versehentlich ein neuer deutscher Nachtjäger vom Typ Me 110 Cg+EN in Dübendorf bei Zürich. Er hatte sich im Luftkampf verflogen. Damit dieser Prototyp nicht an die Westalliierten käme, war man in Deutschland zu einer Kommandoaktion bereit. Im Juni 1944 fand in einem Restaurant am Wannsee eine Beratung Schellenbergs mit Otto Skorzeny und Ernst Kaltenbrunner statt, bei der auch der deutsche Luftwaffenattaché in Bern anwesend war. Skorzeny wollte das Flugzeug durch eine Aktion von Fallschirmspringern zerstören lassen. Der Attaché und Schellenberg traten dagegen erfolgreich für eine Verhandlungslösung ein. Die Schweizer zerstörten das Flugzeug unter deutscher Aufsicht, zugleich wurde der Verkauf von zwölf Messerschmitt-Flugzeugen für die Schweiz eingefädelt, jedes im Wert von 500 000 Schweizer Franken.

Rittmeister Eggen floh nach Kriegsende in die Schweiz. Er habe der Schweiz große Dienste erwiesen, sagte später Guisan junior aus, dem man übrigens 1945 eine Beförderung verweigerte.

16

Nichts ist vertrackter für Astrologen als Ungewissheit über die eigene Zukunft. Vor allem, wenn sie ihre Tätigkeit nur im Verborgenen ausüben können.

Wilhelm Theodor Heinrich Wulff wurde als Sträfling zum Arbeitseinsatz befohlen, er sollte Bombentrümmer seiner Heimatstadt Hamburg beseitigen. Meist aber saß er hinter Büschen und verriet den SS-Aufsehern, was die Sterne für sie bereithielten. Astrologie war im Dritten Reich verboten. Die Astrologie stamme aus dem Orient und sei nicht zu germanisieren, hieß es von offizieller Seite. Goebbels benutzte umgedeutete Nostradamus-Sprüche für seine Propaganda im Ausland. Aber das war billige Manipulation, hatte mit Wissenschaft nichts zu tun, meinte Wulff. Er glaubte an seine Kunst. Für ihn war der Astrologe Detektiv, Prognostiker und Therapeut. Nach dem Englandflug von Rudolf Heß wurden zahlreiche Astrologen verhaftet, denn Heß hatte sich zuvor astrologisch beraten lassen. Auch Wulff war für Wochen in Haft genommen worden. Aber dann kam ein geheimnisvoller Befehl. Er solle sich für einen besonderen Einsatz bereithalten.

Der Sohn einer Kaufmannsfamilie hatte eine Handelslehre begonnen, war bald aber an eine Kunstgewerbeschule gewechselt, um Bildhauerei und Malerei zu studieren. Seine Beschäftigung mit den Werken von Leonardo da Vinci, Johannes Kepler, Tycho Brahe und Johann Wolfgang von Goethe führte ihn 1912 zur Astrologie, die er seit Anfang der zwanziger Jahre mit großem Erfolg zum Beruf machte. Er war verheiratet, hatte eine Tochter und einen Sohn. Im Mai 1925 gab er das Buch ›Lehrbuch der altindischen Astrologie‹ von Varaha Mihira heraus. Nach 1933 schlug er sich in Berlin durch. Und nun, im März 1944, brachte man ihn auf ein Gut nördlich der Hauptstadt. Es hieß Harzwalde und gehörte Felix Kersten.

Wulffs »Gastgeber« war riesig, ein Elefantenleib, ein Bauchmensch, eine runde dicke Erscheinung von weit über 200 Pfund. Er hatte ein schwammiges Gesicht, gierige kleine Kinderaugen, war aber flink und gelenkig. Narben überzogen die massigen Greifhände. Die Augen um die hellblaue Iris waren seltsam verschattet, ließen an eine Schlange denken oder an einen Dachs. Auf Kerstens Gut waren viele »Bibelforscher« beschäftigt, die man ins KZ gesperrt hatte, weil sie den Dienst mit der Waffe verweigerten. Kersten hatte ihre Freilassung bei Himmler durchgesetzt.

Wulff leistete auf dem Gut diverse Hilfsarbeiten, erstellte auch immer wieder die Horoskope, um die man ihn bat, zum Beispiel über den Führer. Einmal nahm ihn Kersten mit nach Berlin, in seine Wohnung in Wilmersdorf, am Rüdesheimer Platz 7, die zuvor einem jüdischen Eigentümer gehört hatte. Wulff entdeckte protzige Eleganz unter einer Staubschicht. Auf einer Kommode standen Bilder in kitschigem Goldrahmen, signierte Porträts von Ciano, Hitler, Mussolini, Heß, Ribbentrop, Papst Pius, etwas verdeckt auch von der Königin von Holland. In den überdimensionalen Sesseln, die zu Kerstens Körperumfang passten, verschwand der schmächtige Wulff beinahe.

Bald verstand Wulff, dass das Horoskop von Hitler dazu dienen sollte, Himmler zum Handeln zu bewegen. Er hatte einige sehr gewagte Prognosen gestellt, hatte »eine große Gefahr für Hitler am 20. Juli 1944« vorhergesagt und auch, »dass Hitler noch vor dem 7. Mai 1945 eines geheimnisvollen Todes sterben« werde. Wulff begriff, dass es Leute gab, die mit bestellten Horoskopen auf Himmler Einfluss nehmen wollten. Er musste wohl oder übel mitspielen. Kersten sagte: »Sie müssen Himmler kennen lernen. Er ist sympathisch und nett und kann viel für Sie tun.«

Aber auf dem Weg zu Himmler ging es zunächst zu Schellenberg. Ihn lernte Wulff im Januar 1944 in einer Villa an der vereisten Außenalster in Hamburg kennen. Schellenberg war gerade 34 geworden, wirkte harmonisch, flink und lebhaft, hatte aufmerksame Augen. Er schien sich in der neuen Uniform nicht wohl zu fühlen. Wulff hatte es sich angewöhnt, seine Gesprächspartner gleichsam mit den Augen zu fotografieren. Zu Schellenberg sagte er: »Ihr Gesundheitszustand ist bedenklich, Sie leiden unter ständigen Erregungszuständen.« Es gab ein kleines Gespräch über Astrologie und Propaganda und darüber, dass in Hitlers Horoskop Neptun ausschlaggebend sei.

Wochen später traf Wulff Schellenberg und dessen Adjutanten Franz Göring (Spitzname: der kleine Göring) in Berlin wieder. Das Gespräch fand am Kleinen Wannsee statt, wo Schellenberg über eine Dienstvilla verfügte. Während Bomben auf die nahe Stadt fielen, tafelte man vornehm, von Kellnern des Luxusrestaurants Horcher bedient, und blickte auf die Bänke am Ufer, auf Bootsstege und blühende Bäume. Es war ein prächtiger Frühling.

Nach dieser letzten Überprüfung wurde Wulff nach Österreich verfrachtet. Man brachte ihn auf das spätbarocke Schloss Aigen bei Salzburg, das unter dem Decknamen Bergwald dem Reichsführer SS diente. Von dem abgelegenen Bauwerk hatte man einen herrlichen Blick auf die Berge. Wulff durfte an einem Essen mit Himmlers Stab teilnehmen, eine Artusrunde an einem ovalen Tisch, sogar mit Damen. Im Raum standen nur schlichte Möbel aus Eschenholz.

Hinterher erinnerte sich Wulff an die flegelhaften Essgewohnheiten der Anwesenden, auch Himmlers selbst, der sehr blass aussah, seine Arme aufgestützt hielt und laut seine Suppe schlürfte. Es war gerade ein fleischloser Tag. Himmler war kein strenger Vegetarier, bestand aber abends auf warmen Mahlzeiten, kalte Platten hielt er für eine norddeutsche Unsitte. Und Wulff erinnerte sich an ein langes Gespräch unter vier Augen über Indien und Astrologie.

Himmler verfügte über Grundkenntnisse in Astrologie. Er sprach über die Horoskope von Churchill, Stalin und Hitler. Wulff wiederholte seine Auffassung, Hitler sterbe nicht durch ein Attentat. Himmler sagte: »Falls es zu Kämpfen, Zusammenrottung und Widerstand in den Städten kommt, werde ich diese durch meine SS zusammenschießen lassen. Das wäre nicht das Schlimmste.« Schlimmer wäre der Treuebruch gegenüber Hitler, dem er alles verdanke.

Wulff blickte Himmler an und sah eine fahle Gesichtsfarbe, stark gerötete Augenlider, dunkelgraue Augen, fast schon mausgrau, das Weiß darin war nur schwach zu erkennen, dunkles Haar. Vor allem frappierte das leicht asiatische Aussehen, durch die straffen Wangen und die mongolische Augenfalte, den so genannten Epikanthus, der die Augen fast verdeckte. Seine Stirn wölbte sich stark, ohne Einbuchtung, fast wie eine Geschwulst. Auffallend war das stark fliehende Kinn mit Bartstoppeln, dazu verkniffene Mundwinkel, ein Ausdruck von leerem Spott oder Unsicherheit.

»Steht ein neuer Mongolenzug bevor?«, fragte Himmler.

Wulff sagte: »Jetzt ist vielleicht der Zeitpunkt da für die Schlacht am Birkenbaum, von der eine alte Prophezeiung spricht, die seit 200 Jahren in Westfalen umhergeistert. Sie entscheidet über Deutschlands Schicksal.«

»Nein«, erwiderte Himmler, »diese Schlacht kommt erst viel später.«

17

Im Oktober 1938 kam die älteste Tochter des Berliner Rechtsanwalts Carl Langbehn aus der Schule und berichtete, dass sie in den Herbstferien zum Geburtstag einer Klassenkameradin eingeladen worden sei.

»Wie heißt sie denn?«, fragte der Vater.

»Sie heißt Gudrun Himmler«, antwortete Elke Langbehn.

»Na schön, dann fahren wir hin. Ich begleite dich.«

Die Langbehns verbrachten die Herbstferien wie immer in ihrem Sommerhaus am Walchensee. Von dort fuhren Vater und Tochter zum Landhaus der Himmlers am Tegernsee. Der mächtige Vater des Geburtstagskindes bat Carl Langbehn in sein Haus und erwies sich als sehr gesprächig. Der Reichsführer SS sagte, er freue sich über diesen Kontakt, endlich lerne er einmal Leute außerhalb seiner Organisation kennen. Und er fragte: »Wollen Sie nicht zum Abendessen bleiben?« Langbehn blieb, erzählte ungeniert politische Witze und konnte an Himmlers Reaktion dessen Verhältnis zu den einzelnen Mitgliedern der NS-Führung ablesen.

Nach dem sehr offenen Gespräch erhielt Langbehn Himmlers geheime Telefonnummer in Berlin. Bald beriet er den Reichsführer in diversen Geschäften und Rechtsangelegenheiten. Langbehn hatte viele Freunde im Ausland, auch das machte ihn interessant. Seit 1929 stand er in Kontakt zur NSDAP, war ihr 1933 beigetreten. Aber war er wirklich zuverlässig im Sinne des Reichsführers?

Carl Langbehn, ein eleganter Herr mit ziemlich kahlem Kopf, nur ein leichter Haarkranz war am Hinterkopf verblieben, hatte ein ovales Gesicht, eine kräftige rundliche Nase, ein leicht fliehendes Kinn und markante Augen. Man konnte sich ihn auf internationalen Kongressen vorstellen oder im diplomatischen Dienst. Er hätte vielerlei abenteuerliche Schicksale haben können in der weiten Welt. Aber er hatte einen Pakt mit dem Schicksal Deutschlands geschlossen, dieser so fremden Heimat.

1901 als Sohn eines deutschstämmigen Plantagenbesitzers auf Sumatra geboren, kam er mit neun Jahren nach Deutschland und ging hier zur Schule. Für den Ersten Weltkrieg war er als Soldat zu jung, nach 1920 studierte er Jura und verdiente sein Studiengeld durch Fabrikarbeit. 1929 wurde er in Berlin als Anwalt zugelassen. Im Mai 1933 trat er der NSDAP bei und schien zu jenen konservativ denkenden Menschen zu gehören, die dem neuen Regime zunächst positiv gegenüberstanden und sich weitgehend anpassten, doch bald in Gegensatz zu ihm gerieten, weil es gegen ihre bürgerliche Einstellung, ihre Auffassung von menschlichem Anstand verstieß.

Mit seiner Frau, der Deutschargentinierin Irmgard Nordenholz, hatte Langbehn fünf Kinder. Die Familie lebte in Berlin, besaß aber ein schönes Sommerhaus am bayerischen Walchensee, mit Bergziegen und Shetlandponys. Dorthin lud man Freunde ein, etwa den ehemaligen Botschafter in Rom, Ulrich von Hassell, der gar kein Freund des Regimes war und 1938 aus dem diplomatischen Dienst entfernt worden war; dorthin schickte Langbehn Frau und Kinder, als auf Berlin Bomben zu fallen begannen.

Nach 1933 hatte er wiederholt die Verteidigung von Regimegegnern übernommen, etwa die des Abgeordneten Günther Gereke.

1936 verteidigte er in Potsdam den Kabarettisten Werner Finck und konnte ihn vor einer zweiten Gefängnisstrafe bewahren. Als Langbehns Göttinger Juraprofessor Fritz Pringsheim, den man 1935 aufgrund seiner jüdischen Abstammung entlassen hatte, nach der Kristallnacht im November 1938 verhaftet wurde, setzte sich Langbehn für ihn ein. Pringsheim kam frei und durfte nach England emigrieren. Seither wurde Langbehn zur Hoffnung für viele Inhaftierte, immer wieder suchte man ihn auf. Auch den Diplomaten und Bankier Albrecht von Bernstorff konnte er 1941 aus der Haft freibekommen. Als sich die Chance ergab, auf dem unverfänglichen Weg über seine Tochter in Kontakt zu Himmler zu treten, zögerte Langbehn nicht. Er stellte seine eigenen politischen Überlegungen an, und er scheute kein Risiko.

Bei Kriegsbeginn 1939 wurde Langbehn eingezogen und dem Oberkommando der Wehrmacht zugewiesen, und zwar der Abwehr, seiner Welt- und Sprachkenntnis wegen. An diesem Ort war eine ganz besondere Nachrichtenzentrale entstanden, denn hier hatten sich einige Gegner des Regimes zusammengefunden, wie Hans Oster oder Hans von Dohnanyi. Sie wollten die Möglichkeiten des Dienstes für ihre politischen Zwecke nutzen. Über seinen Mandanten Gereke trat Langbehn 1940 in Verbindung mit Johannes Popitz, auch er ein einstiger Anhänger, ja Minister des Regimes, der mit dem Näherrücken des Krieges in Gegensatz zu ihm geriet.

Langbehn wurde im August 1941 von der Abwehr beauftragt, Carl Jacob Burckhardt vom Internationalen Roten Kreuz über die Lebensmittellage in den einzelnen Ländern auszuhorchen. Außerdem würde Burckhardt bald Churchill treffen. Die Engländer sollten wissen, dass sich in Deutschland eine Opposition bildete. Von Hassell reiste mit Burckhardt zu Langbehn an den Walchensee, wo man sich Zeit für ausgiebige Gespräche nahm, etwa über die Atlantikcharta, eine Vereinbarung über die Kriegsziele der Alliierten, auf die sich Churchill und Roosevelt am 14. August 1941 geeinigt hatten. Sollte man sie so deuten, dass England und Amerika nicht nur gegen Hitler kämpfen, sondern Deutschland als solches niederschlagen und wehrlos machen wollten? Das war die Sorge des Widerstands. Aber gab es dieses andere Deutschland denn? Konnte es mit dem Ausland verhandeln? War es ein politischer Faktor für die Zukunft? Man erhob durchaus noch nationale Ansprüche, auch wenn man das Regime bekämpfen, seinen militärischen Sieg verhindern wollte.

Im Laufe des Jahres 1941 verkehrte Langbehn mit etlichen Regimegegnern, etwa dem Berliner Juristen Jens Peter Jessen, oder dem Diplomaten Albrecht Haushofer, dem Sohn des Theoretikers der Geopolitik Karl Haushofer, dem Museumsdirektor Friedrich Sarre und dessen Tochter Marie-Louise, einer Bildhauerin. Albrecht Haushofer sagte im Jahr 1940 von sich selbst, er sei lethargisch, weder besonders für noch gegen das Dritte Reich engagiert. Manchmal widerte ihn »das große Theater« an, wie er die Politik nannte. Er wusste genau, dass die Engländer den Krieg bis zum bitteren Ende durchfechten würden, nachdem einmal die Entscheidung dafür gefallen war, dass es keine Verständigung mit Hitler geben konnte. Alle guten Deutschen befänden sich dadurch »in einer patriotischen Zwangslage«.

Langbehn hatte Haushofer 1937 auf der Rückreise von Japan kennen gelernt. Nun brachte er ihn mit Popitz zusammen, in dessen Wohnung in der Steglitzer Brentanostraße sich die Mittwochsgesellschaft traf: Ulrich von Hassell, Jens Peter Jessen, zuweilen Carl Goerdeler, Hans Oster, Erwin Planck, Erwin von Witzleben, Henning von Tresckow und andere. Im Laufe des Jahres 1942 arbeiteten die beiden Juristen Langbehn und Popitz ein Gesetz über den Ausnahmezustand aus, eine vorläufige Verfassung für die Zeit nach einem Sturz Hitlers. Denn darin lag nun das erklärte Ziel.

Von Hassell wusste von den »grauenhaften Dingen«, die in Polen geschahen, nannte sie einen »Schandfleck für die deutsche Ehre«. In seinen politischen Überlegungen ging er immer noch von einem siegreichen oder nicht katastrophalen Kriegsverlauf aus. »Man sieht das Unheil immer näher kommen, aber hat kein Mittel, es aufzuhalten.« Das Unheil war für ihn die militärische Niederlage.

In diesem Oppositionskreis nahm Langbehn eine überaus heikle Position ein. Er unternahm Reisen ins neutrale Ausland; und er hielt den Kontakt mit Himmler. Er plante nicht nur, er handelte. Im November 1941 berichtet Langbehn, dass er sich bemühe, über Himmler Leute aus dem Konzentrationslager freizubekommen, was nur gegen hohe Geldsummen möglich sei. Den Geisteszustand der SS schilderte Langbehn als labil: eine barbarische Parteiseele und zugleich eine missverstandene aristokratische Seele. Im März 1942 meldete Langbehn aus dem Kreis um Himmler, dass man dort allerlei plante – gegen Hitler. Seit die deutsche Offensive im Osten stockte, würden Himmler und einige SS-Generäle skeptisch, befürchteten Niederlagen. Nach El Alamein und Stalingrad versuchte Langbehn, Himmlers Adjutant Karl Wolff davon zu überzeugen, dass man Hitler ausschalten müsse, um das Reich zu retten. In langen Gesprächen klagte Langbehn über den korrupten Göring und sagte, es müsse an einem Zusammenschluss aller wirklich sauberen Leute in Partei, Staat und Wehrmacht gearbeitet werden. Wolff, dessen Hände nicht wirklich sauber waren, ließ sich allmählich überzeugen.

Popitz war nicht ohne Misstrauen gegen Langbehns Kontakte zu SS-Kreisen: »Er erreicht alles bei diesen Leuten und ist doch ihr erbitterter Gegner. Manchmal glaube ich, sie wissen es.« Gleichwohl machte man sich Gedanken, ob und wie man Himmler als Ansatzpunkt für den Putsch nutzen könnte. Auf die Generäle hoffte man Anfang 1943 nicht mehr. Langbehn, der für die Abwehr ins Ausland reisen durfte, wollte seine Kontakte nutzen, um bei den Westalliierten für die »Himmler-Lösung« zu werben. Ob es für die Widerständler nur ein Ansatzpunkt des Umsturzes war oder ob sie wirklich eine Rolle für Himmler in einer denkbaren Nachkriegslösung sahen, blieb dabei offen. Dass auch Himmler und seine Leute daran denken könnten, sie zu benutzen, wurde vielleicht weniger bedacht. Immerhin ging die Idee, sich Himmlers zu bedienen, wesentlich auf Langbehn zurück. Himmler hielt er bei Laune, indem er Rüstungsgeschäfte mit Finnland, Spanien oder der Schweiz einfädelte, bei denen auch die finanziellen Interessen des Reichsführers bedacht wurden. Wenn man eine Palastrevolution als Ansatzpunkt suchte, um den Teufel mit dem Beelzebub auszutreiben, so kam im Jahr 1943 nur

Himmler als Hebel in Frage – als Mittel, nicht als Zweck. Dahinter stand der Gedanke, mit der SS Hitler zu stürzen und danach mit der Wehrmacht das Regime als Ganzes zu beseitigen. Es durfte keine Dolchstoßlegende entstehen. Die militärische Niederlage musste nach innen akzeptabel gemacht werden. Haushofer wusste: Man überblickt in einem Spiel dieser Art höchstens zwei, drei Züge. Einmal in Gang gekommen, würde sich etwas entwickeln, auf das man nur bedingt Einfluss hatte.

Das politische Ziel des Kreises um Popitz und von Hassell war vermutlich eine konstitutionelle Monarchie nach englischem Vorbild, in der Annahme, dass England eine solche Lösung unterstützen würde. Ein Himmler hätte da keinen Platz gehabt. Es wurde schon überlegt, wer als Thronprätendent in Frage käme, etwa Prinz Louis Ferdinand von Preußen, der Beziehungen zum Widerstand hatte.

Als Albrecht Haushofer im April 1942 erfuhr, dass Heydrich plane, Himmler aus dem Amt zu drängen, notfalls mit Gewalt, bat man Langbehn, dies Himmler mitzuteilen. Himmler bedankte sich bei Haushofer für die Warnung.

Im November 1942 hatte Langbehn in Zürich Gespräche mit einem offiziellen englischen Vertreter geführt und dann in Stockholm mit einem Amerikaner, Professor Bruce Hopper, dem Vertreter des OSS bei der dortigen US-Botschaft – und zwar mit Genehmigung des Sicherheitsdienstes (also Schellenbergs, den Langbehn inzwischen kennen gelernt hatte). Es bestünden noch akzeptable Friedensmöglichkeiten mit England, aber auch mit Amerika, berichtete er. Hans Bernd Gisevius, ein anderes Mitglied dieser Opposition, war nach seinen Gesprächen in der Schweiz weniger optimistisch.

»Der nationale Standpunkt, dass wir selbst Richter unserer Dinge sein müssen und keine andere Nation, muss scharf vertreten werden«, schrieb von Hassell in sein Tagebuch, und: »Ich betone immer die Notwendigkeit, dem Ausland gegenüber uns nicht preiszugeben. Unsere Schweinereien gehören nur vor unser Tribunal.«

Unsere Schweinereien … Im Mai 1943 erfuhr von Hassell aus Polen: »Unzählige Juden werden in besonders dazu gebauten Hallen vergast, jedenfalls Hunderttausende.« Außerdem werde die polnische Intelligenz systematisch dezimiert. Er erhielt auch Berichte von den Kämpfen im Warschauer Ghetto. »Hitler hat den Deutschen zum verabscheuten wilden Tier in der ganzen Welt gemacht.«

Was von Hassell über Himmlers Standpunkt zum Krieg im Osten hörte, ließ ihn denken, der Mann sei ein Verbrecher oder ein Narr oder beides. Er hegte auch Zweifel an seinem Freund: »Ich kann Langbehns Standpunkt zu (Himmler), der doch immer wieder auf eine verhältnismäßig milde Beurteilung hinausläuft, nicht verstehen.«

Als nach Stalingrad der Nimbus Hitlers verblasste, änderte sich auch die Lage für den Widerstand. In von Hassells Worten: »Mit Hitler und seinen Leuten ist keinerlei Chance mehr auf einen nur halbwegs erträglichen Ausgang vorhanden, sondern nur Aussicht auf Katastrophe und Bolschewisierung; bei Systemänderung in einem vernünftigen Sinne ist zwar auch keinerlei Gewissheit mehr, aber doch eine Möglichkeit gegeben.« Diese Illusion trieb sie weiter an. »Die Wahl kann also nicht zweifelhaft sein.« Für von Hassell (und seine Freunde) war die Führung »ein Konsortium, das nur noch um seine Selbstbehauptung auf Kosten des deutschen Volkes kämpft«. Und welche Maxime galt für den Kampf des Widerstands? »Wenn die Guten nicht klug wie die Schlangen und ohne Falsch wie die Tauben sind, ist nichts zu erreichen.« Das dachte gewiss auch Carl Langbehn.

Über seinen Schweizer Kontaktmann namens Rosy ließ Langbehn die Amerikaner wissen, ein völliges Chaos in Deutschland könne nicht im Interesse der Westmächte liegen. Der einzige Ausweg sei eine neue anständige Regierung in Deutschland. Aber er wolle auch »ein anständiges staatsbewusstes Deutschland«. Über die zögernden Generäle oder Diplomaten wie Ernst von Weizsäcker dachte er: »Alle diese Leute machen sich nicht klar, dass Hitlers Parole ist, Deutschland mit sich in den Abgrund zu reißen, wenn ihm der Erfolg versagt bleibt.«

Im Mai 1943 informierte Langbehn seine Freunde, Himmler sei in einer Verfassung, dass man mit ihm über eine Aktion der SS gegen die

Clique Hitler-Bormann reden könne. Feldmarschall von Bock ließ wissen, er mache mit bei der Erhebung, wenn sie die Unterstützung von Himmler habe. Nun drängte von Tresckow Popitz, in die Höhle des Löwen zu gehen.

Aber der Widerstand befand sich in einer schwachen Position. Himmler war nicht so leicht zu benutzen wie Heß, den Haushofer beeinflusst hatte. Zudem war man uneins. Goerdeler, der ohnehin in Rivalität zu Popitz stand, lehnte die Himmler-Lösung ab, wollte mit dem blutbesudelten SS-Chef nichts zu tun haben. Später strich er Popitz deshalb von der künftigen Kabinettsliste. Die Schatten entlassen die Schatten. Aber auch Popitz handelte nur widerwillig: »Die ganze Verbindung ist ein ›faute de mieux‹ und nur als Zwischenlösung denkbar, aber alles ist heute recht, was die schlimmste Katastrophe abwenden kann.« Diese konservative Generation war geprägt von 1918 und sah die Niederlage Deutschlands als das größte Übel an.

Selbst Langbehn hatte keine Illusionen; er bezeichnete es einmal als grotesk, »dass man mit diesen Leuten reinigen und umsteuern wolle«. Seine politischen Ziele umriss er gegenüber von Hassell wie folgt: Die Engländer wollten Deutschland im Kern erhalten. Man sollte deshalb im Westen alle besetzten Gebiete sofort räumen, den Kampf dort einseitig aufgeben und alle Macht gegen Osten und Südosten werfen. Dann müssten sich die Angloamerikaner entscheiden, wo sie stünden.

Am 19. September 1943 löste Himmler Wilhelm Frick als Innenminister ab. Seine Macht schien nun unbegrenzt zu sein. Von Hassell notierte, Himmler wolle die Partei reinigen und gegen Korruption vorgehen, werde aber an Hitler scheitern. Himmler und Wolff wüssten jedoch über den Ernst der Lage Bescheid und was eigentlich geschehen müsste.

Schon seit Mai 1943 hatte Langbehn Verbindung mit Wolff gehalten, um eine direkte Begegnung vorzubereiten. Anfang August trafen sich Popitz und Langbehn in Popitz' Wohnung in der Steglitzer Brentanostraße. Langbehn bemerkte, nur eine offene Aussprache könne Aussicht auf Erfolg haben, auch wenn man dabei Kopf und Kragen riskiere.

Am 20. August ließ Wolff Langbehn wissen, Himmler stehe bereit. Das Gespräch wurde für den 26. August 1943 in Himmlers Innenministerium an der Moltkebrücke festgesetzt. Während Popitz zu Himmler ging, warteten Wolff und Langbehn im Vorraum und feilten schon an schriftlichen Vereinbarungen.

Ein Führer des deutschen Widerstands im Tête-à-Tête mit Himmler! Was für eine Szene! Wie soll man sich das Gespräch vorstellen? Wie lockt man einen Teufel aus der Reserve? Wie redete Himmler, wenn er nicht geiferte? Oder hat er mehr geschwiegen und zugehört? Immerhin hat er das Gespräch per Wanze mitschneiden und auf eine Grammophonplatte pressen lassen.

Popitz begann mit Kritik am Lebensstil von Hermann Göring mit genauen Belegen über Zahlen und Summen, schließlich war Popitz Finanzfachmann. Am 12. Januar 1943 hatte Göring zu seinem 50. Geburtstag Geschenke im Wert von einer Million Goldmark erhalten, darunter viel in Frankreich gestohlenes Gut.

Dieser Stinktopf müsse zugebunden werden, sagte Himmler über seinen Rivalen.

Popitz sprach besorgt von der Überlastung des Führers, ihm sei die Entwicklung wohl etwas entglitten, sollte man nicht die Verantwortung einem Jüngeren übertragen? Wenn er ausfalle oder zusammenbreche, könnte Göring sein Nachfolger werden. Sei das nicht fragwürdig? Man müsse also durchaus mit der Möglichkeit eines Reichsnotstandes rechnen. Es könnte notwendig sein, den Krieg im Westen zu beenden und ihn allein gegen den Bolschewismus fortzusetzen. Und wer könne dann die Verantwortung tragen? Er regte an, Langbehn in der Schweiz bei den Westmächten sondieren zu lassen. Der Krieg sei nicht mehr zu gewinnen. Nur eine starke Persönlichkeit könne Frieden mit dem Westen schließen.

Himmler wusste nun genug über die konservative Verschwörung – und ließ sie gewähren.

Ein neues Treffen wurde vereinbart. Langbehn wollte dann dabei sein, ihm kam Popitz zu vorsichtig vor. Er drängte nun auf konkrete Taten und beschloss, zu Sondierungen in die Schweiz fahren, was Himmler zumindest indirekt gebilligt hatte.

In Bern traf er sich mit Gero von Gaevernitz, dem Mitarbeiter von Allen Dulles, und berichtete über das Berliner Gespräch. Man sei bereit, Hitlers Macht einzuschränken, um das Gespräch mit den Westmächten zu erleichtern.

Aus der Schweiz zurückgekehrt, wurde Langbehn von Himmler empfangen, der noch nicht wusste, welchen Coup seine innenpolitischen Gegner vorbereiteten. Görings Funküberwachung hatte eine Meldung aus der Schweiz entschlüsselt, die vielleicht von einer Widerstandsgruppe innerhalb der deutschen Abwehr stammte: »Bevollmächtigter des Reichsführers SS hier eingetroffen, um wegen Friedensmöglichkeiten zu sondieren.« Man ging damit zu Hitler, an Himmler vorbei.

Am 23. September 1943 wurde Langbehn ins Reichssicherheitshauptamt einbestellt, offizieller Grund war der Fall seines Mandanten Albrecht von Bernstorff, der seit Ende Juli wieder in Haft war. Aber Langbehn wurde selbst festgenommen, gleichzeitig auch seine Frau und Marie-Louise Sarre. Himmler sagte das zweite Treffen mit Popitz ab. Am 9. Oktober kommentierte von Hassell in seinem Tagebuch Langbehns Verhaftung: »Nun ist der Mann lahm gelegt, der so vielen braven Leuten, die Opfer der Gestapo waren, geholfen hat.«

Für den Widerstand wurde die politische Lage nun noch schwieriger, der taktische Spielraum schwand. Indirekte Aktionen wurden sinnlos, aber wer war bereit, die Führung offen anzugreifen? Als sich Himmler später parteiintern rechtfertigen musste, sagte er, er habe Popitz nur aushorchen wollen.

Langbehn war Sonderhäftling in der Prinz-Albrecht-Straße. Er erhielt Pakete mit Lebensmitteln und Kleidung. Anfang 1944 wurde er in den Zellenbau des Konzentrationslagers Sachsenhausen verlegt, unter strenger Isolation. Langbehn wurde ausgepresst, warum er Himmler in ein Komplott hineinziehen wollte. Erst lange nach der Verhaftung von Popitz im Gefolge des 20. Juli 1944 wurden seine Verbindungen zum Widerstand ins Spiel gebracht. Er kam nach Ravensbrück, wo er schwer misshandelt wurde, später ins Gefängnis nach Tegel. Seine Anklage vor dem Volksgerichtshof erfolgte unter Bezugnahme auf die Notverordnung des Reichspräsidenten nach dem Reichstagsbrand am 28. Februar 1933. Gegen Langbehn und Popitz wurde am 3. Oktober 1944 das Todesurteil verhängt. Das Gericht sprach von »vollkommenem Verrat«. Das hört sich fast wie ein Kompliment an. Am 12. Oktober 1944 wurden sie in Plötzensee hingerichtet. Einen Monat später wurde Langbehns Vermögen eingezogen.

Beim Versuch, Dokumente aus der Hauptstadt zu schaffen, stürzte im April 1945 ein Güterwagen mit Akten bei Berlin vom Bahndamm. Die Dokumente lagen neben den Schienen und auf den Feldern. Ein Ordner, auf dem in roter Schrift »Geheime Reichssache« stand, enthielt Akten des Prozesses gegen Popitz und Langbehn. In der Anklageschrift hieß es: »Als Hoch- und Landesverräter haben sie sich damit außerhalb der deutschen Volksgemeinschaft gestellt.« Aber sie hatten sich in eine andere deutsche Gemeinschaft gestellt.

Nach dem 20. Juli 1944 erklärte Hitler: »Diesmal wird nun so abgerechnet, wie wir das als Nationalsozialisten gewohnt sind.« Alle gingen sie den schwersten Gang, von Hassell, Jessen und andere. Albrecht Haushofer konnte entkommen. Als ihn die Gestapo in seinem bayerischen Landhaus suchte, versteckte er sich im Heuschober, aber seine Manschettenknöpfe blitzten hervor. Seine Noblesse wurde ihm zum Verhängnis.

18

Die Obsession hieß England. Mit England wurde Krieg geführt, aber irgendwie konnten sie es in Berlin nicht glauben. Mit England wurden auch »Spiele« gespielt. So nennt man Täuschungsmanöver der Geheimdienste. Sie setzen voraus, dass man seine schamhaft verschwiegene Arbeit so ernst nimmt, dass man sich ironisch zu ihr verhalten kann. Das eröffnet dann ein zwiefaches Spiel.

Die Engländer erwiesen sich als Meister in diesem Spiel. Das sollte den Krieg entscheiden. Sie bauten ganze Abteilungen auf, die den Gegner (auch langfristig) täuschen sollten, falsche Rundfunksender, die halbwahre Nachrichten und Gerüchte verbreiteten und Misstrauen unter den deutschen Instanzen säten.

Hitler selbst hatte ja das Spiel mit England begonnen, als er sich noch der Illusion hingab, England würde sich aus dem Krieg heraushalten. Noch am 19. Juli 1940 ließ er Friedensfühler ausstrecken. Später versuchte der Kreis um Albrecht Haushofer, Rudolf Heß einzuspannen. Dass das Spiel von anderen weitergeführt wurde, war kein Wunder.

In jedem Krieg gibt es geheime Kanäle und muss es sie auch geben, damit die Politik irgendwann wieder einmal den Krieg ablösen kann. Aber Hitlers Krieg konnte in keine Politik rückgeführt werden. Er war die Fortsetzung eines politischen Wahnsinns mit entfesselten militärischen Mitteln. Es gab, auch nach dem Sieg über Frankreich, keine »Friedensordnung«, auf die der Krieg hätte hinauslaufen können. Es sei denn, alle hätten die totale Unterwerfung unter Hitlerdeutschland akzeptiert. Aber England akzeptierte nicht. Und für Hitler gab es keine Kompromisse.

Die konservative Opposition begriff die Natur des Regimes wohl erst im Laufe des Krieges. Sie glaubte zu lange, dass es auch legitime deutsche Interessen wahrnahm. Das zeigte sich in ihren Entwürfen für ein künftiges Deutschland. Selbst in Albrecht Haushofers Plan gab es neben Zielen wie der politischen und militärischen Integration in den Westen, in ein vereintes Europa mit eigenem Wirtschaftsrat, illusorische Forderungen wie das Behalten des Elsaß und eine ausgedehnte Ostgrenze.

Dem Grundgedanken der konservativen Opposition entsprechend würden Friedensgespräche möglich, sobald Deutschland eine verhandlungsfähigere Regierung hätte. Der Krieg dürfe nicht verloren gehen. Das hieß schlicht die Kapitulation zu unterlaufen. Dieser Ansatz enthielt zwei Unbekannte: Würden die Westmächte darauf eingehen, und wer wäre der Partner im Inland?

England spielte im Krieg das Spiel des Widerstandes nur mit, um den Informationsfluss zu wahren und auf die deutsche Militärplanung einzuwirken; einen politischen Ansatzpunkt gab es nie. 1940 hing alles von Englands Willen zum Kampf ab, die Zukunft von Europa und letztlich auch die von Deutschland.

1938, als er noch nicht regierte, sagte Churchill zu einem Abgesandten der deutschen Opposition: »Ihr könnt alles haben, aber bringt uns zuerst den Kopf von Hitler.«

Die offizielle deutsche Propaganda betrieb ihre Englandspiele mit Meisterwerken wie diesem:

Wir trafen es schwer,
das feindliche Heer,
mit Blitzen und Bomben und Brand.
Wir halten Gericht!
Ein Weltreich zerbricht!
Das wird unser stolzester Tag.
Kamerad, Kamerad, ran an den Feind!
Bomben! Bomben! Bomben auf Engelland!

Das Weltreich schlug zurück mit der Verhöhnung des erfolgreichsten Liedes der anderen Seite:

Alle wünschen gerne,
jeder hat sein Grund,
dass an der Laterne
mal hängt der braune Hund.
Er wird sich beim Krepieren drehn,
und alle Leute soll'n es seh'n,
auch Du, Lili Marleen ...

19

Schellenberg hatte beschlossen, wie ein Politiker zu handeln. Aber wann hatte er damit begonnen? Hatte ihm der Versuch von Langbehn und Popitz erst die Idee gegeben? Hat Schellenberg Langbehn ins Messer laufen lassen, um selbst dessen Kanäle auszubeuten? Da die spätere Rettungsaktion aus Theresienstadt auch nur die Imitation eines Versuches von anderer Seite war, kann man den Gedanken nicht völlig ausschließen. Die Motive der Handelnden sind nicht zugänglich; was immer sie taten, sie mussten den Anschein wahren, dass ihr Tun nicht von der offiziellen Linie abwich, weshalb sie auch immer eine regimekonforme Sprache benutzen mussten. Man kann aber auch nicht ausschließen, dass die Spiele mit dem Gegner nur Störmanöver waren.

Auch einige Industrielle aus dem »Freundeskreis Reichsführer SS« haben Schellenberg bei seinen Vorstößen ermutigt. Schon 1942 wollte er den Schweizer Weg nutzen. Im Spätsommer 1942 hatte er den englischen Generalkonsul Cable in Zürich kontaktiert, um die Möglichkeiten einer vorzeitigen Beendigung des Krieges auszuloten. Nur musste Schellenberg glaubhaft machen, dass er seit Venlo anders dachte. Cable ließ wissen, er habe von Churchill eine Vollmacht zu inoffiziellen Sondierungen erhalten und sei sogar bereit, nach Deutschland zu kommen. Als Schellenberg dies Himmler mitteilte, wurde der zögerlich, unterrichtete Ribbentrop, der aber ein Veto des Führers erwirkte. Hitlers Befehl war klar: »Ich verbiete dem Auslandsnachrichtendienst alle Verbindungen mit feindlichen Staatsangehörigen.« Schellenberg handelte also gegen den Führerwillen, wenn er weiterhin solche Kontakte suchte. Himmler, der diese Linie billigte, schlug vor, dass es besser wäre, neutrale Personen als Zwischenglied zu wählen. In dieses Konzept passte die Initiative von Langbehn. Verdächtig ist allerdings, dass Schellenberg nach Langbehns Verhaftung der Opposition in Berlin auf der Spur blieb.

Denn gerade ab September 1943 ließ Schellenberg den Solf-Kreis observieren, eine Teegesellschaft in Berlin bei Frau Hanna Solf, der

Witwe von Wilhelm Solf, der zu Kaisers Zeiten Kolonialminister war und Außenminister im letzten Kabinett 1918 unter Prinz Max von Baden. Dort trafen sich Mitglieder der konservativen Opposition gegen das NS-Regime, aber auch Vertrauensleute der Abwehr, wie Otto Kiep, der ehemalige Konsul in New York, Hellmuth James Graf von Moltke, Elisabeth von Thadden u. a.

Schellenberg schleuste einen Vertrauensmann in diesen Zirkel ein, den Schweizer Dr. Joachim Reckzeh, der als Arzt an der Charité arbeitete. Er hatte Schellenberg schon zur Zeit der Venlo-Aktion geholfen. Reckzeh berichtete von den regimefeindlichen Gedanken und Plänen, die man dort zu hören bekam. Der Erste, den Schellenberg mit Himmlers Zustimmung aus diesem Kreis verhaften ließ, war Otto Kiep, über den Kontakte der Opposition in die USA und nach Großbritannien liefen.

Kiep hatte Verbindung zu dem Abwehrchef in Istanbul, Erich Vermehren, der in engem Kontakt mit dortigen Residenten des MI 6 stand. Als Vermehren mitsamt seiner Frau Elisabeth von Plettenberg Anfang 1944 zu den Engländern überlief, nach Kairo ausgeflogen wurde und dieser Tat einige Publizität verlieh, waren auch die Tage von Canaris als Chef der Abwehr gezählt.

Vermehren hatte Meldungen von »Cicero« nach Berlin übermittelt. Das war der Deckname eines türkischen Hausdieners in der englischen Botschaft in Ankara, der den Deutschen wichtige militärische Geheimnisse verschaffte, in Wahrheit aber vom englischen Desinformationsdienst geleitet wurde und nur solche Informationen weitergab, die an eine Landung der Westalliierten auf dem Balkan glauben ließen, damit die Deutschen dort starke Verbände stationiert hielten und nicht etwa nach Frankreich verlegten. Die Deutschen hielten Cicero, mit bürgerlichem Namen Elyesa Bazna, für eine glaubwürdige Quelle (das Spielmaterial der Engländer enthielt stets einige zutreffende Informationen).

Hitler war wütend über den Fall Vermehren und forderte den Kopf von Canaris. Deshalb schlug Hermann Fegelein, Himmlers Verbindungsoffizier zu Hitler, vor, die Abwehr Himmler zu unterstellen.

Ende Februar 1944 erhielt dieser den Befehl, Abwehr und Sicherheitsdienst zu vereinen. Damit verlor die Wehrmacht als einzige Armee der Welt ihren eigenen Abwehrapparat. Himmler setzte sich überraschenderweise für eine milde Behandlung von Canaris ein, für eine ehrenvolle Entlassung, was auch geschah. Die SS hatte über die Wehrmacht gesiegt und mit ihr Schellenberg. Die Abwehr wurde als eigene Organisation aufgelöst und ein einheitlicher Nachrichtendienst geschaffen, sein Chef hieß Walter Schellenberg. Er war gerade 34 Jahre alt.

Schellenberg baute den einheitlichen Dienst um. Für im engeren Sinne militärische Aufgaben schuf er das neue »Amt Mil«, dessen Leiter, Oberst Hansen, aber ein Canaris-Freund war.

Mit Canaris konnte Schellenberg offen über die verfahrene Lage sprechen. Canaris lachte nur höhnisch. »Lassen wir die Karre doch laufen, der Krieg ist nicht zu gewinnen.« Canaris war aus dem Spiel, oder doch nicht so ganz?

»Schellenberg, halten Sie sich an die Güte der Tiere. Meine Dackel werden mich nie verraten.« Aber vielleicht Schellenberg?

Ab Januar 1943 kam ein neuer Widersacher ins Spiel, der theoretisch Himmlers Untergebener war, aber durchaus eigene Interessen verfolgte. Als Nachfolger von Reinhard Heydrich ernannte Hitler den österreichischen Rechtsanwalt Ernst Kaltenbrunner zum neuen Leiter des Reichssicherheitshauptamtes. Wie alle Führungsfiguren in der SS ließ Himmler auch ihn durch Kersten behandeln. Der Masseur nannte ihn einen harten Brocken, ja einen Ochsen, er war ein schwerfälliger Hüne mit kantigem Kinn, einem Stiernacken, braun verfärbten Fingern vom Rauchen, ein Trinker, der schon mittags nicht mehr nüchtern war. Sein Gebiss wies furchtbare Lücken auf, so dass ihm Himmler befehlen musste, einen Zahnarzt aufzusuchen. Schellenberg fühlte sich ihm gegenüber unbehaglich, versuchte aber, ihm zu schmeicheln, etwa indem er ihm einredete, er sei der geeignete Nachfolger für Ribbentrop (den er und Himmler als Störfaktor loswerden wollten).

Als Schellenberg Nachrichten über die Moskauer Außenministerkonferenz vom 18. bis 30. Oktober 1943 erhielt, verstand er, welches »furchtbare Schicksal« Deutschland bevorstand. Nun bat er Kersten, in Stockholm Kontakt zu einem Sonderbeauftragten Roosevelts aufzunehmen, Abraham Stevens Hewitt, ein Mitarbeiter des amerikanischen Geheimdienstes OSS, auch er ein ehemaliger Patient von Kersten, der seine Hände überall im Spiel hatte. Kersten besprach mit Hewitt einen Friedensplan in sieben Punkten, den er danach Himmler unterbreitete: Räumung der besetzten Gebiete; Auflösung der NSDAP und freie Wahlen; Ende der Diktatur Hitlers; Ostgrenze von 1914; Verkleinerung der deutschen Armee; Rüstungskontrolle; Verurteilung von Kriegsverbrechern.

Kersten beschwor Himmler, darauf einzugehen. Dieser schickte am 9. November 1943 Schellenberg zur Sondierung mit Hewitt nach Schweden. Der Deutsche und der Amerikaner trafen sich im Grand Hotel Stockholm, dann drei Tage später noch einmal im Haus eines schwedischen Geheimdienstmannes. Aber Himmler konnte sich zu keinem weiteren Schritt entschließen. Am 9. Dezember sagte er schließlich: »Ich sehe ein, dass etwas geschehen muss, lassen Sie die Verbindung zu Hewitt nicht abreißen.« Er erklärte sich sogar zu einem Treffen mit ihm bereit.

Hewitt war längst wieder abgereist, Schellenberg sollte ihm dennoch folgendes Angebot übermitteln: Deutschland sei bereit, alle Truppen aus dem Westen abzuziehen und nach Osten zu verlegen, sobald ein Frieden im Westen geschaffen wäre. Sollte Roosevelt das Angebot billigen, würde im ›Svenska Dagebladet‹ oder im ›Stockholm Tidningen‹ eine Anzeige erscheinen: »Ausgezeichnetes Goldfischaquarium zu verkaufen, für 1524 Kronen.« Spätere Kontakte sollten über zwei Agenten Schellenbergs in der deutschen Botschaft in Lissabon laufen.

Himmler bestellte Schellenberg ins Hotel Vier Jahreszeiten in München, er wollte Hewitt nun nicht mehr in Stockholm treffen, das sei zu riskant. Kaltenbrunner und Müller warteten nur auf eine Gelegenheit, etwas gegen ihn zu unternehmen. Und so wurde in der schwedischen Hauptstadt in diesem Winter kein Goldfischaquarium zum Verkauf angeboten. Hewitt fiel in Washington in Ungnade, er war bei seinen Gesprächen in Stockholm zu weit gegangen, für diesen Schritt besaß er keine Vollmacht.

War das wirklich ein Friedensfühler oder ein Versuch, die Front der Alliierten aufzubrechen? Diese Kontakte in Stockholm gehörten wohl eher zu den geheimdienstlichen Spielen beider Seiten. Kersten hatte Informationen an zwei englische Professoren weitergegeben, Bruce Hopper und George Brewer, die beide für das MI 6 arbeiteten. Da Kerstens Mitteilungen durchaus von Interesse waren, hatten die Amerikaner überhaupt erst Hewitt geschickt. Dessen eigentliche Aufgabe war wohl, Dinge wissen zu lassen, die über den vorgesehenen Ort der Landung in Frankreich täuschen konnten.

In Stockholm saß ein Agent Schellenbergs mit dem Decknamen »Josephine«, in Wahrheit der Rechtsanwalt Karl-Heinz Krämer, der Informationen aus dem schwedischen Geheimdienst abzapfen konnte, darunter Topsecrets aus London. Die Engländer entdeckten seine Quelle allerdings und fütterten die Deutschen auf diesem Umweg mit Spielmaterial, einer geschickten Mischung aus Täuschung und fragmentarischer Wahrheit.

Auch ein anderer Vorstoß Schellenbergs lief über die Schweiz und kreuzte sich hier mit den Sondierungen des konservativen Widerstands. Am 15. Januar 1943 traf sich Allen Dulles in Bern mit Max Egon zu Hohenlohe-Langenburg und dem SD-Offizier Bauer. Im März und April 1943 sprach Langbehn in Stockholm mit britischen Vertretern, dann in der Schweiz auch mit von Gaevernitz, dem Vertreter von Dulles. Nach Langbehns Verhaftung übernahm Schellenberg sofort dessen Kanäle und traf im Oktober Jacob Wallenberg, der zuvor mit Langbehn verhandelt hatte.

Prinz Max Egon zu Hohenlohe-Langenburg hatte immer wieder Aufträge für die Abwehr übernommen. Der Prinz lebte in Spanien, war mit einer spanischen Adligen verheiratet, besaß aber große Güter im Sudetenland. 1938 hatte er deshalb Hitlers Annexionspolitik unterstützt, 1943 jedoch trat er für einen Frieden mit dem Westen ein, weil er auf diese Weise seine Sudetengüter zu sichern hoffte. Übrigens besaß er einen Pass als Bürger von Liechtenstein.

1939 hatte Hohenlohe-Langenburg in einem Memorandum vor dem Krieg gewarnt. Er hatte Göring als Verbündeten gewinnen wollen, aber dem waren seine Vorschläge zu riskant gewesen; 1942 hatte sich der Prinz mit Schellenberg verbündet. Dieser hatte schon 1942 in Lissabon einen Mann, den er nur Alfonso nannte, bei den Amerikanern sondieren lassen. Sie aber hatten die Beseitigung Hitlers und eine innere Umgestaltung Deutschlands verlangt.

Ende 1942 hatte der Prinz Schellenberg auf Dulles in der Schweiz verwiesen. Der sei ein fairer Mann. Ab Januar 1943 ließ Schellenberg den Prinzen mit Dulles verhandeln. Aber auch Dulles nannte die Beseitigung Hitlers als Hauptbedingung für jede Verhandlung. Dulles sei für ein föderatives Großdeutschland, meldete der Prinz. Dulles hielt Canaris für einen Patrioten, aber Schellenberg nur für einen »dealer«.

Immerhin blieben Kontakte bestehen, in Bern wie in Lissabon. Im März 1943 ließ der spanische General Aranda den britischen Militärattaché Torr wissen, dass Himmler zu einem Arrangement bereit wäre, unter Elimination von Hitler. Etwas später meldete Torr nach London, Botschafter Hoare wolle Himmlers Agenten Max Egon zu Hohenlohe-Langenburg treffen. Das britische Außenamt verbot die Unterredung, und Sir Samuel Hoare, der britische Botschafter in Madrid, berichtete getreu, er habe die deutschen Avancen zurückgewiesen.

Alle Englandspiele waren ins Leere gelaufen. Aber wie ein hartnäckiges Insekt hatte Schellenberg immer weitergebohrt. Der britische Widerstand gegen die Himmler-Lösung musste überwunden werden, Madrid war dafür ein Ansatzpunkt. Hoare gehörte zur Friedensfraktion um Lord Halifax, die immer noch hoffte, Churchill aus dem Amt zu drängen. Da erhielt Schellenberg den Hinweis auf eine große Dame aus der Pariser Modewelt, die über beste Kontakte nach England verfüge und vielleicht für eine Mission zu gewinnen sei.

4. KAPITEL

Paris ohne Licht

20

Paris leuchtet nicht mehr. Wenn es dunkel wird und man daran denken muss, vor der Ausgangssperre daheim zu sein, macht sich Nervosität bemerkbar, aber es ist nicht die prickelnd anregende Atmosphäre von einst. Paris hat sich verkleidet, es trägt Grau, Feldgrau wie die Uniformen der deutschen Besatzer. Gewiss gibt es noch gesellschaftliches Leben, man geht ins Theater, ins Kino oder zu Ausstellungen, es erscheinen viele Zeitungen und Zeitschriften, wenn sie auch nicht mehr so umfangreich sind wie vor dem Krieg.

Frankreich ist besetzt. Frankreichs Niederlage scheint total. Nur beim Essen, beim Wein und in der Mode ist die Vorherrschaft ungebrochen. Und die leichten Dinge haben ihr ökonomisches Gewicht. Die Haute Couture bringt Devisen. Ein Modejournalist schreibt Anfang 1940: »Was Deutschland durch chemische Produkte oder durch Dünger und Maschinen verdient, verdienen wir mit transparentem Musselin, mit Parfums, mit künstlichen Blumen.«

Aber nun droht Gefahr. Die Pariser Mode soll nach einem Plan des Reichsführers Textil zu einer Unterabteilung der deutschen Mode werden, mit Hauptsitz in Berlin und Wien. Im Juli 1940 kommen Vertreter der Deutschen in das Innungsgebäude der Haute Couture in Paris, wollen die Bücher einsehen und die Exportlisten. Die Pariser Couturiers entsenden im Oktober 1940 eine Delegation zu Verhandlungen nach Berlin. Sie verteidigt ihren Standort: Man könne die Modehäuser nicht auslagern, man müsse doch Arbeit schaffen, jedes Land habe seine eigene Mode. Die Haute Couture lasse sich weder als

Ganzes noch in ihren Elementen verpflanzen. Sie könne nur in Paris existieren. Die Deutschen begnügen sich schließlich mit Kontrollen und knapp bemessenen Stoffzuteilungen. Und bald strömen deutsche Offiziere zu den Defilees der Pariser Modehäuser, die wieder geöffnet haben.

Auch die Regierung in Vichy will eine neue Struktur der Textilindustrie schaffen. Vor allem will sie die Tendenzen der Mode verändern. Das Frauenbild der untergegangenen Dritten Republik wird vulgär und gewagt genannt, die Frauen hätten den Mann und seine Ticks nachgeäfft, bis hin zur Zigarette. Die Haare und Kleider waren viel zu kurz. Die Frau sollte ihre wahre Natur wiederfinden, weder androgyn noch Marlene sein, sondern »eine wirklich französische Frau«. Die Niederlage hätte ihr Gutes: »Sie hat uns die Augen geöffnet für die Schwächen unseres Landes.« Aber einige der Okkupanten haben eine Schwäche gerade für diese Schwächen. Und selbst Heinrich Himmler entdeckt bei einem Besuch an den Frauen in Paris kein Zeichen jener französischen Dekadenz, die in der deutschen Propaganda immerzu beschworen wurde.

Ziemlich androgyn in ihrer Erscheinung und eine der ersten Frauen mit kurzem Haar war Gabrielle Chanel; niemand hat das Frauenbild der Dritten Republik stärker geprägt als sie. Die Kritik von Vichy galt auch ihr. Aber sie hat bei Kriegsbeginn, am 2. September 1939, ihr Modehaus geschlossen. Man könne keine Kleider machen für Frauen, deren Männer an der Front sterben werden, sagte sie. Das Parfümgeschäft aber lief weiter, denn ihr Duftwasser war bei der deutschen uniformierten Kundschaft sehr begehrt. Sie entließ ihr Personal, aber die erfahrenen Schneiderinnen kamen fast alle in den Kostümabteilungen der Pariser Theater unter. War Chanels Berufsleben zu Ende? Es sah so aus. Sie konnte auf eine lange Karriere zurückblicken, auf fünf Leben.

Chanel No 1, das waren die obskuren Jahre ihrer Kindheit und Jugend, über die sie nie etwas erzählte, sich nur in vagen Andeutungen verlor, sie sei bei Tanten in der Auvergne aufgewachsen. Ihr Vater sei immer unterwegs gewesen, habe Geschäfte mit Amerika gemacht, die Mutter sei früh gestorben.

Die Vorfahren waren Kneipiers und Hausierer, oft unstete Leute in ungeregelten Verhältnissen, mit vielen Kindern, nicht alle ehelich. Ihr Vater, Albert Chanel, war Hausierer und Markthändler, der zuweilen die Töchter seiner Gastgeber schwängerte, so auch Jeanne Devolle. Am 19. August 1883 brachte sie in Saumur ihre Tochter Gabrielle zur Welt. Der Vater war irgendwo auf den Straßen. Auch bei der Taufe fehlte er.

Jeanne starb nach neun Geburten mit 33 Jahren. Gabrielle kam in ein Waisenhaus, später in eine klösterliche Erziehungsanstalt in Moulins, etwa 50 Kilometer nördlich von Vichy. Immerhin lernte sie dort Nähen. Als sie 1902 die Institution verließ, wurde sie in einer Firma für Wäsche, Textilien und Aussteuer platziert.

Chanel No 2: In der Garnisonsstadt Moulins wurde sie die Gespielin reicher Männer. In Moulins war das 10. Jagdregiment stationiert, dessen Offiziere meist aus gutem Hause stammten. Mit ihnen ging sie aus. Gabrielle war ziemlich mager und entsprach so gar nicht dem üppigen Frauenbild der Epoche.

Sie versuchte sich als Chansonsängerin in Moulins und Vichy, aber nur die Freunde fanden sie gut, ihre Stimme war zu dünn. Zu ihrem Repertoire gehörte das Lied ›Ko Ko Ri Ko‹, in dem sie das Krähen des Hahns nachmachte. Und wenn der Saal eine Zugabe forderte, wurde gerufen ›Ko Ko!‹. Noch ein Lied gehörte zu ihrem Repertoire: ›Qui a vu Coco dans l'Trocadéro?‹ Ein (Vor)Name war geboren, der an ihr hängen blieb und ihr nie gefiel.

Ihr Beschützer war Etienne Balsan, ein hübscher Junge aus einer reichen Industriellenfamilie (Textilien) und ein Pferdenarr. Etienne kaufte bei Compiègne ein altes Landgut mit riesigen Stallungen, ein ehemaliges Kloster aus dem 14. Jahrhundert, und lud Coco als Dauergast ein. Frauen wie sie hießen »irrégulière«. Ihr ungeregeltes Leben bestand aus Reiten, Singen, Lesen, dem Entwerfen von Kleidern und Hüten, Reisen.

Auf einer Reise in die Pyrenäen lernte sie einen Engländer kennen, einen schönen jungen Mann, nonchalant, mit grünen Augen, in den sie sich verliebte, ihm sich vielleicht auch aufdrängte, Arthur Capel, genannt Boy. Es hieß, er wäre eines der vielen unehelichen Kinder von Eduard VII., vielleicht aber auch eines jüdischen Bankiers ... Legenden über die Abstammung gehörten in diesen Kreisen dazu.

Im Frühjahr 1909 richtete Coco sich als »Kleiderlieferantin« in Paris ein. Ihre ersten Kundinnen waren die Freundinnen der Freunde. Nach einem Jahr sah sie, dass sie einen neuen Standort brauchte, mehr Platz und einen Kredit. Mit Hilfe von Boy Capel öffnete 1910 »Chanel modes« im Haus Nummer 21 der Rue Cambon, an der Rückseite des Hotel Ritz am Vendôme-Platz. Cocos Leben als Kokotte war vorbei. Es begann die Zeit von Chanel No 3: Lehrjahre einer Modemacherin.

Im Juli 1913 eröffnete sie eine Sommerfiliale in Deauville. Ihr Geschäft nahm größere Dimensionen an. Boy kommentierte: »Ich dachte, ich schenke dir ein Spielzeug, aber ich habe dir die Freiheit geschenkt.« In der Tat.

Coco war ihr eigenes Ur-Model. Nicht nur ihr Geschmack, auch ihr Körper wurde zum Vorbild und Maßstab. Ein neues Erscheinungsbild, schmal, schlank, hart, sportlich, für selbstständige und praktisch denkende Frauen.

Capel machte Karriere als Geschäftsmann (Kohle, Transport) und als Politiker. Im Ersten Weltkrieg arbeitete er in Paris als britischer Verbindungsoffizier zu den Franzosen, später in der britisch-französischen Kommission für Kohlenversorgung.

Auch Cocos Geschäfte blühten in diesem Krieg. 1916 wurde ihre Mode in den USA mit einem Artikel in ›Harper's Bazaar‹ gewürdigt. Man schätzte dort die Bewegungsfreiheit und die körperliche Ungezwungenheit für Frauen, die ihre Kleidung erlaubte.

Chanel No 4 begann mit einer doppelten Katastrophe: Boy Capel heiratete 1918 standesgemäß, denn er war jetzt ein bedeutender Politiker, stand vor einer großen Karriere, schrieb Bücher über das künftige Europa. Nur ein Jahr später, im Dezember 1919, verunglückte er tödlich bei einem Autounfall in der Nähe von Fréjus.

Coco verlegte 1919 ihr Atelier in das Haus Nummer 31 der Rue Cambon. Es wurde das eigentliche Stammhaus der Firma Chanel, in dessen Mitte die berühmte Wendeltreppe mit den vielen Wandspiegeln in die oberen Etagen führte. Sie hatte Erfolg und wurde reich. Sie hatte diverse Liebhaber, aber niemals wirklich Glück. Ihr Schicksal begann den pathetischen und rührseligen kleinen Romanen zu ähneln, die sie als junge Frau verschlungen hatte. Schwarz wurde mehr denn je ihre Lieblingsfarbe.

Im Herbst 1922 wurde das Parfüm Chanel No 5 lanciert, ein schlichter Flakon mit einem sachlichen Namen, der Seriennummer des besten Produktes aus einer Reihe von Proben. Zur weltweiten Verwertung des Parfüms gründete sie 1924 eine Gesellschaft mit den Brüdern Pierre und Paul Wertheimer mit folgender Kapitalaufteilung: 10 Prozent für Chanel, 70 Prozent für die Brüder Wertheimer, 20 Prozent für das Kaufhaus Galeries Lafayette. Aber bald fühlte Coco sich benachteiligt; jahrelanger Streit und mehrere Prozesse gegen die Wertheimers waren die Folge. Denn mit dem Parfüm ließ sich noch mehr verdienen als mit der Mode.

Auch Chanel No 4 kannte eine englische Periode; zwischen 1923 und 1929 war Coco die Gefährtin des Herzogs von Westminster, der offiziell Hugh Richard Arthur Grosvenor Duke of Westminster hieß, von seinen Freunden nur Benny oder Bendor genannt wurde, ein Cousin des englischen Königs. Als sie ihn kennen lernte, war er 45 Jahre alt, lebte in Scheidung und war deshalb bei Hofe in London nicht wohl gelitten. Er war märchenhaft reich, besaß Residenzen in England und Frankreich und mehrere große Yachten. Zu den engsten Freunden des Herzogs zählte Winston Churchill, mit dem ihn nicht nur eine weitläufige Verwandtschaft, sondern auch eine Kriegskameradschaft verband.

Vermittelt wurde die Beziehung durch eine Freundin Cocos, Vera Bate, die eigentlich Sarah Gertrude Arkwright hieß und zuerst ihren Vornamen änderte, dann durch Heirat mit einem amerikanischen Soldaten namens Fred Bate auch ihren Nachnamen. Sie gehörte zu einer Clique englischer Aristokraten und Dandys um den englischen Kronprinzen, den künftigen König Eduard VII., auch er ein gelegentlicher Besucher im Stammhaus Chanel. Zu Cocos Kundinnen zählte auch Wallis Simpson, die künftige Herzogin von Windsor. Zuweilen dinierte sie mit ihr im Ritz.

Coco mochte Vera, die sie bei Kriegsende kennen gelernt hatte, weil sie bei ihr eine Ähnlichkeit mit ihrer Lieblingsschwester Antoinette fand. (Vera sah eher Coco ähnlich: derselbe breite Mund, die kräftige Nase, sie war nur etwas stämmiger gebaut.) Auch ihre Geburt war von Geheimnis umwittert. Wahrscheinlich war Sarah/Vera das Kind eines Bruders von Königin Mary, der Frau von König Georg V. Vera trug in London nur Chanel-Kleider, als lebender Werbeträger; sie wurde von Coco dafür bezahlt. Später heiratete Vera den Italiener Alberto Lombardi, Offizier und erfolgreicher Springreiter, und zog nach Rom.

Bald hieß es in der Presse, der Herzog von Westminster wolle Coco heiraten, was vielleicht ein gezieltes Gerücht war, um Coco zu beeindrucken, die des Öfteren die Honneurs auf seinen Schlössern machte, dabei neue Kundinnen in England gewann und schließlich 1927 in London eine Filiale eröffnete. Nicht immer fügte sich Coco in die Pläne des Herzogs. Zuweilen ließ sie sich zu Kapricen hinreißen, das war sie ihrem Ruf schuldig. Einmal verließ sie eine Gesellschaft frühzeitig und ging zu Bett, um den Herzog zu ärgern. So verpasste sie an jenem Abend im Jahr 1927 Winston Churchill, der erst später eintraf. Ein schlechtes Omen.

Die Balance von Abhängigkeit und unternehmerischer Freiheit war Coco Chanels größte Leistung. Wieder lebte sie – zeitweilig – auf dem Schloss eines reichen Mannes, meist in dessen offizieller Residenz in Wales, Eaton Hall, wo die Skelette einst erfolgreicher Pferde und 17 Rolls Royce aufbewahrt wurden. Dort lernte sie endlich auch Winston Churchill kennen. Ein Foto zeigt sie beide im Jagdkostüm nebeneinander. An seine Frau schrieb Churchill: »Die berühmte Coco tauchte auf, eine sehr fähige und angenehme Frau, die stärkste Persönlichkeit, mit der es Benny je zu tun hatte.« Churchill bewunderte, dass Coco bei der Jagd energisch mitreiten konnte und dass sie sich für Pferderennen interessierte.

War sie wirklich schön, wie ihr immer wieder versichert wurde?

Wer nicht gezwungen war, ihr zu schmeicheln, hätte ein fesselndes Gesicht bemerkt, das auf halbem Weg zur klassischen Schönheit eingefroren war und einige Züge ins Groteske aufwies, die sich im Laufe der Jahre verstärkten. Der Mund war übermäßig breit, die Nase begann sehr schmal und endete übermäßig breit. Die Augenbrauen waren kräftig, fast durchgehend wie ein einziger Strich, ein beliebtes Objekt der Karikaturisten. Vielleicht entsprach ihr Gesicht ihrer eigenen Definition des guten Geschmacks: Er sei voller Geschmacklosigkeiten und müsse hässliche Elemente integrieren.

Sie stand einer großen Firma mit mehreren hundert Angestellten vor, die sie Mademoiselle nannten, eigentlich ein königlicher Titel. Sie war eine große Lügnerin, nie hätte sie ihr wahres Leben erzählen können. Sie konnte nicht stolz sein auf ihren Weg und Umweg, auf das Unwahrscheinliche ihres Aufstiegs und Triumphes. Sie duldete keine Frage nach ihrer Kindheit, Jugend, Vergangenheit, tat so, als kenne sie bestimmte Ortsnamen nicht. Sie lebte unter berühmten Künstlern, Strawinsky, Picasso, Cocteau, Reverdy, Sert, Diaghilew, und war eine großzügige Mäzenin. Ihr Anwalt seit Mitte der Dreißiger war Graf René de Chambrun, verheiratet mit Josée, einer Tochter des Ministerpräsidenten Pierre Laval, Sohn eines französischen Diplomaten und einer amerikanischen Mutter mit verwandtschaftlichen Beziehungen zu den Roosevelts.

Im Dezember 1927 kaufte Coco ein Grundstück bei Roquebrune an der Côte d'Azur, La Pausa. Sie ließ Haus und Park nach ihren Ideen gestalten. Einer der Nachbarn war Winston Churchill, der gerne an der Küste wohnte, wenn es seine Funktion als Schatzkanzler erlaubte. 1929 kam auch der Herzog von Westminster nach La Pausa. Das Haus gefiel ihm, doch als es fertig war, endete auch ihre Liaison. Der Herzog heiratete, aber einen Erben sollte er nie haben.

Cocos Liebesleben blieb international. Für ein paar Jahre war sie die Gefährtin von Paul Iribe, Stilist und Designer, der Schmuck für sie entwarf. Im September 1935 starb Iribe in Cocos Haus in Roquebrune an einem Schlaganfall. Sie war begabt fürs Unglück.

In Paris mietete Coco Mitte der dreißiger Jahre eine Suite im Hotel Ritz, das einen Hinterausgang zur Rue Cambon hatte, in der ihr Firmensitz lag. Sie durfte einige Möbel mitbringen. Ihre Wohnungen waren immer Mischungen aus Museum und Theaterdekor.

1936 wurde Eduard VII. zum König von England gekrönt. Als er seiner künftigen amerikanischen Frau Wallis Simpson wegen bald wieder abdankte und den Titel eines Herzogs von Windsor annahm, verließ er England und übersiedelte nach Paris, in das Haus Nummer 24 am Boulevard Suchet, ein vierstöckiges Gebäude am Rande des Bois de Boulogne. Dazu mieteten die Windsors ein Sommerhaus in Cap d'Antibes.

Coco gab 1937 in ihrer Suite im Ritz ein Essen zu Ehren von Winston Churchill und seinem Sohn Randolph. Dabei sprachen sie über den Herzog von Windsor; der angetrunkene Churchill habe unter Tränen geklagt, ein König könne doch nicht abdanken, erzählte Jean Cocteau später, der angeblich dabei war.

1938 war Coco 55 Jahre alt und auf dem Höhepunkt ihres Ruhms, fest installiert im Herzen der Hauptstadt, aber ihr Herz war leer. So viele Phantome bevölkerten ihr Leben, so viele verschwundene Männer. Sie befragte eine Wahrsagerin, was sie noch hoffen konnte. Die besondere Pointe ihrer Karriere, die ihr einen Platz in dem hier erzählten Traumpuzzle des Schicksals sicherte, ahnte auch die Hellseherin nicht. Weil ein einfacher und konformer Lebensweg für sie ein Traum blieb, musste sie den schweren Umweg eines exzentrischen und genialen Lebens gehen, sie war zu allerlei Unvernünftigem bereit und geriet so in die Fallstricke der Geschichte. Aber das Kostüm für ihr fünftes Leben schien ihr gar nicht zu stehen.

21

Als aus dem Sitzkrieg des Herbstes 1939 der Blitzkrieg vom Mai 1940 geworden war und die Panzer der Wehrmacht durchs Land rollten, als Paris zur offenen Stadt erklärt worden war und sich ein Strom von Flüchtlingen in den Süden Frankreichs ergoss, der so genannte »Exode«, verließ auch Gabrielle Chanel die Hauptstadt. Als Mitte Juni die Kapitulation unterzeichnet wurde, hat sie geweint.

Bis an die Pyrenäen war sie geflohen, im Auto, mit ihrem Chauffeur (der sich weigerte, im Rolls Royce zu fliehen, und sein Privatauto nahm), und immer gelang es, Benzin aufzutreiben. Als sie erfuhr, dass man nach Paris zurück könne, brach auch sie wieder auf. Auf dem Rückweg machte sie einen Besuch in ihrer Vergangenheit, schaute in Moulins vorbei und schließlich auch in Vichy. Sie fand ein winziges Zimmer im Hôtel du Parc, wo jetzt der neue Staatschef Marschall Pétain residierte, den man gelegentlich bei seinen Mahlzeiten oder Spaziergängen sah. Alle waren aufgeregt fröhlich, tranken Champagner, als müssten sie das Leben noch einmal genießen. Die Stadt war belebt wie zur Hochsaison. In Vichy erfuhr sie, dass ihre Freunde, die Windsors, nach Spanien geflohen waren.

Zurück in Paris, fand sie das Ritz von den Deutschen besetzt vor. Die höheren Instanzen der Militärverwaltung hatten sich die feinsten Hotels vorbehalten. Vor dem Haus waren Sperren aufgebaut, an der Fassade hing eine Hakenkreuzfahne. Man habe ihre Möbel ausgelagert, sagte einer der Direktoren, aber ein deutscher General entdeckte ihren Namen am Koffer und sagte, wenn sie die berühmte Frau Chanel von den Modekleidern und dem Parfüm sei, könne sie natürlich bleiben. Und so wohnte Coco Chanel, der Inbegriff des Pariser Chic, in der Besatzungszeit mitten unter deutschen Offizieren, wenn auch nicht mehr in ihrer Suite, sondern in zwei kleinen Zimmern auf der Rückseite.

Im Juni 1940 geriet Cocos Neffe, André Palasse, in deutsche Kriegsgefangenschaft. Er war von schwacher Konstitution, seine Mutter Julie, Cocos Lieblingsschwester, war an Tuberkulose gestorben. Coco machte sich Sorgen. Da die deutschen Offiziere so galant zu ihr waren, könnte sie vielleicht versuchen, bei ihnen etwas für ihren Neffen zu tun?

Sie sprach darüber mit ihren besten Freunden, José und Misia Sert, die sie seit 1917 kannte und die ihr bei ihrem Weg in die Pariser Gesellschaft, vor allem in die Welt der Künstler, entscheidend geholfen hatten.

Misia war eine Pariser Legende, eine Förderin zahlreicher Künstler. Von ihrem dritten Ehemann, dem katalanischen Maler José-Maria Sert, war sie zwar geschieden worden, doch lebten sie längst wieder zusammen. Mit Misia verband Coco eine turbulente Freundschaft, in der Vertrautheit rasch mit bösartigen Streichen und Bemerkungen wechselte.

In der Besatzungszeit saßen die Serts oft mit einigen Freunden in ihrer Wohnung in der Rue de Rivoli beisammen; unten defilierten oder fuhren die deutschen Soldaten, oben gab es Diners bei Kerzenlicht mit Produkten vom Schwarzmarkt. Sert durfte hin und wieder nach Spanien reisen und erzählte, dass die Frau des deutschen Botschafters in Madrid, Marie-Ursel von Stohrer, seine Geliebte sei. Außerdem mokierte er sich über den Krieg der deutschen und der englischen Agenten in Madrid. Beide verkleideten sich als Spanier und fuhren große amerikanische Autos.

In der Tat war die deutsche Botschaft in Madrid ein Zentrum der deutschen Abwehr und Botschafter von Stohrer ein alter Agent der Abwehr von General Canaris. Interessanterweise hatte seine Frau ein Haus, das ihr in Sanary-sur-Mer an der Côte d'Azur gehörte, im Sommer 1933 an Thomas Mann vermietet, als dessen Exil begann. Aber das wusste man in der Rue de Rivoli nicht. Und man wusste auch nicht, dass Cocos neueste Bekanntschaft bereits ein Gastspiel in dem berühmten Emigrantenort gegeben hatte. Denn es gab einen neuen Mann in Cocos Leben, einen Deutschen, deutlich jünger als sie. Seine Rolle im Besatzungsregime war nicht ganz klar. Ob er vielleicht helfen konnte, Cocos Neffen freizubekommen?

Hans Günther von Dincklage war von jener Schönheit, die Männern und Frauen gefiel. Sein Charme lag in dem Geheimnis, das darin besteht, dass man keines hat, die anderen einem aber allerlei zutrauen. Sein offenes Gesicht deutete auf einen arglosen Sünder. Er war sehr groß, sehr schlank, hatte sehr helles Haar, konnte wunderbar tanzen und Polo spielen. Sein Körper besaß die Geschmeidigkeit eines Reiters. Er sprach Englisch, Französisch und Deutsch.

Er wurde 1896 in Hannover geboren, seine Mutter war Engländerin. 1914 diente er an der russischen Front im königlichen Ulanenregiment 13, dem auch schon sein Vater angehört hatte. Mit 25 Jahren heiratete er Maximiliane von Schönebeck, Tochter eines Generals mit jüdischen Vorfahren. Die Mutter seiner Frau hatte in zweiter Ehe einen Italiener geheiratet und hieß nun Lisa Marchesani. Seit 1927 lebte sie mit ihrem Mann im schönen Ort Sanary-sur-Mer nahe dem Militärhafen Toulon. Ihre Tochter Sibylle ging in London zur Schule, kam aber jedes Jahr für ein paar Monate an die blaue Küste.

Und wer aus dieser Gruppe war der Spion, der Kuckuck im Emigrantennest? Wir müssen es raten wie bei Agatha Christie. Dass Frau von Schönebeck-Marchesani und ihr Italiener zufällig aus dem Zug stiegen, weil ihnen die Bucht von Sanary so gefiel, wie es Sibylle (nachmals Sybil Bedford) in einem autobiografischen Roman schildert, ist wenig wahrscheinlich. Auf der Zugstrecke zwischen Toulon und Sanary kann man das Meer gar nicht sehen, der Bahnhof liegt weitab vom Ort. 1927/28 hatte die deutsche Abwehr einen Vertrauensmann in der Nähe eines englischen Militärhafens eingesetzt, der alle Bewegungen und neuen Schiffe der britischen Flotte meldete. Warum sollte man nicht in Sanary dasselbe versucht haben? Wenn man auf den nahen Berg Mont Sicié steigt, hat man einen wundervollen Blick auf die Bucht von Toulon, den Hafen und die Docks.

Im Frühjahr 1933 kamen einige emigrierte Schriftsteller nach Sanary. Als Thomas Mann ein Haus suchte, half ihm Frau Marchesani und vermittelte ihn an Ute von Stohrer, deren Mann damals noch Botschafter in Kairo war. In deren Villa La Tranquille verbrachte Thomas Mann die Sommermonate des Jahres 1933. Von des Botschafters Rolle als Mitarbeiter der deutschen Abwehr ahnte der Emigrant nichts.

Im Januar 1935 erfuhr die Tätigkeit Dincklages in Frankreich einen kleinen Dämpfer. Im Exilverlag Editions du Carrefour in Paris erschien 1935 das Buch ›Das Braune Netz‹, mit dem Untertitel: ›Wie Hitlers Agenten im Auslande arbeiten und den Krieg vorbereiten‹. Ein Herausgeber war nicht genannt, der Schutzumschlag zeigte eine Fotocollage von John Heartfield.

»Die Laufbahn des Freiherrn Hans-Günther von Dinklage (sic) ist typisch für die Karriere eines Auslandsagenten des Dritten Reichs«, hieß es da. Er sei die bezeichnende Mischung aus Landsknecht, Schieber und Gestapomann. Man wisse alles über seine Karriere und auch über seine Tätigkeit in Paris für das Reichspropagandaministerium seit 1933. »Er reist bald nach London, bald an die Riviera, bald ist er wieder in Paris.«

Vor allem war man an ein besonderes Dokument gelangt, das abgedruckt und kommentiert wurde, ein Bericht mit Vorschlägen zur Verbesserung der Propagandaarbeit in Frankreich, den Dincklage am 23. März 1934 an das Propagandaministerium gerichtet hatte, unter Verweis auf frühere Schreiben. Er habe auch Adressen von Emigranten genannt. Als Dokument wird ein Brief des Propagandaattachés der Botschaft an den Journalisten und NS-Sympathisanten Friedrich Sieburg abgedruckt, mit dem er öfter zusammenarbeite. Dincklages Deckname lautete damals Herr Spatz.

Man kann dem Büro der Emigranten und Komintern-Mitarbeiter Willi Münzenberg und Otto Katz, die dieses Buch redigiert und herausgebracht hatten, auch Erfindungen auf der Basis vager Anhaltspunkte zutrauen. Doch könnte die Anprangerung in der Emigrantenpublikation ein Grund sein, warum die Agentenkarriere Dincklages sich nicht spektakulär fortsetzte.

Seit 1933 hatte er einen Posten bei der Deutschen Botschaft in Paris. Er wurde in der feinen Pariser Gesellschaft empfangen: Er tanzte so gut und war ein glänzender Unterhalter. Auch die französische Gegenspionage interessierte sich für diesen Mann, dessen Aufgabe reichlich undefiniert war; das Deuxième Bureau legte ein Dossier über ihn an. Presseattaché, das konnte allerlei verbergen. Er verschwand eine Weile aus Paris, entweder infolge des Braunbuches, oder weil er private Probleme regeln musste: Seine Ehe mit Maximiliane von Schönebeck verlief nicht glücklich. Hans Günther konnte nicht treu sein. 1935 reiste er mit ihr nach Berlin, um sich scheiden zu lassen.

Im Oktober 1935 kehrte er an die Botschaft in Paris zurück. Seine (feinen) Adressen wechselten oft, er wohnte am Champ de Mars, 14, avenue Charles-Floquet; dann 150, rue de l'Université, noch später: 64, rue Pergolèse. Er hatte ein Verhältnis mit einer reichen Jüdin, Elena, die mit ihrem Mann 1940 Paris in Richtung Süden verließ.

Bei Kriegsausbruch 1939 wurde ihm befohlen, Paris zu verlassen, er ging in die Schweiz, kam erst Monate nach Beginn der deutschen Besatzung nach Paris zurück und richtete sich in Elenas Wohnung ein. Als Elena 1942 verhaftet wurde, bewirkte er ihre Freilassung; sie durfte in die Schweiz ausreisen.

Wann und wie Coco Chanel ihn kennen lernte, ist unbekannt. Die Erzählungen darüber variieren. Traf sie ihn im Hotel Ritz? Kannte sie ihn schon vor dem Krieg, vielleicht vom Pferderennen? Aus dem Gesellschaftsroman sind wir unvermittelt in den Bereich der Spionage geraten. Aber gegeben wurde eine schwarze Komödie.

Wahrscheinlich lernte Coco ihn erst 1941 kennen, sie war 56, er 43. Sie nannte ihn »Spatz«. »Spatz ist ein alter Freund, übrigens mehr Engländer als Deutscher«, sagte sie zu ihren Bekannten. Untereinander sprachen sie Englisch. Sein Einfluss reichte allerdings nicht weit. Für ihren Neffen André konnte er nichts tun. Aber vielleicht konnte es ein alter Regimentskamerad, Rittmeister Theodor Momm, ein As des Reitsports, Gewinner zahlreicher Trophäen vor 1939, in der deutschen Militärverwaltung in Paris zuständig für den französischen Textilsektor.

Coco besaß zwei Spinnereien, eine in Asnières, eine bei Cambrai, die aber seit 1939 stillstanden. Vielleicht könnte man sie wieder eröffnen? Ein Geschäft kam zustande. Ihr Neffe André wurde nach einiger Zeit freigelassen (sollte sich aber gesundheitlich nie mehr erholen), als Gegenleistung übernahm Momm die Leitung der Firma Tissus Chanel.

An Champagner fehlte es nicht im besetzten Paris, alle großen Marken waren zu bekommen. Die Deutschen hatten unter Leitung von »Weinführer« Dr. Otto Klaebisch, einem Schwager des ehemaligen Sektvertreters und nunmehrigen Außenministers Ribbentrop, ein eigenes Referat Champagner eingerichtet. Große Mengen der jährlichen Produktion wurden für die Wehrmacht reserviert. Vor den Schwarzmarktlokalen der Hauptstadt parkten edle Privatautos und viele feine Hollandfahrräder. Taxis hielten davor und setzten die Gäste ab.

Coco nahm am Kulturleben im besetzten Paris teil, ging in die Oper, traf sich mit befreundeten Künstlern. Und auch für Ausflüge an die Côte d'Azur blieb Zeit, obwohl das Land durch eine bewachte Demarkationslinie geteilt war. Dincklage erhielt alle nötigen Erlaubnisse und Ausweise, und so reisten sie gelegentlich nach Roquebrune. Dass er die Gegend von früher her gut kannte, erzählte »Spatz« vielleicht nicht.

Da Coco so gute Beziehungen zu den Deutschen und die Vichy-Regierung eine »Kommission für jüdische Angelegenheiten« geschaffen hatte, um jüdischen Besitz zu enteignen, dachte sie daran, den Vertrag mit den Wertheimers zu ihren Gunsten zu revidieren. Im April 1940 waren die Brüder Wertheimer in die USA emigriert. Aber sie hatten vorgesorgt und einen Strohmann eingesetzt, Félix Amiot, der kein Jude war und ihre Interessen geschickt verteidigte.

In Berlin hörte im Herbst 1943 Walter Schellenberg von Coco Chanel und ihrer Liaison mit Hans Günther von Dincklage. Wahrscheinlich informierte ihn ein Hauptmann Schiebe vom Sicherheitsdienst nach einem Paris-Besuch. Schellenberg war mehr an Cocos Verbindungen mit hoch gestellten englischen Persönlichkeiten interessiert, vor allem solchen, die der harten politischen Linie Churchills kritisch gegenüberstanden oder, wie der Herzog von Windsor und seine Frau, als heimliche Sympathisanten Deutschlands angesehen werden konnten (auch das amerikanische FBI hegte diesen Verdacht). Nachdem die Schweizer Linie über Langbehn geplatzt war, suchte Schellenberg nach einem neuen Kanal, um verdeckte Kontakte mit den Westmächten aufzunehmen. Coco Chanel kam für eine solche Mission in Frage, aber sie riskierte, dass die breite englische Spur in ihrem Leben nun zum Spielball fremder Interessen wurde, dass die Legende der Erfinderin des »kleinen Schwarzen« einen Makel erhielt.

22

Gabrielle Chanel kannte aus ihrer englischen Zeit Sir Samuel Hoare, der im Krieg als Botschafter in Madrid diente und (genau wie Westminster) kein Anhänger von Churchills kompromissloser Politik war. Ihm könnte sie einen Brief von Schellenberg überbringen. Dass Winston Churchill im Herbst 1943 nach Madrid kommen wollte, konnte sie nicht wissen, das war geheim. Aber Schellenberg könnte es gewusst haben. Churchill war zum ersten Gipfeltreffen der »Drei Großen« nach Teheran gereist. Dort wurden strategische Entscheidungen über die Kriegsziele und die Zukunft von Deutschland getroffen. Der Zeitpunkt für einen Einflussversuch von außen war also richtig gewählt.

Also gut, man schickt Frau Chanel mit einem Brief nach Madrid. Vielleicht erreicht er ja den britischen Premier, direkt oder indirekt. Frau Chanel will aber ihre alte Freundin Vera einbeziehen, denn ihr ist klar, dass jene bessere Beziehungen zu Churchill hat. Vera Lombardi lebt in Rom. Kein Problem, gerade in Rom hat Schellenberg seine Leute. Aber in Italien sind die Alliierten gelandet und rücken nach Norden vor. Veras Mann, der Reitchampion Lombardi, lebt in den Bergen bei der italienischen Resistenza, wartet auf die Amerikaner. Und so erschrickt Vera, als eines Tages ein uniformierter Deutscher an ihrer Tür schellt und Blumen sowie einen Brief von Coco überbringt. (»Ich will wieder arbeiten und brauche Deine Hilfe«). Vera weigert sich, mit den Deutschen zu reisen.

Die Angelegenheit verzögert sich dadurch, die Konferenz in Teheran ist längst zu Ende, Churchill hat Madrid nicht besucht. Auf dem

Rückflug von Teheran erkrankt er an einer Lungenentzündung, man fürchtet um sein Leben, seine Frau kommt aus London; er kuriert sich in Tunis aus, worüber aber nichts verlautet.

Irgendwann wird Schellenberg ungeduldig. Im April 1944 lässt er Frau Chanel nach Berlin kommen. Dincklage begleitet sie. Die Gespräche über ihre Mission nach Madrid werden durch Bombenalarm unterbrochen. Coco beharrt darauf, dass ihre Freundin Vera sie begleiten soll.

Schellenberg gibt seinen Leuten in Rom Anweisung, die störrische Frau Lombardi endlich nach Paris zu schaffen. Im Übereifer lassen sie Vera verhaften. Nun stimmt sie der Reise zu, unter der Bedingung, dass inzwischen jemand auf ihren Hund aufpasst, die riesige Dogge Taege. (Wir sind in einer Komödie.)

Schellenberg lässt sich für die unangenehme Zeit in der Zelle entschuldigen und teilt ihr seinen Mitarbeiter Eduard von Bismarck als Begleiter zu. Reisen im Krieg ist umständlich. Nach Mailand geht es im Zug, von dort in einem kleinen Flugzeug über die Alpen. Veras Misstrauen wächst, sie bekommt Angst, man wolle sie nach Deutschland entführen. Nach Etappen in Ulm und Stuttgart geht es mit dem Zug zum Pariser Ostbahnhof. Im Ritz endlich gibt es ein Wiedersehen mit Coco, die ihr erst jetzt offenbart, worin die »Arbeit« besteht, keine Modetätigkeit, sondern etwas, was so gar nicht in ihre Biografie zu passen scheint: Kurier der Schwarzen.

Coco und Vera nehmen ein Schlafwagenabteil im Zug Paris–Bordeaux–Biarritz–Hendaye–Madrid. Im Hotel Ritz in Madrid mieten die Frauen ein Zimmer. Die Burleske treibt ihrem Höhepunkt zu. Man kontaktiert Botschafter Hoare, der in London um Instruktionen bittet. Da aber versucht Vera, sich von Coco abzusetzen und die Briten zu warnen, es handele sich bei der Angelegenheit um eine Intrige der Deutschen. Auf der Treppe der Botschaft treffen die beiden Frauen wieder aufeinander. Es kommt zu einer wütenden Szene. Die Komödie erreicht ihren Gipfel, als Coco versteht, dass Vera im Hotel einen neuen Verehrer gefunden hat, einen Spanier namens Ramón, und dass sie bei ihm in Madrid bleiben will. Als der Botschafter

Coco wissen lässt, Churchill werde sobald nicht wieder nach Madrid kommen, muss sie ohne Ergebnis zurück nach Paris reisen. Und niemand ist bei ihr, den sie ersatzweise ausschimpfen kann.

Als die Deutschen im August 1944 aus Paris abzogen und ihre Lkws durch die Rue de Rivoli in Richtung Osten rollten, saßen Misia und José Sert wieder auf dem Balkon und schauten zu.

Coco weigerte sich, von Dincklage nach Deutschland zu begleiten. Am 10. September 1944, zwei Wochen nach der Befreiung von Paris, wurde sie im Ritz verhaftet. Zwei junge Männer kamen in einem schwarzen Citroën, auf Befehl eines Comité de l'Epuration. Drohte ihr nun das Schicksal der Frauen, die mit Deutschen liiert waren? Würde man ihr auf einem öffentlichen Platz die Haare abschneiden?

Schon nach ein paar Stunden kam sie wieder frei. Wurde sie von den Engländern geschützt, weil sie kompromittierende Dinge wusste? Ein anderer Besuch im Ritz war erfreulicher für Coco. Ein junger GI, der aus Deutschland emigrierte Hans Schillinger, ein Freund des ebenfalls emigrierten Fotografen Horst P., der Coco viel verdankte, überbrachte Grüße von jenem. Ihn bat Coco, in Deutschland nach von Dincklage zu suchen. Monate später erhielt sie eine Postkarte von Schillinger, dass »Spatz« in englischer Kriegsgefangenschaft sei.

Gabrielle fuhr nun sehr oft in die Schweiz, wo sie ihr Geld deponiert hatte, bei der Bank Ferrier-Lullin in Genf, später bei der UBS in Zürich. Die Schweiz war der magische Anziehungspunkt aller Schicksale, die hier wie auf eine Perlenkette gereiht sind. Einmal reiste Coco auch nach London. Wieder eine geheime Mission?

In Lausanne lebte sie in großen Hotels, Beau-Rivage, Palace-Beau-Site, Royal, Savoy. Im Winter war sie in Sankt Moritz oder in Ouchy, dem Hafen von Lausanne, mit Blick auf den See. Bald erneuerte sie den Kontakt mit »Spatz«, der zu ihr in die Schweiz kam, von ihrem Geld lebte, sich oft mit ihr stritt. Anfang der fünfziger Jahre kehrte er nach Hannover zurück. 1952 zog er nach Ibiza. Dort malte er erotische Bilder.

In Paris war Cocos Ruf sehr schlecht. Das brachte den zurückgekehrten Pierre Wertheimer 1947 dazu, einen neuen Vertrag über die Verwertung des Parfüms zu schließen. Er wollte nicht, dass man von Cocos deutschen Verbindungen zu viel erfuhr, das könnte den Wert des Firmennamens beschädigen.

Coco wurde besser gestellt. Sie erhielt auch eine Entschädigung für nicht ganz vertragsgemäße Geschäfte der Wertheimers in den USA während der Kriegsjahre. Die Einigung wurde mit viel Champagner gefeiert. Nun bin ich reich, soll sie gesagt haben. (Cocos deutsche Dummheit hatte sich also finanziell gelohnt. Sie war doch ein Glückskind.)

In der Schweiz kaufte Coco eine Villa auf dem Hügel Sauvebalin, oberhalb von Lausanne. Im Juni 1951 rief Walter Schellenberg bei ihr an. Sie hatte ihn während seiner Gefängniszeit in Nürnberg mit Paketen versorgt. Nach seiner vorzeitigen Freilassung aus Krankheitsgründen schrieb er mit fremder Hilfe seine Memoiren. Nach seinem Tod 1952 zahlte Chanel seiner Witwe Ingrid eine hohe Summe. Im veröffentlichten Teil der Memoiren fehlt ein Kapitel über Cocos Mission in Madrid.

Sie verkaufte La Pausa, ihr Haus an der Côte d'Azur, an die Literaturagentin Emery Reves. In diesem Haus schrieb deren Klient Winston Churchill einige Kapitel seiner Erinnerungen. Erinnerung ist nur Zeitverschwendung, glaubte Coco. 1953 erinnerte sie sich an ihren eigentlichen Beruf und versuchte ein Comeback. Die Mode der Nachkriegszeit war ihr zu üppig, zu extravagant geworden, vor allem wurde sie wieder von Männern geprägt. Nach der eisigen Ablehnung der Presse beim ersten Defilee in Paris 1954 (was mehr an üblem Klatsch lag) kam sie auf dem Umweg über Amerika wieder auf die Erfolgsspur. Der Name Chanel strahlte wie eh und je. Im Pensionsalter hatte Gabrielle ein Comeback geschafft. Nur ihre nächtlichen Exkursionen als Schlafwandlerin nahmen erschreckende Ausmaße an. Sie starb am 11. Januar 1971 im Hotel Ritz, an einem Sonntag. Sie hatte Sonntage immer gehasst, weil sie sich da zu Tode langweilte.

23

Admiral Canaris war ein ausgezeichneter Hobbykoch. Seine Spezialitäten waren spanische Gerichte wie Paella, Gazpacho oder Cocido. Er hatte sich einen gewissen Sinn für das Leben bewahrt. Das unterschied ihn von seinem jüngeren Konkurrenten Walter Schellenberg, der seine ganze Energie im Dienst aufbrauchte und den man sich nicht als Genießer vorstellen kann. Seit Schellenberg 1941 zum Chef des Sicherheitsdienstes ernannt worden war, verfolgte er das Ziel, einen einheitlichen Spionagedienst aufzuziehen, und das heißt, Canaris und seine Abwehr überflüssig zu machen.

Aber auch Canaris betrieb seine kleinen Spiele mit der Gegenseite, sogar zu dem Leiter des MI 6, Stewart Graham Menzies, bestanden Kontakte, um die ihn Schellenberg beneidet hätte, hätte er davon gewusst. Canaris hatte auch »Friedensfühler« zu den Russen ausgestreckt, bis solche Versuche 1943 von Hitler verboten wurden.

Canaris war Teil einer Kriegsmaschinerie, deren Ziele er nicht billigte. Wem gegenüber er loyal war, welche Ziele er verfolgte, muss dabei Spekulation bleiben. Er stand nicht für einen Widerstand um jeden Preis. So empörte er sich über die Aktionen der »Roten Kapelle«, weil er – zu Unrecht – glaubte, dass sie große militärische Verluste bewirkt hatte.

Im Januar 1943 hatten Churchill und Roosevelt sich in Casablanca darauf geeinigt, alle Friedenssondierungen militärischer oder ziviler Personen des deutschen Widerstands zurückzuweisen. An den Vertreter des amerikanischen Geheimdienstes in Bern, Allen Dulles, erging die Weisung, sich vor Provokateuren des deutschen Geheimdienstes, die als so genannte Widerstandskämpfer auftraten, in Acht zu nehmen. Dulles und seine Leute registrierten sehr wohl, was der Widerstand in Deutschland versuchte, wiesen auch nicht jeden Emissär zurück.

Im Sommer 1943 gelang es Canaris, den Geheimdiensten der westlichen Seite einen politischen Vorschlag zu unterbreiten; sein Angebot: Auflösung der Westfront, Erhalt der Ostfront, Auslieferung von Hitler; im Gegenzug sollte die Forderung nach bedingungsloser Kapitulation zurückgenommen werden. Seine Kontaktleute dabei waren Carl Langbehn, Vizekonsul Eduard Waetjen, Hauptmann Theodor Strünck, der Diplomat Hans-Eduard Riessner (in Genf), auch Max Egon Prinz zu Hohenlohe-Langenburg.

Bei einem Treffen der westlichen Geheimdienstchefs Stewart Menzies und William J. Donovan in Santander im September 1943 wurden diese Vorschläge wohlwollend erörtert; doch Churchill und Roosevelt wollten davon nichts wissen. Inzwischen hatte auch Schellenberg davon Wind bekommen, der zum Teil dieselben Mittelsmänner benutzte. Canaris besaß eine Art Protektion durch Himmler, der ihn gewähren ließ, fast könnte man von stiller Partnerschaft sprechen. Das aber störte Schellenberg, der doch Canaris beerben wollte.

Himmlers Wohlwollen hielt an, nachdem Canaris im Februar 1944 aus dem Amt gedrängt worden war. Der Reichsführer SS bewahrte ihn vor scharfen Sanktionen und ließ ihm eine Sinekure in der Kriegswirtschaft zuschanzen, die eine gewisse Bewegungsfreiheit gestattete. Und obwohl einige seiner engsten Mitarbeiter (wie etwa Hans von Dohnanyi) schon verhaftet worden waren, agierte Canaris weiter; die »Schwarze Kapelle«, wie man diese konservative Widerstandsgruppe wegen ihrer Kontakte zum Vatikan nannte, wurde zum Ein-Mann-Unternehmen.

Jeder wusste, dass im Frühjahr 1944 mit einer Landung der Alliierten an der französischen Küste zu rechnen war; nur Ort und Zeitpunkt konnten fraglich sein. Canaris sah die Chance für politische Vorstöße davonlaufen. Seit Anfang Mai war Stauffenbergs Plan für ein Attentat auf Hitler und die danach auszulösende Aktion Walküre fertig ausgearbeitet. Canaris suchte Kontakt zu Menzies, denn er wollte das Verhalten der Westmächte im Falle eines Bürgerkriegs in Deutschland klären (mit dem der Widerstand nach einem erfolgreichen Attentat auf Hitler rechnete).

Anfang Juni 1944 kam Canaris nach Paris und ließ einem Vertreter des englischen Geheimdienstes, Major Philippe Keun, einen Brief zustellen. Keun (ein Jude mit dänischem Pass, der 1940 in der französischen Armee gekämpft hatte) konnte nach der Besetzung Frankreichs zusammen mit Claude Ollivier den Nachrichtendienst Jade Amicol aufziehen, dessen Hauptquartier im Kloster Sainte-Agonie untergebracht war, im 13. Pariser Arrondissement, auf dem Gelände eines Klinikkomplexes an der Rue de la Santé (unweit eines großen Gefängnisses). Die Oberin, Mutter Henriette, und ihre Nonnen dienten zuweilen als Kuriere, außerdem war im Kloster eine Funkstation untergebracht. Von hier aus wurden über 1500 Agenten im ganzen Land geführt.

Keun stand in Kontakt zu einem Mitarbeiter der deutschen Militärverwaltung, dem österreichischen Baron Posch-Pastor, der wiederum zum konservativen Widerstand um Canaris, Goerdeler und Beck gehörte. Nach kurzem kodiertem Anruf traf man sich in einem Beichtstuhl in Notre-Dame. Diesen Weg wählte man auch jetzt.

Keun flog mit der Botschaft von Canaris, der erneut eine Kapitulation im Westen anbot, nach England; doch die erhoffte Begegnung mit Menzies kam nicht zustande; die englische Regierung untersagte sie. Zurück in Paris empfing Keun den einsamen Canaris, nach einigen Umwegen, im Kloster der Heiligen Agonie. Die Nonnen hatten ein kleines Abendessen vorbereitet, Keun und Canaris nahmen es allein und schweigend ein.

Keun konnte ihm nur die bedauernde Absage von Menzies überbringen (in einem Brief, der besagte, es könne für Deutschland nur die bedingungslose Kapitulation geben). »Finis Germaniae« war der einzige Kommentar von Canaris. Es war auf jeden Fall das Ende seiner politischen Karriere, seine letzte geheime Aktion. Dies geschah am 3. Juni. Drei Tage später begann die Landung in der Normandie. Keun wurde bald darauf von einem Franzosen, der für die Deutschen arbeitete, verraten. Vor seiner Erschießung wurde er schwer gefoltert.

Keines der Englandspiele der deutschen Opposition hatte ein Ergebnis gezeitigt. Es war kein politischer oder militärischer Vorteil errungen und niemandem geholfen worden; dafür hatten einige Menschen bei diesem Versuch, die Fronten zu unterlaufen, das Leben verloren.

Das Spiel von Canaris und anderen Oppositionellen, aber auch das von Schellenberg, war nicht zu gewinnen, durch »Treue« nicht, und auch nicht durch »Verrat«.

Man taktierte mit einer mutmaßlichen Dolchstoßlegende und anderen Fiktionen, die schon während der Weimarer Republik eine unheilvolle Wirkung gezeitigt hatten. Durch diese Rücksichtnahme auf die vermutete Dummheit oder Infamie des eigenen Volkes konnte weder das Vertrauen der Westmächte gewonnen noch ein glaubwürdiger Nachkriegspartner gebildet werden. So mussten Widerstand und Volk den Weg bis zum bitteren Ende gehen.

Der eigentliche Fehler der Leute aus dem Widerstand war, dass sie überhaupt politische Forderungen stellten, ganz gleich wie diese inhaltlich aussahen. Deutschland war nur durch die Niederlage zu retten. Allein die bedingungslose Kapitulation öffnete das Tor für eine demokratische, friedliche, europäische Zukunft. Der einzige Sinn von Widerstand lag in einer moralischen Selbstbehauptung, einer beispielhaften Geste für die Nachgeborenen, sowie in dem Versuch, Menschenleben zu retten, wo immer es möglich war.

Drei Tage nach dem gescheiterten Attentat vom 20. Juli wurde auch Canaris verhaftet. Schellenberg hatte vom Gestapo-Chef Müller den Befehl erhalten, diese Aktion durchzuführen. Es war ein Sonntag. »Irgendwie habe ich gefühlt, dass Sie es sein würden«, begrüßte der Admiral den ungebetenen Gast in seinem Haus am Schlachtensee in Zehlendorf. Schellenberg sagte, er handele auf Befehl und tue es auch, um es nicht zu schlimm werden zu lassen. Manchmal fragt man sich, was für die Diener dieses Regimes eigentlich das Schlimmste war.

5. KAPITEL

Fluchtlinien

24

Nun ist meine Buchhandlung fast leer geräumt, Besucher sind nicht mehr zu erwarten. Wie oft kamen Leute, die gar nichts kaufen, sondern etwas mitteilen wollten, als wäre dieser deutsche Buchladen in Paris nur ein Vorwand, eine Lebensbeichte loszuwerden, in der vagen Hoffnung, ich wüsste jemanden, der das alles aufschreiben würde. Bei mir kreuzten sich Bücher und gelebte Romane. So konnte es ja kein Geschäft werden. Und nun geht es mir selbst so mit der Geschichte von Onkel Max, denn sie läuft mir nach und ich versuche, sie einem anderen zu vermachen. Ich habe sie vor Augen wie einen Film, aber ich schiebe sie immer wieder von mir. Doch sie gibt mich nicht frei. Auch ohne zu suchen finde ich Dokumente oder Zeitzeugen, als seien sie für mich bereitgestellt, als müsste ich sein Leben, von dem ich nur Bruchstücke weiß, zu einer Geschichte fügen. In Wahrheit suche ich jemanden, der sie mir abnimmt.

Eines Tages kam eine Dame in den Buchladen, und wir begannen ein Gespräch. Ihre sehr dunkle Haut, ihre schwarzen Haare, ihr feines Gesicht, nichts deutete darauf hin, dass ihre Familie in eine deutsche Tragödie verstrickt war. Ihr Vater hatte im Auftrag des deutschen Widerstands ein »Spiel« mit Himmler angefangen. Aber es war schief gegangen, er hatte sein Leben verloren, war zuvor grausam misshandelt worden. Sein Fehler war, dass er nicht abwarten und zusehen wollte. Diese Geschichte war trostlos – aber wenn man sie in das große Schicksalspuzzle einbaut, das dem Zug aus Theresienstadt vorausging, bekommt sie doch einen Sinn.

Ich habe Sympathie für diese Leute aus dem deutschen Widerstand, ich habe viel von ihnen gelesen, Tagebücher, Briefe, Gedichte. Man möchte mit ihnen diskutieren, über ihre Illusionen, ihre Verblendungen, ihr Leiden. Mir gefallen diese Stimmen, die man heraushört, diese Charaktere, die man spürt. Dass sie nach dem Krieg nicht mehr da waren, war ein Jammer. Man spürt aus jedem Zeugnis, dass es farbige Persönlichkeiten waren, mit Bildung und Charakter, auch mit einem Schuss Mut, ja Abenteuerlust. Wenn man sich das jämmerliche Spitzenpersonal des Regimes ansieht, dann helfen diese Menschen, den Glauben an Deutschland nicht ganz zu verlieren. Und welche Verwandlung sie in ihrer Haft erleben, zu welcher Größe sie vor ihrem Ende finden. Fast kommt es mir vor, als seien diese letzten Botschaften ihr wahres Vermächtnis, ein rein menschliches, denn politisch waren sie ohne Chance.

In meiner Buchhandlung habe ich gerade die Zeugnisse des deutschen Widerstands gepflegt. In Frankreich weiß man nichts davon. Ich hätte mit ihnen diskutieren wollen, über Deutschland, was es war, was es hätte sein können. Ihre politischen Ansichten waren oft seltsam. Sie waren bedingungslose Patrioten, aber sie haben nach 1933 zu lange weggesehen. Die Besten von ihnen haben es ja selbst gesagt. Und manche haben sich in Abgründe des Widerspruchs begeben, weil es besser war, sich die Hände schmutzig zu machen als zuzusehen. Schuldig wurde man so oder so.

25

Ich habe mein Leben als Flüchtling begonnen, oder soll ich sagen: als Begleitgepäck von Flüchtlingen? In meinen ersten Jahren lebte ich gleichsam im Untergrund. Meine Eltern waren natürlich nicht verheiratet, sie arbeiteten in demselben kleinen Emigrantenzirkel in Paris. Ich wurde im Mai 1940 geboren, ein ziemlich ungünstiges Datum, mit einigen Wochen Verspätung. Du bist immer etwas spät dran, lautete der Lieblingsvorwurf meiner Mutter. Mein Vater meinte allerdings, dass ich besonders dramatische Umstände gesucht und einfach den schlechtesten Moment abgewartet hätte, als wäre ich schon als politisch denkendes Wesen zur Welt gekommen. Das entsprach gewiss seinen Vorstellungen, aber für nichts war ich weniger geeignet als für die Politik.

Meine Mutter muss schon sehr früh gespürt haben, dass sie schwanger war, denn sie hat es meinem Vater am 3. September 1939 eröffnet. Das war der Tag, an dem Frankreich in den Krieg eintrat. Mein Vater soll erwidert haben: »Muss das denn sein?« Und es gab später wohl auch Streit um die Daten, als habe mein Vater der Sache nicht getraut – »Warum ist sie denn so spät gekommen?«, soll er gesagt haben. Manchmal habe ich mir überlegt, ob meine Mutter erst im Augenblick des Kriegsausbruchs beschloss, schwanger zu werden, aber einen Reim konnte ich mir darauf nicht machen. Ich glaube lieber die Version, dass ich meine Geburt verzögert habe.

So hingen denn zwei Fragen über meinem Leben: Muss das denn sein? Warum ist sie so spät gekommen? Ich war eben das Kind zur Unzeit. Und das gründlich. Am 10. Mai, dem Tag, als die Deutschen ihren Westfeldzug begannen, kam ich in einer Klinik in Issy-les-Moulineaux zur Welt. Der um den Zeitpunkt meiner Zeugung erklärte Krieg war erst bei meiner Geburt zum offenen Kampf geworden, als hätte Hitler abgewartet, bis ich mich entschließe, es doch mit dieser Welt zu versuchen. Meine Eltern gaben mir den Namen Elsa, weil der im Deutschen wie im Französischen üblich ist.

Als Paris von den Deutschen besetzt wurde, floh meine Mutter mit mir nach Südfrankreich. In einem Dorf bei Aix-en-Provence kamen wir unter. Zwei Jahre lang haben wir unter Bauern gelebt und uns nur selten in die Stadt gewagt. Mein Vater war zur französischen Armee eingezogen worden, das heißt, man hatte ihm gut zugeredet, sonst wäre er als feindlicher Ausländer interniert worden. Da entschied sich der Pazifist lieber für das Soldatspielen. Als die französische Armee zusammenbrach, hat er sich absetzen können. Er floh in die Schweiz, in der Hoffnung, dass wir folgen könnten. Ein Buchhändler in Zürich war als Kontaktadresse verabredet.

Wir aber blieben zuerst bei Aix, das ja in der unbesetzten Südzone lag. Meine Mutter schrieb Briefe an die besagte Adresse in Zürich, immer in meinem Namen, als würde ich, das Baby, meinem Vater erzählen, was uns so passierte. Einige der Briefe habe ich aufbewahrt. Den lustigen Anekdoten merkt man nicht an, dass es für eine deutsche Jüdin mit Kind im besetzten Frankreich jeden Tag ums Überleben ging.

Als sie mich im Wagen durch einen Park schob, kam ein Mann vorbei, ein Kavalier im Stil der Belle Epoque, mit Schnurrbart, Hut und Spazierstock, beugte sich über den Wagen und sagte: »Voilà l'espoir de la France.« Wenn der unsere Familiengeschichte geahnt hätte!

Frankreichs Hoffnung war ich nicht, eher eine Belastung für meine Mutter. In Aix war ich gierig nach Pfirsichen und Weintrauben. Nur abgeben wollte ich nie. »Oh no no«, lernte ich schnell. Es ist mein erster Spitzname geblieben: Onono.

Ich sprach ein rechtes Kauderwelsch, sagte »Pfui, cochon!« und »Vive le Franc!« Als meine Mutter im Sommer 1942 die Warnung erhielt, dass jetzt auch aus Frankreich deportiert würde, beschloss sie, mit mir in die Schweiz zu gehen. Wir ließen uns im Auto mitnehmen zum Grenzort Annemasse. Dort sollte uns ein Passeur über die Grenze führen. Mama hatte mir eingeschärft, bloß kein Wort auf Deutsch zu sagen, damit wir nicht auffielen. Im Bahnhofsrestaurant war es brechend voll. An einem Tisch saßen deutsche Soldaten und aßen. Plötzlich entfuhr es mir: »Der Mann isst ein Ei.« Meine Mutter zuckte zusammen, griff zu einem Taschentuch und putzte mir die Nase, um mich zum Schweigen zu bringen, und sagte ziemlich laut etwas auf Französisch zu mir. Zum Glück hatten die Soldaten nicht reagiert. Mein vorlauter Satz hätte uns das Leben kosten können.

Der Passeur hielt sein Wort, brachte uns zu einer Stelle im Grenzzaun, die durchlässig war; und die Schweizer Grenzpolizei schickte uns nicht zurück, weil meine Mutter ein Kind dabeihatte (von der Regelung wussten wir damals nichts). Als meine Eltern wieder zueinander gefunden haben, wurden wir erst einmal außerhalb von Zürich längere Zeit in einem Lager interniert, Männer und Frauen getrennt. Zum Glück gab es in Zürich viele couragierte Menschen, die uns Flüchtlingen geholfen haben. Ich erinnere mich, dass ich manchmal von der Frauenstation zur Männerstation hinüberging, um meinen Vater zu besuchen. Das kleine Kind, das ich war, wirkte rührend auf die anderen Flüchtlinge, aber ich ging in meinem etwas zu großen roten Bademantel rasch vorbei und sagte laut: »Keiner fasst Elsa an!«

26

Vater, Mutter, Stiefvater, Freunde, alle waren sehr politisch und von einem ungeheuren Tätigkeitsdrang besessen, immer unterwegs, immer voller Pläne und Projekte. Mich wundert, dass ich es so lange ganz ruhig in einer Buchhandlung ausgehalten habe.

Eine große Unruhe steckte in allen, ein Getriebensein. Sie waren immerzu unterwegs, ohne dass man wissen konnte wohin. Von den jüdischen Traditionen ihrer Familien hatten sie sich schon früh gelöst und sie hatten gewiss nicht vor, bürgerlich etabliert zu sein. Welches Leben sie geführt hätten, wären sie nicht nach 1933 aus Deutschland vertrieben worden, ist schwer zu sagen. Vielleicht wussten sie es selbst nicht.

Die Ziele, die sie sich setzten, dienten immer nur dazu, ihre rätselhafte Reiselust zu rechtfertigen. Anfangs waren sie der Meinung, sie seien der Welt noch ein anderes Deutschland schuldig. Aber was nach 1945 kam, gefiel ihnen nicht, die Welt entwickelte sich nicht nach ihren Ideen, doch sie wollten ihre Vorstellungen irgendwie behaupten. Und wenn sie ein junges ahnungsloses Publikum fanden, das sich von ihren Utopien von einem vagen Sozialismus-Humanismus-Pazifismus begeistern ließ, fühlten sie sich ermutigt. Sie lebten von unerfüllten Hoffnungen, die durch kein Ereignis in der Welt kompromittiert waren, als Rebellen gegen einen unsichtbaren Feind. Sie wollten nicht zu den Kommunisten, aber auch nicht nach Israel, sie lebten in einer Zwischenwelt, in der sie ihre Träume bewahren konnten. In Frankreich zu bleiben oder in der Schweiz, war da schon ein Hauch von Realismus. Dass es kein Zurück gab, hatten sie akzeptiert, aber sie brauchten die Illusion, dass noch eine große Veränderung bevorstand.

Onkel Max war ganz anders, er musste nichts retten und nichts vorbereiten. Er hielt dennoch stand. Er war vor der Katastrophe kein Kämpfer und danach auch nicht. Er brauchte keinen Gott und keinen Sozialismus und auch keinen Ersatz dafür. Irgendetwas muss ihn aufrechtgehalten haben, er ist ja recht alt geworden, alt und glücklich, möchte ich annehmen. Und über den Spott der Familie sah er gnädig hinweg. Ich vermute, er weigerte sich, in den Dingen einen Sinn zu sehen. »Ach ihr mit eurem Lebenslärm!«, sagte er nur, wenn die andern wieder einmal große Pläne schmiedeten.

Aber die »Politiker« in unserer Familie hatten auch ihre seltsamen Schwächen. Mein Vater, dieser große Gewerkschafter und Sozialist, dieser seriöse Vortragsredner und Aufsatzschreiber, hatte in Frankfurt, wo er lebte, einen kleinen jüdischen Gauner kennen gelernt. Er war ganz vernarrt in ihn. Jedesmal wenn ich ihn besuchte, erzählte er mir die neuesten Geschichten von es Bubsche, so nannte er ihn. es Bubsche hatte ein Lager überlebt, war bei Kriegsende 16 oder 17 und lebte von Schieber- und Schwarzmarktgeschäften, später wohl als Hehler im Rotlichtmilieu. Mein Vater mochte ihn, verstand seine Gaunereien wohl als kleinen Racheakt an den Deutschen, denn er hatte es vor allem darauf angelegt, die deutschen Behörden zu betrügen, was nicht sehr schwer zu sein schien. Eines Tages wurde es Bubsche verhaftet und nach Israel abgeschoben. Dort war er todunglücklich, er hatte Heimweh nach Frankfurt, und das schien sogar echt zu sein und nicht daran zu liegen, dass er deutsche Gefängnisse erträglicher fand. Mein Vater hat sich für ihn eingesetzt wie für einen politischen Gefangenen, er wollte, dass man ihn nach Deutschland zurück verlegt.

Ich weiß nicht, wie diese Angelegenheit ausgegangen ist, aber ich denke oft darüber nach, warum sich mein Vater gerade für diesen kleinen Ganoven begeistert hat. Und dann denke ich an all die Episoden, die der Rettung von Onkel Max vorausgingen. Sie warten darauf, in einen Zusammenhang eingebunden zu werden, der auf ein tröstliches Ende hinausläuft. Eine seltsame Geschichte ist das, eine lange Kette von Widrigkeiten, sinnlosen Aktionen, Verbrechen und Dummheiten, ein Puzzle aus verschiedenen Geschichten, aus Schicksalen, die sich nur indirekt berühren, wie eine Münze, die von Hand zu Hand wandert – und am Ende fährt ein Zug aus Theresienstadt in die Schweiz und 1200 Menschen werden gerettet, die nicht wissen, wie ihnen geschieht.

6. KAPITEL

Musterzüge

27

»Der von uns ferngesteuerte Himmler« – wie viele haben das gedacht oder gesagt. Schon Heydrich hatte geglaubt, Himmler für seine Zwecke benutzen zu können. Doch Heydrich war tot, und Himmler hatte seine Macht (und seine geheimen Dossiers) geerbt. Göring sprach Himmler einmal öffentlich an mit: »Na, Sie Würstchen.« Aber eine Blutwurst …

Ernst Hanfstaengl nannte ihn einmal (in der Frühzeit der Partei) »unseren Fouché«, aber Himmler, der historische Vergleiche sehr ernst nahm, sagte dazu: »Bitte nicht«. (Weil jener untreu war, ein politischer Überläufer? Fouché kollaborierte mit der Gegenseite, inszenierte zuweilen selbst die Attentate, vor denen er seinen Kaiser Napoleon rettete, war bei dessen Niederlage aber zu nichts zu gebrauchen.)

Sein Name verleitete zu allerlei Wortspielen mit Himmel und Hölle, vor allem verbreitete er Furcht und Schrecken. Seine Karriere als Bluthund Hitlers, den er anhimmelte, war beträchtlich, seit er im Januar 1929 mit 28 Jahren zum Reichsführer SS ernannt worden war. Er blieb der einzige Bayer in der engeren Parteiführung. Welche besonderen Fähigkeiten gerade seinen Aufstieg ermöglichten, blieb ein Rätsel. »Gnadenloses Richtschwert« wollte er sein, pures Instrument einer mörderischen Politik. »Ich tue nichts, was der Führer nicht weiß«, hatte Himmler im März 1940 zu Wehrmachtsgeneralen gesagt, die sich über den Terror der Einsatzgruppen in Polen beschwerten.

Am 20. März 1933 hatte Heinrich Himmler in seiner Funktion als kommissarischer Polizeipräsident von München die Eröffnung des ersten Konzentrationslagers auf deutschem Boden angekündigt. Eine verfallende Pulverfabrik mit nummerierten Einzelgebäuden wurde dreifach mit Stacheldraht umzäunt, die ersten Gefangenen, die am 22. März eingeliefert wurden, registrierte man ordentlich, bevor man sie schikanierte. Sinnigerweise hatte Himmler verkündet: »Das Konzentrationslager in Dachau darf nicht besucht werden.« Das Modell war gegeben. Und Himmler hatte mit dieser »Pioniertat« seine Aufgabe im NS-Regime gefunden: alle jene zu eliminieren, die nicht in das Weltbild der neuen Machthaber passten. Die Formen der Elimination sollten sich weiterentwickeln, und auch dabei spielte Himmler eine entscheidende Rolle.

1934 führte Himmlers SS den Mordbefehl an den eigenen Parteigenossen durch, der SA-Führung um Ernst Röhm. Im Oktober 1939 erließ Hitler den Befehl zur völkischen Neuordnung Europas. Am 25. Mai 1940 legte Himmler eine Denkschrift vor ›Über die Behandlung der Fremdvölkischen im Osten‹. Ziel sei die Auflösung des Völkerbreis im Generalgouvernement. Das Mittel dazu: eine »rassische Siebung, die im Einzelfall grausam und tragisch« sein könne. »Den Begriff Juden hoffe ich, durch die Möglichkeit einer großen Auswanderung sämtlicher Juden nach Afrika oder sonst in eine Kolonie, völlig auslöschen zu können.« Auch der Aussiedlungsplan zielte auf Vernichtung, durch Hunger oder Krankheiten, es ging später also nur um den Übergang von indirekten zu direkten Mordmethoden in großem Maßstab.

Am 12. Dezember 1941 kündigte Hitler den NS-Spitzen an, dass alle Juden Europas während des Krieges vernichtet würden. Den Befehl zur Organisation der Vernichtung hatte er zuvor Himmler erteilt, denn dafür kam nur die SS in Frage. Hitler lobte: »Erst unter Himmler wurde die SS eine außergewöhnliche Truppe, die einem Ideal ergeben und treu bis zum Tode ist.« Und: »Er ist einer von jenen Männern, die ihre Pflicht mit eisiger Entschlossenheit erfüllen.« Es ist intern so oft von einem Befehl die Rede, dass man kaum an dessen Realität zweifeln kann.

Kersten gegenüber soll Himmler gesagt haben, der Führer habe den Befehl im Jahr 1941 in Breslau erteilt, und zwar mündlich: »Die Durchführung dieses schweren Befehls hat der Führer auf meine Schultern gelegt.« Am 9. Juni 1942 ließ Himmler wissen, die Endlösung würde in einem Jahr beendet sein. In diesem Jahr wurden die Deportationen auf das gesamte von Deutschland besetzte Europa ausgeweitet. Am 10. Dezember 1942 hielt Himmler einen Vortrag beim Führer über das Thema »Juden in Frankreich. 600 – 700 000« und notierte dessen Anweisung: »abschaffen«.

Im Reich wie im Ausland glaubte man, Himmler besäße die wirkliche Macht, er sei der eigentliche Diktator und Herr über die innere Ordnung im Lande, deshalb müsste er bei einem vorzeitigen militärischen und politischen Zusammenbruch ins Kalkül einbezogen werden. Und er selbst betonte in zahlreichen Reden, dass er jede Gewähr für die innere Sicherheit übernehmen könne, weil alle potentiellen Feinde im Innern eingesperrt worden seien.

In der Tat war die Liste seiner Ämter beeindruckend: Reichsführer SS, Innenminister, Polizeiminister, Herr der Geheimdienste, Volkskommissar für die Festigung des deutschen Volkstums, Kommandeur der Waffen-SS (38 Divisionen), Chef der Heeresrüstung, Oberbefehlshaber des Ersatzheeres (Heimatfront), Aufsicht über die Kriegsgefangenenlager.

Ja, sein Name verbreitete Schrecken, aber wer ihn privat kennen lernte, fand ihn charmant im Gespräch. Dieser Erleichterungsschock war dann seine Waffe, er ließ alles andere vergessen. Er war beinahe ein Intellektueller, konnte von der Bibel reden, von Gestalten aus der Geschichte, von alten Stichen, er machte Entwürfe für eine neue Porzellanmanufaktur, hatte zu jedem Thema historische Parallelen bei der Hand.

Manche fanden ihn schlicht lächerlich und überboten sich (später) in Karikaturen: Himmler das Dutzendgesicht, der Finanzbeamtentyp, das blasse Milchbartgesicht mit den farblosen schmalen Lippen, dem fliehenden Kinn, den schlaffen Hängebacken, mit dem Zwicker vor den glasigen, leerblickenden Augen, der Hühnerzüchter mit der Hühnerbrust, der verschrobene Romantiker, naiv und selbstzufrieden, schüchtern und pedantisch, ein Idealist ohne Ideale. Selbst die alten Kameraden spotteten über den »Reichsheini«. Dabei sah er eigentlich nur wie ein besonders pedantischer Lehrer aus, der eine unpassende Uniform angelegt hat.

Er war der Erste Mann einer Organisation, die ihn als einfaches Mitglied nie aufgenommen hätte. Er war körperlich schwach, konnte schlecht schießen und keinen Gepäckmarsch durchhalten, und war doch ein Fanatiker des soldatischen Drills – für andere. Sein Masseur Kersten hielt ihn für einen »schweren, aber interessanten Fall« und als Mensch auf die Dauer »ganz sympathisch«, denn er hatte »eine weiche, fast demütige Art mir gegenüber«. Aber Kersten hatte auch den Eindruck, »dass er nichts war«.

War er ein Mörder ohne Eigenschaften?

Es war ein Mörder, der kein Blut sehen konnte. Als er in Minsk 1941 einer Massenerschießung von Juden beiwohnte, wurde sein Mantel von Blut bespritzt. Das war zu viel, ihm wurde übel, er bekam Magenkrämpfe, war tagelang krank. Er folgerte daraus, dass man sauberer töten, es den Tätern leichter machen müsse. Man musste einen Weg des unbefleckten Tötens finden, das war seine Mission. Der Reichsführer SS war ein Gewissensakrobat.

Menschen waren für ihn auch nur Zuchttiere, er dachte in Begriffen von Krankheit, Quarantäne, Rassenveredelung. Nur blonde Menschen duldete er um sich. Dunkle Augen und Haare fand er verdächtig. Den dunklen Typ wollte er aus Deutschland »wegzüchten« – was ja bedeutete: Leute wie ihn oder Hitler sollte es in Deutschland nicht mehr geben …

Die eigenen Leute hielten ihn für ein »undefinierbares Halbblut«. Himmler, der Mann mit der Mongolenfalte, betrachtete die Mongolen als Ehrenarier, nicht als minderwertiges Blut. Er liebte und lobte Dschinghis Khan, der häufig in seinen Reden vorkam. Dafür hasste er Karl den Großen, der für ihn ein Ausländer war (na klar: ein Franke …).

Seine Lieblingsgestalt war Heinrich der Vogler. »König Heinrich hätte in diesem Fall so gehandelt«, soll er manche Entscheidung begründet haben. 1936 ließ er große Feiern zum 1000. Todestag von Heinrich I. veranstalten, für dessen Wiedergeburt er sich zu halten schien. Und wenn sein fahrendes Hauptquartier »Sonderzug Heinrich« hieß, so sollte es diese Identifikation andeuten.

Auf Himmlers Schreibtischen stand immer ein Bild seiner Tochter. Auf dem Nachttisch lag stets sein Lieblingsbuch: der Koran. Himmler las sehr viel, vor allem Historisches. Er hatte eine Kartei über alle Geschenke, die man ihm je gemacht hatte, und eine Sammlung aller Gruß- und Dankschreiben, weil er darin die unverstellte Handschrift fand! Er war eben doch ein Polizeihirn.

Seine besondere »intellektuelle Leistung« war die Vorstellung, man könne morden und doch »anständig« bleiben. In mehreren Reden vor SS-Leuten hat er das Thema variiert. Er stellte sich vermutlich vor, dass das Morden als mechanischer Vorgang ohne menschliche Regungen möglich wäre. Ein Besuch in Theresienstadt oder anderswo hätte ihn davon überzeugen können, dass die Lager Paradiese des Sadismus waren. Er glaubte, dass der Mensch und seine Moral Teil eines naturgesetzlichen Prozesses, also etwas Objektives sein könnten, er glaubte an die »Rassenseele« als höhere Macht. Im Grunde war er im Wortsinn gewissenlos. Er leugnete, was Religion und Psychologie seit Jahrtausenden wussten: Der Mensch ist selbstbezogen, er handelt nicht ohne subjektive Antriebe und Affekte, zu deren Regulierung eine Handvoll Gebote genügen.

In einer Rede in Sonthofen am 24. Mai 1944 sagte er: Die Judenfrage »wurde nach Befehl und verstandesgemäßer Erkenntnis kompromisslos gelöst«. Er sei kein blutrünstiger Mensch, habe keinen Spaß »an irgendetwas Hartem«, er habe aber »gute Nerven und ein so großes Pflichtbewusstsein«. (Wie schlecht seine Nerven waren, hatte der Vorfall in Minsk 1941 gezeigt – muss man also seine Worte immer als verkehrte Geständnisse auffassen, lebte er aus der permanenten Negation der Realität?)

Er ging streng gegen Korruption vor und hat sich im Gegensatz zu anderen Naziführern und Gauleitern nicht persönlich bereichert. Er lebte bescheiden und einfach, liebte schlichtes Essen, vermied Alkohol. Sein Jahresgehalt betrug 24 000 Reichsmark. Jeder seiner beiden Familien wies er 300 Mark im Monat an. Aber seine karg bezahlten Mitarbeiter waren nicht so idealistisch eingestellt und griffen zu, wo sie konnten.

Ausgerechnet dieser Mann, der die Blutspur des Regimes wie kein anderer verkörperte, sollte der Ansatzpunkt zu dessen Sturz und Überwindung werden, sollte den »Stopp der Endlösung« bewirken? Es gibt Anzeichen, dass er dabei nicht nur als Instrument der Politik der anderen fungierte, sondern durchaus eine eigene Linie verfolgte. Der italienische Außenminister Graf Ciano notierte am 9. April 1942 in seinem Tagebuch, dass der frühere Extremist Himmler nun einen Kompromissfrieden wünsche. Im Spanischen Außenamt glaubte man, die Amerikaner wüssten, dass Himmler als Alternative bereitstehe. Ein spanischer Abteilungsleiter im Madrider Außenministerium glaubte, dass Himmler einen Ausgleich suche, um der russischen Invasion zuvorzukommen, denn nur er könne das versuchen. Zu Ilse von Hassell sagte Carl Jacob Burckhardt, »ein Vertrauensmann von Himmler sei bei ihm gewesen, um zu fragen, ob England wohl mit Himmler Frieden schließen würde« (vermutlich ist Carl Langbehn gemeint).

Ab 1942 muss sich Himmler Gedanken gemacht haben, was aus der SS nach Hitlers Tod werden sollte. Denn die SS war längst kein einheitlicher Block. Einige Leute wie Arthur Nebe, der bei den Mordaktionen der Einsatzgruppen 1941 beteiligt gewesen war, hatte sich dem Widerstand angeschlossen und trat für die Ermordung Hitlers ein. Es gab Generale der Waffen-SS, die Hitler ausschalten und einen Sonderfrieden mit dem Westen wollten (etwa General Wolff, einst Himmlers Verbindungsoffizier zu Hitler). Es gab Schellenberg vom Sicherheitsdienst, der ähnlich dachte, aber seine eigene Linie verfolgte. Es gab politische Planer wie Werner Best, die eine Reform des Regimes »nach dem Krieg« im Auge hatten. Und es gab die Fraktion des eisernen Durchhaltens – und das hieß des Weitermordens – mit Kaltenbrunner, Müller, Eichmann und anderen.

Über ihnen thronte Himmler, der mit allen spielte und dabei völlig gegenläufige Linien nebeneinander verfolgte, ob man das nun Taktik oder Schizophrenie nennt. So hielt er am 24. Oktober 1943 die berüchtigte Posener Rede (anlässlich des »Tages der Freiheit«) und ließ doch kurz danach in Stockholm Kontakte mit dem Amerikaner Hewitt über Auswege aus dem Krieg zu.

Der konservative Widerstand (um Popitz und Langbehn) hatte versucht, mit Himmler zu spielen. Dabei spukte im Hintergrund die Idee, Himmler verfüge über die Möglichkeit, die inneren Unruhen zu vermeiden, mit denen man im Falle eines Umsturzes rechnete. Außerdem schien es politisch akzeptabler, wenn die Nationalsozialisten einander stürzten, weil das eine neue Dolchstoßlegende verhindern könnte.

Aber wie, wenn Himmler mit dem Widerstand gespielt hätte? Wer mit dem Teufel speist, muss bekanntlich einen langen Löffel haben. Durch sein Gespräch mit Popitz 1943 war Himmler eigentlich klar, was für Pläne man hatte. Es wurde an der Beseitigung Hitlers und an einem Separatfrieden mit den Westalliierten gearbeitet. Das wusste er. Kann man sagen, er habe die Leute des 20. Juli machen lassen, um abzuwarten, was sie erreichen? Um die dann entstehende Lage so oder so auszunutzen? So wie er vielleicht das Attentat gegen Heydrich geschehen ließ und dann von dessen Tod politisch profitierte?

Nach dem Krieg sagte Schellenberg aus, Himmler habe alles über den 20. Juli gewusst. Und der Chef des amerikanischen Geheimdienstes OSS, William J. Donovan, kam zu dem Ergebnis, dass Himmler alles gewusst haben musste, er habe aber abgewartet, weil auch er einen »Anker« im Westen haben wollte.

Mit dem Auftrag zur Repression gegen die Urheber des Staatsstreiches am 20. Juli wurde Himmler zunächst wieder zum fanatischen Anhänger Hitlers. Zu Kersten sagte er: »Jetzt ist meine Stunde gekommen! Ich werde die reaktionäre Brut ausheben ...« Die Rettung des Führers sei ein Wunder. Aber nur Tage später dachte er um, ließ einige Leute des Widerstands in der Haft schonen, um deren Kanäle oder Dienste eventuell doch noch zu nutzen und deren Aktionen fortsetzen zu lassen.

Seine doppelgleisige Linie erreichte ihren Höhepunkt gerade zur Zeit der Verhandlungen über die Ausreise von Juden aus Budapest und aus Theresienstadt. Denn ab Dezember 1944 wurde Himmler mit militärischen Aufgaben betraut und sollte, zunächst am Rhein und dann im Osten, den Vormarsch der Feinde stoppen, also eine militärische Wende herbeiführen.

Als »Oberbefehlshaber Oberrhein« erließ Himmler einen Aufruf zur Jahreswende 1944/45 und sprach von seiner »festen Überzeugung, verlorenes Reichsland wiederzugewinnen ... Nie wankend in der Treue zum Führer und in unserem Glauben an des Reiches herrliche Zukunft wollen wir ... beitragen zum großen deutschen Sieg.« Das Jahr 1945 werde den Sieg und den Frieden entscheidend näher bringen. »Es lebe unser geliebter Führer!«

An Kersten hatte derselbe Himmler am 12. Dezember 1944 geschrieben: »Lieber Herr Kersten, Sie werden kurz vor Weihnachten wieder nach Schweden fliegen. Ich darf Sie bitten, die drei gefangenen Schweden, deren Begnadigung der Führer auf meinen Vorschlag genehmigt hat, zum Julfest mit nach Schweden zu nehmen! ... und grüße Sie herzlich, ganz Ihr getreuer H. Himmler.« Dahinter stand gewiss auch die Absicht, eine Hintertür in Richtung Westmächte offen zu halten.

Ein Beispiel für Himmlers zwiespältiges Vorgehen bietet eine Rede, die er am 28. Januar 1944 in Berlin vor Mitarbeitern des Propagandaministeriums in Anwesenheit von Joseph Goebbels gehalten hatte. Darin war er auch auf die Ereignisse in Italien 1943 eingegangen, als der Duce gestürzt worden war und Marschall Pietro Badoglio Italien vom Bündnis mit Deutschland gelöst und auf die Seite der Westmächte gestellt hatte. Dies habe in Deutschland eine Welle des Defätismus ausgelöst. In manchen Kreisen habe es wie Musik geklungen: »Der Duce ist verhaftet, die faschistische Partei ist aufgelöst! Und das ist alles so glatt über die Bühne gegangen! ... Und dann ging ein Raunen los: Also einen Duce kann man verhaften – wie interessant! Und die Frage kam von manchen Unvorsichtigen: Ja, warum kann man das eigentlich nicht in Deutschland? Dann wären wir die Nazis los, und dann würden wir mit den Engländern Frieden machen, die Engländer garantieren uns dann Deutschland gegen Russland, es ist also alles in bester Ordnung. Diese Leute haben natürlich in ihrer Dummheit – das brauchen wir hier nicht auszuführen, weil wir uns darüber klar sind – übersehen, dass Nationalsozialismus und Faschismus zwei grundverschiedene Dinge sind.«

Nun, manche haben es sogar in seine Ohren geraunt. Von Popitz bis Schellenberg wollten sie genau diese Linie verfolgen, und er hatte sie nicht daran gehindert. Aber in seiner Rede sagte er natürlich, dass er als Innenminister gegen solcherlei Defätismus vorgegangen sei.

Öffentlich gab er immer wieder Durchhalteparolen von sich, drohte Härte gegen Defätisten an. Er agierte gegen die zu laschen Offiziere, er ließ sie ausspionieren. Besonders die Militärverwaltung im besetzten Paris kritisierte er als »verlottert und verhurt«. Am 8. November 1944 durfte er anstelle von Hitler die Rede im Bürgerbräukeller in München halten. Er schien auf dem Höhepunkt seiner Macht zu sein. Aber wie würde er sie nutzen?

In Wahrheit begann sein Abstieg, und er begann in Folge seiner kurzen Karriere als Feldherr. Doch die Idee dazu hatte sein Feind Martin Bormann entwickelt, der allmächtige Sekretär im Führerbunker, der ihn aus der Nähe des Führers vertreiben wollte. (Das waren schon Schachzüge im Kampf um die mögliche Nachfolge.) In Berlin wandte sich SS-Gruppenführer Hermann Fegelein, Himmlers Verbindungsoffizier zum Führer und Schwager von Eva Braun, von Himmler ab und wurde zum Anhänger Bormanns. Und auch Kaltenbrunner gehörte dieser Fraktion an und wurde so zum politischen Gegner für Himmler wie für Schellenberg. Während er sich für den Kronprinzen hielt, war er Gerüchten zufolge schon in Ungnade gefallen.

Anfang Dezember ernannte man Himmler zum Befehlshaber einer neuen Heeresgruppe im Südwesten. Als Oberbefehlshaber Oberrhein konnte er sogar kleinere Erfolge mit einer Gegenoffensive erzielen, schaffte einen Vorstoß in das Elsaß, bedrohte kurzzeitig auch Straßburg, dann aber trieben die Alliierten endgültig alle deutschen Truppen über den Rhein zurück.

Trotz dieses Misserfolgs erhielt Himmler bald ein zweites Kommando, und zwar in der Heeresgruppe Weichsel an der Ostfront. Am 12. Januar hatten die Russen (entgegen Himmlers Prognose) die große Offensive begonnen. Der Raum zwischen Weichsel und Oder war nicht mehr zu halten. Als General Heinz Guderian Mitte Februar einen Disput mit Hitler riskierte, um Himmler mit General Wenck einen erfahrenen Soldaten an die Seite zu stellen, und sich auch durchsetzte, begann sein Abstieg. Nach militärischen Rückschlägen meldete sich Himmler krank und ging nach Hohenlychen in die Klinik, die sein Freund Karl Gebhardt leitete. Am 20. März übergab Himmler sein Kommando an General Heinrici. Die militärische Laufbahn des ungedienten Feldherrn war beendet. Am 22. März ließ er Heinrici in Prenzlau wissen, er habe Kontakt zu den Westmächten gesucht, um eine Friedenslösung zu finden.

Der Londoner Desinformationsdienst ließ sich einen eigenen Beitrag für die »Himmler-Lösung« einfallen: Man druckte Briefmarken mit dessen Konterfei und ließ sie durch englische Agenten in Deutschland verbreiten, was dort aber kaum jemand auffiel. Zugleich wurde das Gerücht lanciert, Himmler strebe die Nachfolge des Führers an. Radio Atlantik, eine Station, die sich als deutscher Soldatensender ausgab, in Wahrheit aber von London aus betrieben wurde, gab bekannt, dass alle an der Befreiung von Juden beteiligten Deutschen Zuflucht in den USA erhielten. Was für die einen Inhalt von Politspielen war, veranlasste die andern nur zu Verwirrspielen.

28

Und nun benötigen wir die Hilfe von Shakespeare für eine Tragödie, deren Grausamkeit durch farcenhafte Elemente noch gesteigert wird. Das Stück spielt in einem Königreich ohne König. Das Land war einst

Teil eines großen Kaiserreichs, dessen Kaiser zugleich auch König dieses Landes war. Aber der Kaiser verlor einen Krieg und wurde vertrieben und damit zugleich der König, der nie ersetzt wurde, da man keinen akzeptablen Thronanwärter fand. An seine Stelle trat ein Reichsverweser (das Reich war längst verwest, er regierte einen Restbestand), und obwohl das Land keinen Zugang zum Meer hatte und auch keine Flotte besaß, war der Verweser ein Admiral (namens Horthy). Doch wo es eigentlich lag, war nie ganz klar, denn seine Grenzen erwiesen sich als leicht verschiebbar, es veränderte seine Form auf der Landkarte wie eine Amöbe ihre Gestalt im Wassertropfen. Das Land ohne Küste hieß Ungarn, und es sollte ein Ozean der Trauer werden.

Manches Sonderbare geschah in diesem Land im Trümmerschatten des Dritten Reiches, dessen offizieller Verbündeter es war. Nachdem Italien 1943 als Bundesgenosse ausgefallen war, fürchtete man in Berlin, dass auch Ungarn zu den Alliierten überlaufen könnte. So beschloss man, am 19. März 1944 das Land zu besetzen und das zentrale Anliegen der NSDAP zu verwirklichen: die Vernichtung der Juden.

»Die Judenfrage in Ungarn wird im Eiltempo einer Lösung entgegengeführt«, stellte Legationsrat Eberhard von Thadden nach einer Inspektion am 26. Mai 1944 fest. Im Eiltempo wurden alle Etappen durchlaufen, Diskriminierung, Absonderung, Ghettoisierung, Deportation, Vernichtung, mit tatkräftiger Hilfe der ungarischen Regierung. Dazu kamen die erfahrenen Spezialisten für diese Aufgabe, das Sonderkommando Eichmann mit etwa zehn SS-Führern, Höttl, Wisliceny, Brunner, Dannecker, Krumey, Hunsche ... eine Spitzenmannschaft des Schreckens. Adolf Eichmann lebte in der Luxussuite eines feinen Hotels, hatte einen eigenen Chauffeur, es war der Höhepunkt seiner Laufbahn als amtlicher Mörder. Die politische Aufsicht hatte der Reichsstatthalter Dr. Edmund Veesenmayer.

Allerdings waren die Bedingungen anders als 1941 zu Beginn der »Endlösung«. Die Außenwelt wusste Bescheid und mischte sich ein, Schweden, die Schweiz, der Vatikan. Zur Abwehr solcher Interventionen und auch gegenüber den bedrohten 500 000 Juden selbst, musste eine Täuschungskulisse aufgebaut werden, eine Fassade von

Verhandlungen und ein Spiel mit angeblicher oder tatsächlicher Bestechlichkeit, sogar das Gerede von einer Europalösung wie 1942 in der Slowakei, wo Dieter Wisliceny große Summen einstrich, aber die Deportationen nur verzögerte, nicht, wie versprochen, stoppte.

Eichmann forderte am 20. März 1944 jüdische Repräsentanten auf, einen Judenrat zu bilden (Vorsitz Philip von Freudinger). Er wollte bei der angeblichen Umsiedlung in den Osten ein Maß an Mitwirkung vorgaukeln. Am 4. April erging ein Geheimbefehl zur Konzentrierung der ungarischen Juden, als Vorbereitung der Deportationen. Am 7. April wurde das Tragen des Judensterns angeordnet. Da die ungarischen Behörden nicht willig genug kooperierten, verbündete sich Eichmann mit den fanatischen Antisemiten unter ihren Politikern, László Endre und László Baky.

Parallel zum Judenrat handelte das jüdische Rettungskomitee Wa'adat Ezra we-Hazalah (Hilfs- und Rettungskomitee, abgekürzt Waadah), das in Verbindung mit der amerikanischen Hilfsorganisation Joint und also der Schweiz stand. Als sich Kontakte zu Eichmann ergaben, entstand eine Konkurrenz mit dem Judenrat. Wegen der Schweizer Verbindungen schien die autonome jüdische Gruppe der interessantere Partner zu sein. So kamen Verhandlungen zustande, bei denen aber bald einzelne Personen ihre eigenen Interessen verfolgten. Es begann ein Spiel mit echten und scheinbaren Verhandlungen, während von April bis August die Deportationszüge aus Budapest rollten und in Auschwitz die Gaskammern und Krematorien »ihre Kapazität erhöhten«. Die Verhandlungen, Bestechungen und begrenzten Rettungsaktionen waren Nebenprodukte des makabren politischen Spiels, indes die Rote Armee langsam näher rückte.

Am 25. April kam es zu einem Gespräch zwischen Reszö Kasztner vom Waadah und Abgesandten Eichmanns. Zugleich wurden erste Kontakte von Vertretern des Waadah mit verhandlungsbereiten SS-Leuten (Wisliceny und Klausnitzer) aufgenommen, die einzelne Personen oder Familien gegen Geldzahlungen von der Deportation ausnahmen. Am 28. April verließen erste Züge mit Juden Budapest in Richtung Auschwitz.

Ein tollkühner Plan wurde entwickelt, für den sich Eichmann bei Himmler Rückendeckung holte: Gegen die Lieferung von 10 000 Lkws sollten die Juden Ungarns verschont werden. Man schickte Joel Brand, ein Mitglied des Judenrates, nach Istanbul und Syrien, um dort mit den Alliierten zu verhandeln, doch er wurde von den Engländern festgenommen.

Am 20. Juni lernte Kasztner den SS-Mann Kurt Andreas Ernst Becher kennen und fand in ihm einen nützlichen Verhandlungspartner – er war bereit, Juden zu retten, aus welchen Motiven auch immer. Becher war Geschäftsmann, hatte seine kaufmännische Lehre bei dem jüdischen Lebensmittelimporteur Hermann Simonis in Hamburg absolviert. Seit 1932 war er aktiver Reiter, trat 1934 dem SS-Reitersturm in Hamburg bei und war bei Kriegsausbruch Unterscharführer der Reiter-SS. Für seine Kriegseinsätze im Osten erhielt er das Eiserne Kreuz Zweiter und Erster Klasse. Im März 1944 wurde er als Obersturmbannführer, später Standartenführer, nach Budapest versetzt und war in der dortigen SS-Leitung für die Ausrüstung von Wehrmacht und Waffen-SS zuständig.

Bechers erste Tat bestand in der Übernahme der Manfred-Weiss-Werke durch die SS. Die Weiss-Werke, die kriegswichtige Güter (Motoren für Flugzeuge und Motorräder, Lkws, Ersatzteile) produzierten, beschäftigten 30 000 Arbeiter. Die Aktien der jüdischen Besitzer (51 Prozent) waren schon von der ungarischen Regierung konfisziert worden. Über seine Kontaktleute in der Firmenleitung, Dr. Wilhelm Billitz und Dr. Ferenc Choren, handelte Becher die Übernahme der Aktien durch die SS aus; als Gegenleistung durften Angehörige der Weiss-Familie sowie Dr. Choren in die Schweiz ausreisen.

Himmler stimmte dem Arrangement zu und setzte auf Bechers Vorschlag Obersturmbannführer Hans Bobermin als Verwalter der Werke ein. Zu Becher sagte Himmler: »Holen Sie aus diesen Juden so viel wie möglich heraus. Versprechen Sie ihnen, was Sie wollen. Wir werden schon sehen, was wir davon einhalten.«

Im Laufe der Verhandlungen Bechers mit dem Waadah-Komitee entstand der Plan, einen »Musterzug« mit Juden in die Schweiz ausreisen zu lassen. In der Tat verließ am 30. Juni mit Himmlers Erlaubnis ein Zug mit 1800 Personen Ungarn; er gelangte aber nicht in die Schweiz, sondern auf langen Umwegen und auf Veranlassung von Adolf Eichmann am 8. Juli nach Bergen-Belsen. Da Joel Brand nicht von seiner Nahost-Mission zurückkehrte, drohte Eichmann, den Zug nach Auschwitz weiterzuleiten. Kasztner warnte Becher, der sogleich Eichmann befragte. Der schützte technische Gründe vor und sagte, er führe Himmlers Befehle nur aus, wenn Gestapochef Müller sie bestätige.

Becher wollte sich mit Kasztner selbst nach Bergen-Belsen aufmachen, begab sich zuvor jedoch in Eichmanns Hauptquartier nach Berlin. Eichmann bekam einen Wutanfall und drohte, auch »diesen Schurken Kasztner« in ein Lager zu sperren. (Kasztner reiste mit einem Pass ohne J-Stempel.) Dennoch fuhren Becher und Kasztner nach Bergen-Belsen. Becher hatte den Eindruck, dass Eichmann bei der Fortführung der Deportationen eng mit Müller und Kaltenbrunner zusammenarbeitete. Becher ging erneut zu Himmler und insistierte so lange, bis dieser die Ausreise von 313 Personen in die Schweiz durchsetzte, die dort am 21. August 1944 eintrafen. Zugleich stoppte er die Deportationen aus Ungarn.

Am selben Tag fand eine erste Verhandlung im schweizerischen St. Margarethen nahe der österreichischen Grenze statt. Auf deutscher Seite verhandelten: Kurt Becher, Max Grüson, Wilhelm Billitz, Leiter der Manfred-Weiss-Werke, dazu Kasztner als jüdischer Repräsentant, Verhandlungspartner auf Schweizer Seite war der Textilfabrikant Sally Mayer, der im Gemeinderat von Sankt Gallen und in jüdischen Organisationen aktiv war. Zwischen 1936 und 1942 leitete er den Dachverband der jüdischen Organisationen in der Schweiz. Seit 1940 war er zudem ehrenamtlich für den Joint tätig. Sally Mayer holte sich Rückendeckung bei amerikanischen Stellen in Bern. Ihm wurde assistiert von Marcus Wyler, seinem Anwalt, Pierre Bigar, Mitglied des Schweizer Zentralrats, und Roswell McClelland vom amerikanischen War Refugee Board. Am 1. September fand ein zweites, gegen Ende des Monats ein drittes Treffen am selben Ort statt.

Am 5. November 1944 kam es im Hotel Savoy in Zürich zu einer erstaunlichen Begegnung: Der amerikanische Vertreter McClelland, ein hochgebildeter Diplomat, empfing den SS-Mann Becher, der mit Erlaubnis Himmlers kam. Beide waren etwa Mitte 30, beide traten unter falschem Namen auf.

Becher hatte sich auf schwierige Verhandlungen eingestellt und begann in scharfem, hochmütigem Ton, erwähnte die deutschen Opfer der Bombenangriffe. McClelland wehrte ab, das sei nicht das Thema des Gesprächs. Schließlich kam er zur Frage der Freilassung von ungarischen Juden gegen hohe Zahlungen. Er zeigte Becher ein Telegramm des amerikanischen Außenministers Cordell Hull, in dem ein Transfer von fünf Millionen Dollar (das entspricht 21 Millionen Schweizer Franken) genehmigt wurde. Es war reiner Bluff, nie hatten die Amerikaner die Absicht, Menschen freizukaufen. Und Becher ging es offensichtlich nur um solch ein Geschäft. McClelland forderte, dass das Leben von internierten Zivilpersonen geschützt würde.

Kasztner, dessen Angehörige in Budapest festgehalten wurden, begleitete Becher in die Schweiz, versehen mit einem deutschen Fremdenpass, der ihm bei der Rückkehr wieder abgenommen wurde. Zu ihm sagte Becher: Himmler habe in keiner seiner Reden Juden beschimpft. »Man hat den Reichsführer zu verschiedenen Maßnahmen gezwungen, die nicht in seiner Absicht lagen. Er ist im Grunde genommen ein gutherziger Mensch und kein Massenmörder.« Er wolle etwas für die Juden tun, habe es aber schwer mit seinen Gegnern in der Partei.

Am 26. November 1944 kam Becher von einem Vortrag bei Himmler zurück und sagte: »Ich habe gesiegt auf allen Linien.« Himmler habe die sofortige Einstellung der Judenvernichtung befohlen. Die Vergasungen in Auschwitz seien einzustellen, die Gaskammern abzubauen. Jüdisches Leben sei zu respektieren. Die im Reich arbeitenden Juden sollten dieselben Lebensmittelmarken erhalten wie Ostarbeiter, Kranke sollten in Spitäler gebracht werden. Praktische Auswirkungen hatten diese »Befehle« nicht.

Die Verhandlungen Bechers mit Sally Mayer an der Schweizer Grenze gingen weiter, ohne aber ein Ergebnis zu zeitigen, denn Mayer hielt sich an den amerikanischen Auftrag, den Kontakt beizubehalten, aber keine Vereinbarungen zu treffen. Allerdings gelang es Kasztner, Anfang Dezember im Hotel Walhalla in St. Gallen gegen den Willen der Schweizer Behörden ein Gespräch mit den Brüdern Sternbuch vom Schweizer Hilfskomitee HIJEFS zu arrangieren.

Isaac Sternbuch erzählte Kasztner von seiner direkten Verbindung zu Himmler, die über eine »vornehme Schweizer Persönlichkeit« laufe, und wünschte eine Zusammenarbeit mit Sally Mayer (der von diesem Treffen nichts wusste). Kasztner sagte: Warum so viel Energie für irgendeinen Transport? Es sei fraglich, ob man Juden aus »Bevorzugtenlagern« wie Theresienstadt befreien solle, anstatt bestrebt zu sein, jüdisches Leben dort zu erhalten, wo es tagtäglich besonders bedroht war, in den Lagern des Dritten Reiches.

Am 7. Dezember trafen endlich die restlichen 1368 ungarischen Juden aus Bergen-Belsen in der Schweiz ein. Als Gegenleistung durfte das IRK in deutschen Lagern Medikamente und Lebensmittel verteilen. In Budapest gingen allerdings unter Aufsicht von Eichmann die »Aussiedlungen« bis in den Dezember hinein ungebremst weiter, nun aber nicht mehr mit Zügen, sondern in furchtbaren Fußmärschen in Richtung Österreich, unter Bewachung von deutscher SS und ungarischen Pfeilkreuzlern. Tausende kamen dabei durch Strapazen oder Schikanen ums Leben. Am 18. Dezember verließ Eichmann Budapest.

Bechers Verhandlungen in der Schweiz zogen sich in unterschiedlicher Zusammensetzung bis Februar 1945 hin, mit wechselnden Versprechungen; die Deutschen wollten Lastwagen, die andere Seite versprach Geld, über das sie gar nicht verfügte.

Nach dem Krieg wurde Becher nicht behelligt; er wurde 1961 in seiner Heimatstadt Bremen als Zeuge im Eichmann-Prozess vernommen. Dort wie schon in einigen Vernehmungen nach 1945 konnte er sich nur an seine Pferdebeschaffungen für die Waffen-SS und an Rettungsaktionen erinnern, weniger an seine früheren Einsätze an der

Ostfront. Auch von der Judenvernichtung will er vor seinen Gesprächen mit jüdischen Vertretern in Budapest nichts Genaues gewusst haben. Von Eichmann habe er nur zu hören bekommen, das sei alles Gräuelpropaganda, alle Juden würden zur Arbeit eingesetzt. Erst aus der Formulierung eines Abkommens mit Himmler im November 1944 habe er erschlossen, was geschehen war: »Mit sofortiger Wirkung untersage ich jede Vernichtung von Juden. Schwache und kranke Personen sollen pfleglich behandelt werden.«

Becher setzte sich für ein Ende der Todesmärsche und die friedliche Übergabe der Lager an die Alliierten ein. Bei der Rückkehr von dem Treffen mit McClelland und Sally Mayer in der Schweiz Anfang November hatte er sie mit eigenen Augen gesehen (Kinder und Alte beiderlei Geschlechts, bei furchtbarem Wetter). Er informierte General Winkelmann, der sich gleich an Himmler wandte. Die Märsche gingen aber weiter. Becher wurde selbst bei Himmler vorstellig und bewirkte dessen Befehl zu ihrer Einstellung. Im Dezember 1944 gab es ein Gespräch zwischen Eichmann und Himmler in Triberg im Schwarzwald, wo Himmlers Sonderzug stand. Becher war dabei und beschwerte sich, im Einklang mit Müller und Kaltenbrunner umginge Eichmann Himmlers Befehle zum Stopp der Endlösung. Von Himmler überlieferte Becher folgende Äußerung: »Wenn Sie bisher ein Vernichter der Juden waren, so müssen Sie nun ein Pflegevater der Juden sein.« Dachte Himmler noch daran, dass er 1936 erklärt hatte, im »Kampf gegen die Juden« gebe es keine »unangemessene Barmherzigkeit« und keinerlei »Friedensschlüsse«?

Am 11. Januar 1945 war Becher wieder bei Himmler. Er wurde zum Standartenführer der Waffen-SS befördert, worauf er sehr stolz war. Er bemühte sich weiter um Rettungs- oder Tauschaktionen, hatte aber einen lästigen Widersacher in Person von Walter Schellenberg bekommen. Denn der hat sich die Idee vom Musterzug zu Eigen gemacht, als ihn der Schweizer Politiker Jean-Marie Musy aufsuchte (dessen ersten Brief im Sommer 1944 er nicht beachtet hatte).

Am 29. Januar 1945 hatte Kasztner eine Besprechung mit Becher in Budapest. Becher erzählte nervös, seine Gegenspieler im Reichssicherheitshauptamt hätten durch Spione in der Schweiz und durch die Gestapo Himmler melden lassen, dass die Agency-Joint-Linie eine falsche Fährte sei und McClelland ausschließlich eine Hinhaltetaktik anwende. Am 5. Februar rief Becher aus Himmlers Hauptquartier an und sagte zu Kasztner: »1000 Juden sollen als Zeichen guten Willens aus Theresienstadt in die Schweiz gebracht werden, sie sind schon unterwegs.«

Als Sally Mayer davon erfuhr, sagte er nur: »Konkurrenz macht munter!«

29

Himmler betrieb sein eigenes Spiel in Richtung Schweiz. Im August 1944 versuchte er, dort eine wertvolle Sammlung sowjetischer Briefmarken zu verkaufen; man riet ihm aber, mit der Aktion bis »nach dem Krieg« zu warten, denn es gebe keinen Schwarzmarkt für einen unbemerkten Verkauf.

Seinen »Benjamin« Schellenberg hatte Himmler nicht über die Aktionen in Ungarn und Bechers Verhandlungen informiert. Die einzelnen Abteilungen und Dienste waren gegeneinander isoliert, rivalisierten miteinander, überwachten einander – so konnten sich viele später ein leichtes Alibi verschaffen: Man habe nichts gewusst von dem, was andere Dienste taten. Selbst dem Geheimdienstchef blieb manches verborgen. Als Schellenberg von der Zugaktion in Ungarn erfuhr, spürte er, dass hier eine Chance lag; er musste sich diese Idee zu Eigen machen, so konnte er seine politischen Ziele verfolgen. Aber dazu war es nötig, die Verhandlungen, die über Budapest liefen, auszubremsen, Becher im Zaum zu halten und seinen Vorrang geltend zu machen.

Im Sommer 1944 war eine erste »Fühlungnahme seitens Dr. Musy, humanitäre Fragen betreffend« in Berlin bei Schellenberg eingegangen, aber er hatte nicht reagiert. Später nannte Schellenberg es »Verschiebung aus technischen Gründen«.

Auf einen erneuten Kontaktversuch von Jean-Marie Musy Mitte

Oktober 1944 reagierte Schellenberg sofort. Der Schweizer Politiker wurde mit Billigung des Reichsführers SS nach Berlin eingeladen. Als Himmler diesen Vorstoß Becher gegenüber erwähnte, lachte er dabei und sagte: »Was soll ich mit dem alten Deppen machen? Ich kann ihn ja mal kommen lassen.«

Eine Woche nach der zustimmenden Antwort aus Berlin ließ sich Jean-Marie Musy von seinem Sohn Benoît im Auto nach Deutschland fahren. An der Grenze bei Konstanz wurden sie von Schellenbergs Leuten erwartet und von da ab nach Berlin eskortiert, wo sie am 1. November eintrafen.

In Berlin hatte Musy im Haus des Internationalen Roten Kreuzes am Wannsee eine erste Unterredung mit Walter Schellenberg. Himmler war in seinem Sonderzug unterwegs. Schellenberg erläuterte seinen Standpunkt und bekannte seine Ahnungslosigkeit über die Vernichtungspolitik, vermittelte Musy den Eindruck, dieser wisse mehr darüber als er. Schellenberg sagte auch, dass jede Unvorsichtigkeit seinerseits ihn und seine Familie gefährden könne. Zwei Tage später fuhr er in seinem Dienstwagen mit Musy nach Breslau, wo Himmlers Sonderzug Station machte.

Auf der Fahrt in Schellenbergs Dienstwagen kamen sich der junge SS-Mann und der Schweizer Politiker menschlich näher. Sie erörterten die Linie der Verhandlungen mit Himmler. Schellenberg versprach, ihn zu veranlassen, von materiellen Gegenleistungen abzusehen, auf die Himmler durch die Verhandlungen in Ungarn fixiert war, und ihn auf die politische Schiene zu bringen. Denn nur so konnte er seine eigene Politik der Kontaktsuche zu den Westmächten weiterverfolgen. Es war keine Rettungsaktion um der Rettung willen, sondern ein Mittel zum politischen Zweck, ein politischer Winkelzug.

Die Schweiz sollte Transitland für die eventuell ausreisenden Juden auf dem Weg in die USA werden, und Musy sollte dies bei der Schweizer Regierung durchsetzen. Dabei übersah Schellenberg allerdings, dass man in Bern nichts von Musys Bemühung wusste, und Musy hütete sich, das zu erwähnen. Jeder musste eben seine Bedeutung und seinen Einfluss möglichst groß erscheinen lassen.

Die erste Verhandlung zwischen Musy und Himmler erfolgte auf der schnellen Fahrt des »Sonderzugs Heinrich« von Breslau nach Österreich und wurde in Wien fortgesetzt, wo der Zug ein paar Tage Station machte. Die Besprechungen fanden meist unter vier Augen statt, nur selten wurde Schellenberg hinzugezogen. Zweimal gab es ein Vieraugengespräch zwischen Schellenberg und Himmler. Himmler hatte Fragen zu Musys Persönlichkeit, seiner Rolle in der Schweiz, der Seriosität seiner Vorschläge. Schellenberg konnte die Vorschläge Musys unterstützen und Himmlers Misstrauen dämpfen.

Musy übergab Himmler eine Liste mit einzelnen Personen, um deren Freilassung er bat, und sagte dann: Die Deutschen sollten alle Juden freilassen, die man »aus religiösen Gründen« interniert hätte. Deutschland könne den Krieg nicht mehr gewinnen.

Himmler: »Das ist nicht leicht. Die Elimination der Juden gehört zu den Grundlagen des Nationalsozialismus.«

Musy: »Aber ihr habt doch nicht geschworen, sie alle zu töten. Ihr müßt euch damit begnügen, sie loszuwerden.«

Himmler brachte allerlei Einwände vor, auch praktischer Art, aber Musy versprach, eine amerikanische Organisation würde sich um alle Transportprobleme kümmern. Schließlich war Himmler im Prinzip bereit, alle Juden freizugeben. Bis zur Schweizer Grenze würden seine Leute die Fahrt beaufsichtigen. Er verlange aber materielle Kompensationen, vor allem Lkws und Traktoren.

Musy antwortete: »Das dürfte politisch schwierig durchzusetzen sein, es würde auch Monate dauern. Devisenzahlungen oder Lieferungen von Medikamenten sind leichter zu bewirken. Ich glaube, Sternbuchs Komitee kann über hohe Geldsummen verfügen.«

Es kam zu einer formlosen Vereinbarung. Himmler erklärte sich bereit, alle Juden freizugeben, die sich in jenen Lagern befanden, über die er Befehlsgewalt hatte, was etwa 600 000 Menschen betraf. Dies könne ohne Hitlers Zustimmung geschehen. Außerdem wolle er anordnen, dass keine Juden mehr aus den Lagern nach Osten verlegt werden. Aber das war angesichts der vorrückenden Roten Armee ohnehin kaum noch möglich. (Ende Oktober befahl Himmler die Zerstörung der Gaskammern in Auschwitz. Den Anstoß zu diesem »stillen Befehl« haben sich manche in Budapest tätigen Leute zugemessen, vor allem Becher und seine Helfer.)

Himmler diktierte in Gegenwart Schellenbergs einen Befehl an Kaltenbrunner: »Ich verbiete mit sofortiger Wirkung jegliche Vernichtung von Juden und befehle im Gegenteil die Pflege von schwachen und kranken Personen.« Niemandem dürfe mehr etwas geschehen. Dieser Befehl ging wohl auch an den Generalinspekteur der Konzentrationslager, Richard Glücks. War das noch der Zynismus der SS? Oder ein Eingeständnis, dass es eine planmäßige Vernichtung gab? Und warum einen schriftlichen Gegenbefehl, wo alle anderen Befehle bisher nur mündlich gegeben worden waren?

Schellenberg erhielt die Vollmacht, die Freilassung der von Musy genannten Personen zu erwirken: Alain Thorel, Helene Stein, die Brüder Rottenberg, die Familien Donnebaum, Rosenberg, Cilzer und Dr. Stiassn. Auch die Freilassung von polnischen und französischen Jüdinnen aus Ravensbrück sollte er veranlassen. Mit diesem Auftrag ging Schellenberg zu Gestapo-Chef Müller, der dies aber ablehnte, weil Schellenberg nicht Mitglied der Gestapo sei und keinen Einblick in deren Angelegenheiten erhalten solle. Schellenberg konnte aber durch eigene Kontakte über leitende Gestapobeamte herausfinden, wo sich die Genannten befanden, und deren Haftbedingungen verbessern.

Schellenberg brachte Musy wieder nach Berlin, von dort fuhren Musy Vater und Sohn zurück in die Schweiz. Dort sprach Musy mit den Sternbuchs und anderen Mitgliedern ihres Hilfskomitees, er suchte auch die Leitung der Pharmazie-Firma Ciba in Basel auf, um sich einen Vorrat des Wundheilmittels Cibazol zu sichern, das als Gegenleistung an die Deutschen geliefert werden konnte.

Musys Reisen nach Deutschland waren in der Schweiz nicht unbemerkt geblieben. In der ›Thurgauer Volkszeitung‹ vom 13. November 1944 konnte man lesen: »Es wäre doch interessant zu wissen, was dieser Ex-Bundesrat, der immer noch mit dem Diplomatenpass in der Welt herumreist, in Deutschland zu suchen hat.«

Musy hütete sich, etwas über seine Absichten verlauten zu lassen, auch als er öffentlich angegriffen wurde. Bei einem Bankett in Fribourg war es schon am 16. Oktober 1944 zu einem Zwischenfall gekommen, als Stadtpräsident Larson in einer Rede mit Blick auf Musy sagte: »Wir wollen keine neue Schweiz, auch keine Jeune Suisse« – eine Anspielung auf Musys profaschistische Zeitschrift.

Am 7. Januar schrieb die ›Thurgauer Volkszeitung‹ über seine Reisen: »Schließlich ist es bei der politischen Vergangenheit von Herrn Musy auch nicht weiter verwunderlich, wenn die von ihm betriebene Ausnützung eines Vorrechts immer wieder Anlass zu recht massiven Verdächtigungen gibt.«

Die Zweifel sollten auch die Zugaktion überdauern, die aber jetzt erst fest vereinbart wurde.

Im Januar 1945 kam es zu einer weiteren Verhandlung zwischen Musy und Himmler. Wieder fuhren die beiden Musys im Auto nach Berlin. Himmlers Sonderzug war nun im Schwarzwald stationiert, nahe dem Kurort Wildbad. Also fuhr man wieder 900 Kilometer in Gegenrichtung, diesmal im Auto der Musys, und nahm Schellenberg mit. Vor angreifenden alliierten Flugzeugen musste im Wald Schutz gesucht werden. Während der ungediente Himmler sein Debüt als Feldherr gab und als »Oberbefehlshaber Rhein« den Vorstoß der Westmächte stoppen sollte, verhandelte er mit Musy über eine Goodwill-Aktion in eben diese Richtung. War das der Gipfel der Schizophrenie oder glaubte er, als Feldherr leichteres Doppelspiel zu haben?

Die Verhandlungen fanden in einem Hotel statt. Himmler begann sehr ablehnend. Er habe sich informiert, die Orthodoxe Rabbinerunion der Sternbuchs sei keine sehr einflussreiche Organisation. Sally Mayer und der Joint seien mächtiger. Das müsse geklärt werden. (Dahinter stand Becher, der Himmler entsprechend instruiert hatte.)

Musy antworte: »Ich bin gern bereit, hinter Herrn Mayer zurückzutreten.«

Himmler: »Nein, da ich Sie schon einmal dahabe, können wir es auch machen.«

Bei diesem Treffen übergab Musy eine erweiterte Liste von Personen, deren Befreiung in der Schweiz gewünscht wurde, Juden und Nichtjuden. Himmler beauftragte Schellenberg, sich um diese Aktionen zu kümmern, und diesmal gelang es, alle Genannten freizubekommen. Musy machte Himmler klar, dass es keine Lieferungen von Lastwagen oder Traktoren für Ausreisen geben würde, eher schon Geld oder Medikamente, und er riet ihm, vor allem den politischen Aspekt der Sache auszunutzen, was ganz auf Schellenbergs Linie lag. Nach langen Verhandlungen war Himmler bereit, sich auf eine rein finanzielle Lösung einzulassen.

Musy sagte, Deutschland müsse schnell handeln und alle Juden freilassen. Er verwies erneut auf (angebliche) amerikanische Zusagen, alle Ausreisenden aufzunehmen, die kein Asyl in Europa fänden, und auch für die Kosten des Transports aus Deutschland aufzukommen. Himmler war bereit, alle zwei Wochen einen Zug aus deutschen Lagern in die Schweiz fahren zu lassen, jeweils 1200 bis 1800 Personen. Musy sollte dies mit der Schweizer Regierung besprechen.

Himmler machte sich für seine Akten folgende Notiz: »Ich hatte am Montag, den 15. 1. 1945, mit dem Präsidenten [sic!] Dr. Jean-Marie Musy in Wildbad eine Zusammenkunft. Er sprach mich offenkundig im Auftrag der Amerikaner darauf an, ob man nicht in der Judenfrage eine großzügige Lösung finden könne. Er selbst bot sich dafür an. [...] Ich habe ihm erneut meinen Standpunkt präzisiert. Die Juden sind bei uns in Arbeit eingesetzt, selbstverständlich auch in schweren Arbeiten wie Straßenbau, Kanalbau, Bergwerksbetrieben, und haben daher eine hohe Sterblichkeit. Seitdem die Besprechungen über eine Verbesserung des Loses der Juden laufen, sind sie in normalen Arbeiten eingesetzt, müssen jedoch selbstverständlich wie jeder Deutsche in der Rüstung arbeiten. Unser Standpunkt in der Judenfrage ist: Es interessiert uns in keiner Weise, was Amerika und England für eine Stellung zu den Juden einnehmen. Klar ist lediglich, dass wir sie in Deutschland und im deutschen Lebensbereich aus den jahrzehntelangen Erfahrungen im Weltkrieg nicht haben wollen und uns hier auf keinerlei Diskussionen einlassen. Wenn Amerika sie nehmen will, begrüßen wir das. Ausgeschlossen muss sein, und dafür muss Garantie gegeben werden, dass Juden, die wir über die Schweiz herauslassen, niemals nach Palästina abgeschoben werden.«

Letzteres mit Rücksicht auf die arabischen Freunde der Nationalsozialisten. Und wie er sich im letzten Satz in der doppelten Verneinung verstrickt, so ist der ganze Text ein hilfloses Gespinst, eine Vorbereitung der Nachkriegslügen, mit abgestuften Andeutungen der grausamen Wahrheit, Anklängen an die Tarnsprache aus dem Protokoll der Wannseekonferenz vom Januar 1942. Man ahnt, mit wie vielen Unwahrheiten die »Himmler-Lösung« verbunden gewesen wäre, auch wenn manches hier zur Absicherung gegen die eigenen Kameraden geschrieben wurde, so wie er nach der Unterredung mit Popitz sich eine Version zurechtlegte, die mit der Parteilinie zu vereinbaren war (er habe ihn nur aushorchen wollen).

Ein paar Tage später ließ Himmler Musy wissen, dass er mit einer Summe von fünf Millionen Schweizer Franken einverstanden sei und auf keinerlei materiellen Kompensationen mehr bestünde. Musy sagte, die Summe solle auf einem Schweizer Bankkonto auf den Namen von Rabbi Sternbuch deponiert werden, wobei festgelegt wurde, dass allein er, Musy, über das Geld verfügen dürfe, solange Verhandlungen mit der deutschen Seite nicht abgeschlossen seien. Am 22. Januar 1945 wies Schellenberg seinen Mitarbeiter Obersturmführer Franz Göring an, die von Musy einzeln genannten Juden freizulassen, darunter zwei Brüder von Recha Sternbuch, was endlich auch gelang. Außerdem schickte er Göring nach Theresienstadt, um die Ausreise eines ersten Zuges vorzubereiten.

Sternbuch berichtete seiner Organisation am 17. Januar, dass er 30 000 Juden freibekäme (das wäre ganz Theresienstadt), wenn ihm fünf Millionen Dollar überwiesen würden. Musy habe erreicht, dass jeden Monat 1400 Juden gegen eine Überweisung von je 25 000 Dollar pro Transport über Konstanz ausreisen dürften. Diese Angaben waren etwas ungenau, und es war auch unklar, ob sich Sternbuch auf die Vereinbarung zwischen Musy und Himmler bezog oder auf eine zusätzliche Vereinbarung zwischen ihm und Musy; immerhin sagte Sternbuch auch: Musy persönlich habe 11 000 Dollar erhalten, dazu 2000 Dollar von einer Privatperson.

Roswell McClelland vom War Refugee Board wurde in die »Musy-Aktion« nicht einbezogen, denn er misstraute Musy und glaubte, jener wolle sich daran bereichern. Für Musy wurde vor seiner nicht ungefährlichen Reise eine Lebensversicherung von 60 000 Schweizer Franken abgeschlossen. Von einzelnen Personen erhielt er bis zu 10 000 Franken für seine Interventionen. Welche Gelder wirklich gezahlt wurden und welche nur angeboten wurden, wird sich wohl nie mehr aufklären lassen.

Gerade am 6. Februar 1945, als der Zug schon unterwegs war, gab McClelland seine Zustimmung zum Transfer der fünf Millionen Dollar, die Himmler verlangte. Nachträglich sagte McClelland die Finanzierung des Aufenthalts und Weitertransports der 1200 Geretteten aus Theresienstadt zu.

Im Hintergrund agierte Sam Edison Woods (1892–1953), Handelsattaché am amerikanischen Konsulat in Zürich, der zugleich dem OSS von Dulles unterstand; er hatte Isaac Sternbuch 1943 mit Reuben Hecht zusammengebracht, der für den zionistischen Geheimdienst Irgun in der Schweiz arbeitete. Vermutlich hat Woods dafür gesorgt, dass McClelland die Musy-Aktion nicht behinderte.

Nach den Vereinbarungen von Wildbad kam es zu einer Kontroverse zwischen Schellenberg und Becher. Schellenberg sagte: »Aus der Sache haben sich für mich Perspektiven ergeben, die mich veranlassen, mich einzuschalten. Das ist eine seriöse Sache. Sie werden sehen, dass die Zeitungen in den nächsten vierzehn Tagen davon voll sein werden. Das geht Ihrer Sache voraus. Es handelt sich um eine ganz entscheidende Aktion.«

Becher protestierte bei Himmler und teilte ihm mit, dass der Joint keinen Sinn darin sehe, wenn Musy eingeschaltet werde. Himmler erwiderte: »Machen Sie Ihre Sache allein, und Schellenberg soll seine Sache auch allein machen.«

Himmler entschied nicht, er ließ es laufen, so wie man zwei Hunde auf eine Beute ansetzt und zusieht, welcher sie apportiert; so funktionierte das NS-System. Man balgte sich um Fetzen der Macht.

30

»Deutscher und Jude zu sein – das stand in den Sternen.«

»Sie meinen in meinem gelben Stern?«

»Nach dem Krieg will ich gern über Ihren Witz lachen.«

Die Zimmergenossen von Max Bamberger überboten sich mal wieder in bissigen Kommentaren. Das war das tägliche Brot ihrer Konversation, aber ihre Witze waren so trocken und dürr geworden wie das Brot in Theresienstadt.

Max, dem man eine Nummer jenseits der 170 000 gegeben hatte, hatte gerade eine Nierenkolik überstanden. Er litt unter schrecklichem Durst, zugleich schien seine Haut zu brennen, als würde sich dort ein leichtes Steppenfeuer ausbreiten. Wenn er Schlaf fand, träumte er von Wasserfällen, die aber nicht bedrohlich wirkten, sondern wie eine verlockende Erfrischung. In jedem Traum wurden sie gewaltiger, wuchsen zu sprudelnden Fontänen heran, die beim Erwachen wieder dem Brand auf der Haut wichen. So lernte er warten. An Gesprächen beteiligte er sich nie.

»Wie geht's?«, versuchte es ein Zimmergenosse mit starkem rheinischem Akzent.

Max antwortete nicht.

»Gefährliche Frage, wie?«

»Man soll jedenfalls niemals sagen, dass es nicht noch schlechter werden kann«, mischte sich jemand ein.

»Solange man noch was sagen kann, ist ja gut«, kam es von anderer Seite.

»Ich beobachte Sie schon länger«, versuchte es der Gesprächige wieder. »Sie sind hier gefangen, aber irgendwie geht es Sie nichts an. Sie nehmen es nicht persönlich.«

Max blieb auf seiner Matratze sitzen und ließ die Zimmergespräche über sich ergehen.

»Was wollen die eigentlich beweisen mit all dem? Sie sagen: Heil Hitler, aber niemand heilt sie selbst.«

»Den Hitler habe ich zuerst als Schießbudenfigur gesehen.«

»Aber geschossen wird jetzt auf uns.«

»Wenn die Menschen einmal verrückt werden, gibt es keine Grenzen mehr.«

»Und wenn der Ewige sich das alles ausgedacht hat?«

»Wer?«

Man wusste nicht, ob man lachen sollte. Max lächelte nur schwach.

Am Samstag gegen Mitternacht kam der Mann mit dem rheinischen Akzent in den Raum und berichtete, dass es eine Möglichkeit gebe, in die Schweiz zu gelangen. Es bestehe kein Zwang, jeder könne sagen, ob er mitreisen wolle. Man müsse sich aber sofort in der Magdeburger Kaserne melden.

Die anderen hatten empört bis ungläubig reagiert. »Wer weiß, wo sie uns hinbringen wollen.«

»Es war keine Rede von Arbeitseinsatz auf der Alm.«

»Ich kann auch keine Kühe melken.«

Max ließ sie reden, geriet aber in erstaunliche Aktivität. Er stand trotz seiner Schwächung auf und ging, wie von etwas Unsichtbarem angezogen, die 20 Minuten durch die Dunkelheit. Tatsächlich drängten sich noch Hunderte Menschen am Treffpunkt. Er wartete geduldig ab, bis er an der Reihe war, gab seine Personalien an und erklärte seine Bereitschaft, mitzufahren.

Am nächsten Morgen fand er sich wieder in der Magdeburger Kaserne ein. Jeder, der sich gemeldet hatte, bekam eine Nummer zugeteilt, dann hieß es, sich zur Kommandantur zu begeben, wo die endgültige Liste erstellt wurde.

»Haben Sie Angehörige hier verloren?«, wurde Max gefragt. Er schüttelte nur den Kopf.

»Haben Sie studiert?«

»Gedient?«, fragte Max zurück.

»Haben Sie studiert?«, wiederholte der uniformierte Frager.

»Nein«, antwortete Max wahrheitsgemäß.

»Ihr Glück.«

Und Max bekam eine Reisenummer.

Alle Kandidaten mussten sich dann in der Hamburger Kaserne einfinden, wo die Nacht zu verbringen war. Es war so voll, dass viele nur Stehplätze fanden. Die meisten hatten großes Handgepäck dabei und so viele Kleidungsstücke angezogen, wie übereinander passten. Aber viele Mäntel und Decken wurden von den Aufsehern konfisziert.

»Wir sollen die Gräuelpropaganda widerlegen«, sagte der gesprächige Zimmerkamerad von Max, der auch unter den Ausgesuchten war. »Immer müssen wir Juden etwas beweisen oder uns beweisen oder die anderen beweisen etwas mit uns.«

»Und das 3000 Jahre nach Moses«, flüsterte Max.

»Meine Güte, der Mensch kann ja reden«, entfuhr es dem Rheinländer in echtem Erstaunen.

31

Menschenleben zu retten ist nach jüdischer Lehre kein Verstoß gegen die Sabbat-Regeln. Am Samstag, dem 3. Februar 1945, verkündete das Sekretariat des Judenrats in Theresienstadt, dass ein Zug das Lager verlassen und in die Schweiz fahren würde. Es würde von der Lagerleitung eine Auswahl getroffen unter Personen, die schon vor dem 28. Oktober 1944 in Theresienstadt waren und aus Böhmen-Mähren, dem Reich oder Holland stammten. Interessenten, auf die diese Kriterien zutrafen, sollten sich melden und zur Überprüfung ihrer Eignung ihre Personaldokumente vorlegen.

Am Samstagabend fanden sich 3100 Kandidaten ein. Nach heftigen Diskussionen verzichteten 1200 freiwillig, die meisten trauten dem Plan ohnehin nicht, zu viele waren schon aus Theresienstadt ins ewige Schweigen gereist. Auch Leo Baeck hatte man die Mitfahrt angeboten, er aber wollte bei den Internierten ausharren. Am nächsten Tag präsentierten sich die restlichen Kandidaten, es waren noch zu viele. Die SS-Leute Karl Rahm und Hans Günther trafen die abschließende Auswahl. Es wurde niemand genommen, der für das Lagerleben nützlich war, also kamen nur die »Überflüssigen« in Frage, die eigentlich für die Deportationen Vorgesehenen. In Theresienstadt war das Leben schon lange ein Phantomleben, jenseits von Theresienstadt war es nur noch ein Gerücht.

Die Erwählten der Arche durften nur Handgepäck und einen Koffer pro Person mitnehmen, weder Rucksäcke noch Bettrollen. Sie mussten sich am Sonntag, dem 4. Februar, an der Sammelstelle in der Kaserne C III einfinden, im Lagerjargon »die Schleuse« genannt. Dort mussten sie die letzte Nacht in Theresienstadt verbringen.

Bei der Abfahrt des Zuges am Montag, dem 5. Februar, um 16 Uhr, waren der Judenälteste Benjamin Murmelstein wie auch die jüdische Lagerpolizei anwesend. Jeder Passagier erhielt eine Karte mit einer Nummer zwischen 1 und 1200. Mit ungläubigem Staunen registrierten die Reisenden die eleganten Pullmanwagen, es war ein wirklicher Reisezug. Beim Verteilen wie beim Einsteigen wurde auf Familienzusammenhänge keine Rücksicht genommen. Die 17 Waggons wurden gegeneinander abgeschlossen.

Die Reisenden erhielten Brot, Kekse, Kuchen, Marmelade und Vitamintabletten. Die Tabletten sollten erst jenseits der Schweizer Grenze genommen werden, damit man in der Schweiz sähe, es herrsche kein Vitaminmangel in den Konzentrationslagern. Dieser Befehl weckte Misstrauen bei manchen, woraus diese Tabletten wohl wirklich bestünden. Und sie mussten eine Ansprache des Kommandanten Rahm erdulden: »Dort, wo ihr hinfahrt, wird es euch gut gehen. Ihr dürft aber nie vergessen, dass es euch auch hier gut gegangen ist.«

Hätte bloß noch gefehlt, dass sie anderwärts Theresienstadt empfehlen sollten.

Vom Hauptbahnhof führte eine drei Kilometer lange Strecke bis ins Lager, ein Umstand, der für die Aufseher der SS sehr praktisch war. »Der Schienenstrang ist jüdische Arbeit«, erklärte der Kommandant einer Delegation aus der Schweiz. Auf diesem Weg ging es nun hinaus ins Ungewisse. Der von Schellenberg am 22. Januar 1945 mit der Überwachung der Aktion beauftragte Franz Göring begleitete den Transport bis zur Schweizer Grenze.

Der Zug fuhr einen Abend und eine Nacht und einen Tag. Immer wieder hielt er für Stunden an. Draußen sahen die Reisenden Felder und Wiesen. Die Natur war unverändert, das kam ihnen unglaublich vor. Man kam an Eger vorbei und später an Nürnberg. Aber wo war Nürnberg? Die Häuser waren zu Steinhaufen zerlegt, man sah kaum Menschen, die Stadt war wie ausgelöscht.

32

Am Abend hielt der Zug an. War man schon an der Grenze? SS-Leute gingen durch die Abteile und befahlen, die Judensterne von den Kleidern zu trennen. Die Frauen sollten die Lippen rot anmalen, die Männer sollten sich rasieren und Schlipse anlegen. Wen wollte man nun täuschen? Die Menschen im Zug beruhigten sich, wie sie konnten.

»Jetzt fehlt nur noch Champagner!«

»Seien Sie doch still. Hier ist niemand zum Lachen.«

»Es lacht ja niemand.«

»Das nennt man trockenen Humor.«

»Trocken wie unser Brot.«

»Immerhin ein ganzer Laib, wann habe ich das zum letzten Mal gesehen!«

»In Theresienstadt hätte ich mir dafür zwei Wolldecken besorgen können.«

»Vielleicht auch Champagner?«

»Ach, hören Sie doch auf mit Ihren Scherzen.«

»Die Scherze treibt man mit uns. Monatelang malträtiert man uns in dieser falschen Stadt, dann lässt man uns in einen Zug steigen und fährt uns Gott weiß wohin. Man teilt ganze Brote aus, und dann sollen wir uns noch schön machen. Jetzt fehlt bloß noch, dass sie uns zwingen, Champagner zu trinken.«

»Immerhin durften wir die gelben Lappen abnehmen.«

»Vielleicht sollen wir in einem Film mitspielen, den sie sich ausgedacht haben.«

»So sieht es aus.«

»Aber wir sehen nicht danach aus.«

»Noch nicht. Warten Sie nur auf den Champagner. Der wirkt.«

»Was haben Sie nur mit Ihrem Champagner?«

»Der Zug steht jetzt seit Stunden. Da drüben ist bestimmt schon Schweizer Gebiet. Man sieht Licht in den Fenstern. Keine Verdunkelung.«

»Ob man im richtigen Zug sitzt, erfährt man erst bei der Ankunft.«

»Eben.«

»Es geht etwas vor, das nicht normal ist, falls dieses Wort noch einen Sinn hat.«

»Glauben Sie wirklich, dass die Nazis freiwillig tausend Juden ausreisen lassen?«

»Ich glaube nicht, dass sie mit Juden handeln können. Was sind wir schon noch wert?«

»Nun hören Sie aber auf.«

»Wenn wir so mächtig wären, wie die Nazis immer behaupten, säßen wir nicht in diesem Zug.«

»Ich möchte wissen, was dahinter steckt. Oder wer.«

»Ein Versuch. Man hat immer nur mit uns gespielt. Wir waren nur Figuren im Spiel von unsichtbaren Mächten. Und nun kommt der Höhepunkt, unser Ende. Dafür sollen wir gut aussehen.«

»Nur an den Kostümen haben sie noch etwas gespart.«

»Ich bewundere wirklich, dass Sie Ihren Humor behalten haben.«

»Den Humor haben die anderen, wenn auch einen ziemlich makabren.«

»Dieser Zug ist so langsam wie zur Zeit der Erfindung der Eisenbahn.«

»Seien Sie still. Dies ist eine Vorzugsbehandlung.«
»Daran glaube ich erst, wenn es Champagner gibt.«
»Hartnäckige Vision bei Ihnen, wie?«
»Vorzug? Sie meinen wohl, wir sind Himmlers Musterknaben.«
»Ausgerechnet Himmler, dieser Satan . . .«
»Sagen Sie das nicht, das würde ja heißen, dass er einmal ein Engel gewesen ist.«
»Ach Sie . . . ich kenne mich im Himmel nicht so aus.«
»Kommt noch.«
»Hauptsache, wir sitzen dann nicht wieder im selben Abteil.«
»Wenn Ihnen unsere Gesellschaft missfällt, steigen Sie doch aus.«
»Liebend gerne. Aber man hat ja abgeschlossen.«
»Damit keiner das Ende verpasst.«

Der Zug blieb stehen, niemand durfte aussteigen. Die Nacht musste im Zug verbracht werden, da die Schweizer Behörden von dessen Ankunft überrascht waren und noch entscheiden mussten, ob man ihn ins Land lassen sollte.

33

Erst am nächsten Morgen rollte der Zug auf Schweizer Gebiet. Die deutschen Bewacher waren schnell verschwunden. In Kreuzlingen warteten Repräsentanten der örtlichen jüdischen Gemeinde, aber auch Herman Landau von Sternbuchs Hilfskomitee aus Montreux war zugegen. »Mit uns begrüßt Sie die ganze Schweizer Judenschaft«, sagte ein Gemeindevertreter. »Jahrelang haben wir ohnmächtig zusehen müssen, was man Ihnen angetan hat. Wir wissen, wie viel Leid Sie erdulden mussten, nur weil Sie Juden waren, während wir in Ruhe unserer täglichen Arbeit nachgehen konnten. Jetzt sind Sie aber auf dem Weg der Freiheit, Sie sind wieder zu Menschen unter Menschen geworden.« Auf die Begrüßungsreden folgten Warnungen: Für alle seien die Sicherheitsbestimmungen und Kontrollen der Schweiz in

Kriegszeiten gültig. (Solange wir nicht wieder in Musterlager kommen, dachte mancher.)

In St. Gallen konnten endlich alle aussteigen. Bevölkerung und Rotes Kreuz kümmerten sich um die Ernährung und die Gesundheit der »Flüchtlinge«, wie sie in den Schweizer Zeitungen genannt wurden, obwohl es der Form nach eher eine Abschiebung war. Man spendete Obst, Schokolade, Briefmarken und Trost.

Die Befreiten kamen zunächst in Quarantäne in einem Militärlager bei St. Gallen, Ärzte untersuchten sie, einige Unterernährte kamen in Spitäler. Bald brachte man sie in eine Fabrikhalle bei Zürich (Adliswil) und in leer stehende Hotels bei Montreux (Les Avants). Endlich konnten sie Briefe und Karten verschicken, aber man überwachte sie und schränkte ihren Brief- und Telefonverkehr ein. Die überrumpelten Schweizer Behörden mussten erst einen Plan fassen, hofften, dass alle bald weiterreisen würden. Nur 34 wollten über Triest nach Palästina auswandern.

In der Schweiz wurde eine Liste der Ankommenden erstellt. Aus dem Reich stammten 664 Personen, aus Holland 433, aus Böhmen 103; es waren 451 Männer, 749 Frauen, davon 81 Kinder (unter 15 Jahren). Über 65 Jahre alt waren 581, also fast die Hälfte. In der Altersstufe von 45 bis 65 Jahren waren 270 Personen. Die Geretteten waren also überwiegend älter und weiblichen Geschlechts, die meisten als »berufslos« eingestuft. Ohne Beruf und im Sinne der Lagerverwaltung zu nichts nütze zu sein – hier rettete es das Leben.

In Theresienstadt erfuhr man einige Wochen später durch Postkarten, dass der Transport tatsächlich in der Schweiz angekommen war. Für die Zurückgebliebenen begannen gefährliche Zeiten. Am 3. März 1945 besuchte Eichmann das Lager: »Theresienstadt, so wie es ist, muss jedem gefallen.« Jedem, der so dachte wie Eichmann.

Er ließ in Theresienstadt gasdichte Räume bauen, was einige Befürchtungen weckte. Doch nun hatte das IRK Zugang zum Lager, auch wenn es immer noch getäuscht wurde (durch den Film über Theresienstadt etwa, der nun seine Uraufführung erlebte). Bis zuletzt musste man damit rechnen, dass die Eichmann-Fraktion an ihrem Mordauftrag festhielt.

In den letzten Wochen befahl man die letzte »Verschönerung« in Theresienstadt; auf dem Friedhof sollten die Massengräber wie Einzelgräber wirken. Täuschung bis in den Tod.

Der Abzug der SS aus Theresienstadt erfolgte am 5. Mai, durch die Kämpfe ganz in der Nähe des Lagers bestand Lebensgefahr bis zuletzt. Aus Prag abziehende deutsche Soldaten schossen wahllos auf Häuser, als sie an Theresienstadt vorbeikamen. Erst als am 6. Mai die Aufsicht über das Lager von Paul Dunant, einem Vertreter des IRK, übernommen wurde, war die Gefahr gebannt.

Die Panzer der Roten Armee rollten am 9. Mai heran, aber sie rollten vorbei, fuhren rasch durch nach Prag. Der Pein der Internierung folgte die Pein der Abwicklung. Unter den Tschechen machte sich aggressiver Nationalismus bemerkbar, vor dem auch internierte Juden aus Deutschland nicht sicher waren, so dass sie im Lager Schutz suchen und die Russen um Hilfe bitten mussten. Bald schon wurden »Reichsdeutsche« aus der Umgebung als Gefangene interniert oder zu Aufräumungsarbeiten gezwungen. Sehr zurückhaltend wurden sie dabei nicht behandelt.

In Theresienstadt waren insgesamt 141 184 Personen interniert worden. 82 202 von ihnen wurden in 63 Transporten in die Vernichtungslager geschickt (davon überlebten 3500). 33 456 Personen starben an »natürlichen Ursachen«. Am 9. Mai 1945 befanden sich dort noch 16 832 Internierte.

Die Rettungsaktion Musy geriet bald in Vergessenheit. Im Krieg herrschte ein Gegeneinander der diversen Hilfsorganisationen, und nach dem Krieg erst recht. Man beschuldigte sich gegenseitig, größere Rettungsaktionen verhindert oder gar kollaboriert zu haben. Ein Abgrund von Leidenschaften, Eifersucht und Ressentiments, von Hass, Anschuldigungen und Rechtfertigungen tat sich auf, ein letzter heimlicher Triumph der Nazis.

Waren die Retter einzelner Personen oder Gruppen Helden oder waren sie Kollaborateure, die sich von Nazis für deren politische Geschäfte benutzen ließen, haben sie aus unschönen Motiven gehandelt, Eigensucht oder Geldgier? Haben sie nur an die Ihren gedacht, aber nicht an die vielen anderen? (Aber warum sollte jemand, der seine Angehörigen retten kann, das nicht tun?) Reszö Kasztner, der für seine Angehörigen niemals Privilegien erwirkte, wurde in Israel des Verrats bezichtigt und 1957 von einem Fanatiker ermordet.

Geld war an die deutsche Seite nie geflossen, alles blieb auf Konten in der Schweiz und ging wieder an die Amerikaner zurück. Es hatte das pure Versprechen gereicht. Ob Musy davon etwas erhielt, wie zuweilen behauptet wurde, ist nicht nachzuweisen. Der Joint war zwar ursprünglich gegen die Musy-Aktion gewesen, hatte dann aber den Ausgereisten geholfen, wovon man aber später nichts mehr wissen wollte, als schäme man sich dieser Hilfe.

Handeln im Zwielicht ist immer gefährlich, wenn nur das eigene Gewissen der Zeuge ist. Soll man daraus folgern: Rette lieber keine Menschenleben, wenn du später dafür angefeindet wirst? Wenn man jemand aus dem Wasser retten will, muss man sich nass machen, ja auch riskieren, dabei zu ertrinken. Die Rettung ist dann mehr eine technische Frage.

34

›Neue Zürcher Zeitung‹, Donnerstag 8. Februar 1945, Morgenausgabe:

»1200 Zivilpersonen aus Theresienstadt in der Schweiz eingetroffen.

Bern, 7. Februar. Wie wir vom europäischen exekutiven Rat, Montreux, der ›Union of Orthodox Rabbies of the United States of America‹ vernehmen, ist es den Bemühungen von alt Bundesrat Musy, die er im Auftrag der genannten Organisation sowie der ›Agudath Israel World Organisation‹ unternommen hat, gelungen, dass Deutschland ungefähr 1200 Zivilpersonen aus dem Konzentrationslager Theresienstadt freigegeben hat. Ein erster Zug ist heute in Kreuzlingen eingetroffen. Es sollen weitere Transporte nachfolgen, die alle aus der Schweiz sofort nach dem

Auslande weitergeleitet werden, sobald die Transportmöglichkeiten vorliegen.«

›Neue Zürcher Zeitung‹, 8. Februar 1945, *Mittagsausgabe:*

»Die Flüchtlinge aus Theresienstadt.

Der Chef des Eidgenössischen Justiz- und Polizeidepartments, Bundespräsident von Steiger, hat in einer Pressekonferenz im Bundeshaus zu den bereits ergangenen Mitteilungen über die Aufnahme von rund 1200 jüdischen Flüchtlingen aus Deutschland in Kreuzlingen einige ergänzende Mitteilungen gemacht. Er stellte einleitend fest, dass die Schweiz auch diesen und weiteren zu erwartenden Flüchtlingen gegenüber ihre Pflicht erfüllen wird. [...] Die Einreise dieser Flüchtlinge in die Schweiz geht auf persönliche Bemühungen von alt Bundespräsident Musy zurück, die dieser in privatem Auftrage einer jüdischen Hilfsorganisation unternahm und die von Erfolg gekrönt waren.

Musy gab erst gestern Nachmittag kurz vor der Übernahme der Flüchtlinge den Bundesbehörden von seinen Bemühungen Kenntnis. Die Freigabe der Juden aus dem Lager Theresienstadt sei von ihm durch eine persönliche Genehmigung Himmlers erwirkt worden. [...] Das Schweigen gegenüber den Schweizerischen Amtsstellen erklärte Musy mit dem völlig privaten Charakter seiner Bemühungen und mit der Ungewissheit des Erfolges. Unter den 1210 in der Schweiz aufgenommenen Personen befinden sich acht unmittelbar gefährdete Personen nichtjüdischer Herkunft, darunter drei waadtländische Kantonsangehörige, mit deren Freilassung Musy seinerzeit seine Reise nach Deutschland erklärt hatte.«

›Neue Zürcher Zeitung‹, 8. Februar 1945, *Abendausgabe:*

»Die Zivilinternierten aus Theresienstadt.

Die 1200 Zivilpersonen, die Deutschland zur Überführung aus dem Konzentrationslager Theresienstadt in die Schweiz freigegeben hat, sind am Mittwochabend von Kreuzlingen her in St. Gallen eingetroffen. Die Fahrt hatte drei Tage gedauert, und die Leute waren in Konstanz in zwei aus Wagen der Bundesbahnen zusammengestellte Züge, die beide unge-

fähr 600 Personen beförderten, verladen worden. Die beiden wurden nach der Station St. Finden geführt, wo die Ausladung auf den die Verbindung mit dem Schlachthof herstellenden Geleisanlagen erfolgte, so dass die Flüchtlinge nur einen kurzen Weg nach dem Hadwig-Schulhaus, das als Quarantänestation eingerichtet worden war, zurückzulegen hatten. 200 Personen wurden vorerst nach Bühler im Appenzeller Land gebracht; doch sollen sie demnächst auch in das Hadwig-Schulhaus in St. Gallen übergeführt werden. Man rechnet damit, dass die Internierten fünf bis sechs Tage in St. Gallen verbleiben, worauf sie in verschiedene Lager in anderen Landesteilen verteilt werden. In St. Gallen erfolgte die erste sanitarische Untersuchung, die Desinfektion und die Reinigung der Kleider. Während die Desinfektionseinrichtungen in den geräumigen Kellerräumlichkeiten des großen Schulhauses eingerichtet worden sind, ist für die Kleiderreinigung eine Baracke im Schulhof aufgestellt worden.

Bei diesen Zivilinternierten handelt es sich fast ausschließlich um Juden, und zwar um Deutsche, Österreicher, Holländer und Tschechen. Es befinden sich darunter Männer und Frauen, und zwar meistens ältere und alte Leute; dann kommt eine kleinere Anzahl Kinder. Ihr Gesundheitszustand ist, soweit sich bisher feststellen ließ, im Allgemeinen gut, und fast alle konnten den Weg zum Schulhaus zu Fuß zurücklegen, auch wenn sie einen sehr ermüdeten Eindruck machten und sich vielfach mühsam davonschleppten. Sie haben meistens einen länger dauernden Aufenthalt in Theresienstadt hinter sich und sind glücklich darüber, dem Konzentrationslager entronnen zu sein. Nach ihren Angaben sei die Behandlung erträglich gewesen, vor allem in der letzten Zeit, und es ist ihnen ein reichliches Maß von Lebensmitteln auf die Reise in die Schweiz mitgegeben worden. Zum Teil führten sie auffallend viel Gepäck mit sich. In St. Gallen werden sie von Kräften des Hilfstrupps betreut, während Sanitätspersonal die Desinfektion vornimmt und die Ortswehr den Wachdienst besorgt.«

35

Die Musy-Aktion überraschte die Schweizer Behörden, die sogleich interne Nachforschungen anstellen ließen. Der Innenminister Max Petitpierre konnte dem Bundespräsidenten Eduard von Steiger nur mitteilen, dass in der Schweizer Regierung oder in einer der zuständigen Behörden niemand etwas von Musys Unternehmung gewusst hatte. Erst am 6. Februar um 18 Uhr war die Nachricht vom bevorstehenden Eintreffen des Zuges telefonisch durchgegeben worden. Der für Fragen eines Gefangenenaustauschs zwischen der Schweiz und Deutschland zuständige Emile Bisang war in Kreuzlingen vom deutschen Legationsrat Feihl angerufen worden. Erst danach habe man Maßnahmen eingeleitet, um den Zug in Empfang zu nehmen.

Schon am 7. Februar begannen Verhandlungen mit Vertretern der amerikanischen Botschaft über die »Evakuierung« der Insassen dieses Zuges sowie möglicher weiterer Züge außerhalb der Schweizer Grenzen. Die delikate Frage der Kostenübernahme für die Zeit des Aufenthaltes der »Flüchtlinge« in der Schweiz wurde nicht angeschnitten. Die Amerikaner wollten sich noch nicht festlegen.

Aber auch auf alliierter Seite stellte man sich Fragen. Ende Februar traf Harry Aron Goodman, Mitarbeiter des britischen Informationsministeriums in London, politischer Sekretär der Organisation Agudath Israel seit 1923, zugleich (außerparlamentarisches) Mitglied der Parlamentskommission für Flüchtlingsfragen, zu Sondierungsgesprächen in der Schweiz ein. Er besuchte eines der Auffanglager für die Geretteten aus Theresienstadt. Am 1. März wurde er von Bundespräsident von Steiger empfangen. Goodman wollte wissen, wie es Herrn Musy gelungen war, die Flüchtlinge aus Deutschland freizubekommen.

Von Steiger konnte nur sagen, »dass Herr alt Bundesrat Musy« nicht im Auftrag der Schweizer Regierung nach Deutschland gereist sei, sondern im Auftrag einer privaten jüdischen Organisation. Herr Musy habe dabei seine persönlichen Beziehungen zu Herrn Himmler ausgenützt. Die Schweizer Regierung halte es für ihre Pflicht, im Rahmen des Möglichen immer da zu helfen, wo sie helfen könne. Deshalb habe man die durch Herrn Musy freigekommenen Flüchtlinge aus Deutschland ohne weiteres in der Schweiz aufgenommen und werde allfällige weitere Transporte ebenfalls aufnehmen.

Herr Goodman stellte wiederholt die Frage, wie es sich Herr Bundespräsident von Steiger erkläre, dass Deutschland bereit gewesen sei, diese Juden freizugeben. Die ganze Sache sei doch sehr interessant, namentlich sei ihm auch die Mitwirkung des Herrn Musy an der Sache besonders interessant.

Herr Bundespräsident von Steiger antwortete, nach den Erklärungen des Herrn Musy müsse angenommen werden, Herr Himmler habe sich davon überzeugen lassen, dass es für Deutschland nützlich sein könnte, wenn bezüglich der Juden eine andere Haltung eingenommen werde. Nach Auskunft des Herrn Musy scheint es sich für die deutschen Behörden nicht so sehr darum gehandelt zu haben, eine Gegenleistung zu verlangen, als vielmehr darum, dass die Angelegenheit in der angelsächsischen Presse gebührend verzeichnet werde. Nun scheinen allerdings gewisse Schwierigkeiten eingetreten zu sein, weshalb weitere Transporte vorläufig nicht in der Schweiz eingetroffen sind.

Was hier in den Worten des diplomatischen Protokolls wiedergegeben ist, zeugt von einem gewissen Misstrauen der englischen Seite, die Schweiz könne geheime Abreden mit Deutschland getroffen haben. Immerhin hatte Goodman auch mit Benoît Musy gesprochen und sich Einzelheiten erklären lassen.

Der Schweizer Bundespräsident ließ in einer Notiz festhalten: »Die Ausführungen des Herrn Goodman erweckten den Eindruck, dieser britische Beamte habe in erster Linie die Absicht gehabt, zu versuchen, von Herrn Bundespräsident Steiger zu erfahren, ob und was die Schweizerische Regierung wisse von allfälligen Zusicherungen und Verpflichtungen, die Herr alt Bundesrat Musy Herrn Himmler gegeben haben könnte.«

Weitere Folgen auf der internationalen Bühne hatte die Musy-Aktion nicht.

36

Acht Mal insgesamt reiste Musy zwischen Januar und April nach Berlin. Nun hatte er nur noch mit Schellenberg zu tun, der ihm niemals schriftliche Bestätigungen gab. Musy erwirkte die Ausreise von etwa 70 ungarischen Juden, die in Verstecken aufgegriffen worden waren, in die Schweiz. Sein Sohn Benoît hatte Franz Göring nach Theresienstadt begleitet, da sich Kaltenbrunner weigerte, Himmlers Befehl nachzukommen. Zwischen Göring und Kaltenbrunner gab es in Theresienstadt eine heftige Kontroverse.

Himmler ließ Musy Folgendes wissen: Wenn die Alliierten bereit seien, das Wachpersonal der Konzentrationslager als normale Kriegsgefangene zu behandeln, wäre er bereit, entgegen den Befehlen Hitlers die Evakuierung der Lager zu verhindern (also die Todesmärsche). Schellenberg bat Musy, diese politische Botschaft an die Amerikaner zu übermitteln, was Musy angeblich auch tat. Er gab vor, er könne Kontakt zu Eisenhower herstellen.

Für Schellenberg sollte die Zugaktion »in der Weltpropaganda gegen Deutschland den Anfang einer grundlegenden Änderung« herbeiführen. Der erste Zug »funktionierte hervorragend«. Ende Februar brachte Musy Artikel aus der Weltpresse, darunter der ›New York Times‹, sowie den Nachweis, dass fünf Millionen Schweizer Franken auf einem Treuhänderkonto zur Verfügung stehen. Auf seiner Berlinreise Ende Januar legte er entsprechende Bankdokumente vor. Der Transfer solle erst erfolgen, wenn alle jüdischen Gefangenen befreit seien. Später erfuhr Musy, dass das Geld vor allem dem IRK zugute kommen sollte, damit bedürftige Deutsche unterstützt würden, vor allem Bombenopfer und Flüchtlinge.

Becher war sehr überrascht, als er in die Schweiz kam und von Sally Mayer hörte, die Presse sei voll von der Musy-Aktion. Mayer sagte: »Hätten wir Presse haben wollen, hätten wir das besser gekonnt als Musy.« Musy hatte den Eindruck, dass Mayer den Fortgang der Aktion behinderte.

Eine Liste von 1800 Personen für den zweiten Transport hatte Schellenberg durch seine Mitarbeiter schon aufstellen lassen. Der erste Transport fand ein Echo in der Weltpresse und wurde auch in Berlin bekannt. Zugleich dechiffrierte das Oberkommando der Wehrmacht den Funkspruch einer »gaullistischen Stelle« in Spanien: Himmler lasse über Schellenberg mit Musy verhandeln, um als Gegenleistung für die Ausreise von Juden in der Schweiz ein Asyl für 250 NS-Führer vorzubereiten. (Diese Meldung entbehrte jeder Grundlage und war möglicherweise ein Störmanöver der Russen, denen Kontakte zwischen deutschen und westlichen Stellen suspekt waren.) Kaltenbrunner nutzte dies, um die ihm nicht genehme Musy-Aktion zu bekämpfen. Es setzte eine Aussprache mit Schellenberg an, der auf einem »neutralen Treffpunkt« bestand, dem Büro von Jüttner, dem Befehlshaber des Ersatzheeres. Anwesend waren auch Becher und dessen Mitarbeiter Winkelmann. Aber niemand wusste, wer mit wem oder gegen wen arbeitete, man belauerte sich gegenseitig.

»Obergruppenführer Winkelmann hat mir ja schöne Dinge über die Musy-Aktion berichtet«, sagte Kaltenbrunner, »sind Sie auch schon unter die Idioten gegangen?«

Winkelmann legte eine Pressemappe mit Berichten aus Schweizer Zeitungen vor. Die Aktion sei unseriös, schade Deutschland, die Rabbinervereinigung sei völlig bedeutungslos, nur der Kanal Becher-Mayer zum Joint verspreche Erfolg und greifbare Gegenleistungen, Schellenberg wolle nur humanitären Quatsch, das sei pure Fantasie. Noch gab Kaltenbrunner keinen Befehl zum Abbruch der Musy-Aktion, die es Schellenberg bei diesem Gespräch zu verteidigen gelang. Außerdem versuchte Schellenberg, Becher zu kompromittieren, indem er behauptete, jener habe – wie seine Nachrichtenleute ihm berichtet hätten — von Sally Mayer 20 000 Franken erhalten.

Kaltenbrunner benötigte Rückendeckung von Hitler und ging in die Reichskanzlei. In allen schwierigen Fragen wandte er sich stets an Himmlers Verbindungsoffizier zu Hitler, Hermann Fegelein, der als Schwager von Eva Braun in Hitlers Bunker ein und aus ging. Kaltenbrunner kannte Fegelein vom Reiten. Hitler, von Fegelein unterrichtet, bekam einen Wutanfall und verbot bei Androhung der Todesstrafe weitere Freilassungen von Juden sowie britischen oder amerikanischen Gefangenen. Jeder Versuch in dieser Richtung müsse ihm gemeldet werden.

Als Musy davon erfuhr, kam er zu Schellenberg und weinte vor Wut und vor Zorn. Der rastlose Schellenberg unterbreitete gleich einen neuen Vorschlag: Himmler solle die Westmächte um eine viertägige Waffenruhe bitten, in der alle Juden und ausländischen Häftlinge durch die Frontlinie gelassen würden. Aber das wagte Himmler doch nicht, er hätte Hitler darüber berichten müssen.

An die Sternbuchs schrieb Musy voller Bitterkeit: »Man hat mir in Berlin letzte Woche erklärt, wenn kein Transport von Juden aus Deutschen Lagern in der Schweiz eingetroffen ist, das hätten Sie Herrn Sally Mayer zu verdanken. Kreuzlingen, 6. März 1945.« [sic]

Schellenberg und Musy waren am Ende ihres Lateins. Es gab einige sehr persönliche Gespräche zwischen dem alten Politpensionär, der sich auf ein Abenteuer eingelassen hatte, und dem jungen Ehrgeizling, der umso ohnmächtiger wurde, je weiter er aufgestiegen war. Der eine versuchte, seine Vergangenheit zu retten, seinen Ruf und seinen Namen; der andere kämpfte um seine Zukunft. Seltsame Verbündete, die einander nicht die ganze Wahrheit anvertrauen konnten. Wenn man ihnen gesagt hätte, dass sie dasselbe Todesjahr haben würden, hätten sie es gewiss nicht geglaubt.

7. KAPITEL

Abgänge

37

Juli 1945, endlich Sommerwetter in London. Der Krieg ist schon Geschichte, nun muss der Sieg verwaltet werden. Und man muss herausfinden, was eigentlich geschehen ist.

Jede Nacht wird Walter Schellenberg in einem Londoner Gefängnis verhört. Schellenberg hat seine schwedische Zuflucht verlassen und sich den Engländern ergeben. So lange hat er mit ihnen spielen wollen, nun ist er ihr Spielball.

Man lässt ihn nicht schlafen, berieselt ihn tagsüber mit Musik. Nachts bleibt das Licht an, bei den Vernehmungen übergießt man ihn mit kaltem Wasser. Dann folgen einige Tage ganz im Dunkeln. Er soll mürbe gemacht werden. Und er wird mürbe, denkt an Selbstmord, was gar nicht zu ihm passt.

Will man sich für Venlo rächen? Will man Schellenberg klar machen, wie sehr alle seine Versuche während des Krieges Illusion waren, wie wenig Chancen sie hatten? Wie ohnmächtig er immer war, obwohl er große Machtfantasien hegte? Und warum interessieren sich gerade Anthony Blunt und Kim Philby vom MI 6 für ihn, die eigentlich gar nicht zuständig sind? (Dass sie für die Russen arbeiten, ahnt noch niemand.) Seine Aussagen werden protokolliert und für Jahrzehnte weggeschlossen.

Bis zuletzt hatte Schellenberg um seine Linie gekämpft: Konzessionen an die Westmächte machen, um deren Einlenken und damit eine Modifizierung der Kriegsziele zu erreichen. Immer wieder hatte er auf Himmler eingewirkt, ihn zu Verhandlungen angestoßen, ja zum Putsch. All das zählte nicht, genau wie die Rettungsaktionen, die es gegeben hatte. Hatte es je gezählt?

Durch politische Lageberichte wollte er Einfluss nehmen. In dem Journalisten Giselher Wirsing hatte Schellenberg seit September 1944 einen neuen Mitarbeiter gefunden. Wirsing, der Reisen in die Schweiz und nach Schweden unternahm, schrieb Analysen, die Schellenberg dann für die politische Führung bearbeitete (unter dem Decknamen »Egmont-Berichte«). Von September 1944 bis Mai 1945 wurden zwölf Berichte à 20 bis 25 Seiten vorgelegt.

Schellenberg: »Es muss sich darum handeln, jene Leute, die wie Somnambule auf dem Dache spazieren gehen, durch Klarstellung der Realitäten des Krieges aufzuwecken.«

Wirsing: »Wenn man Schlafwandler aufweckt, fallen sie herunter.«

Sie fallen allemal ...

In den letzten Kriegswochen war Schellenberg wieder der Student von 1933, der Vorträge hielt, der durch unparteiische Berichte den andern vermitteln wollte, wie sie die Welt zu sehen haben; aber nun ging es ums Ganze. Alle Informationen oder Analysen wurden zu Instrumenten in Schellenbergs Kampf, auch Horoskope. Denn in den kritischen Wochen hatte er wieder den Astrologen Wilhelm Th. Wulff bemüht. Seine Gutachten sollten Himmler suggerieren, jetzt sei die Zeit günstig zum Handeln. Aber kein Wunder geschah. Himmler handelte nicht. Im Führerhauptquartier hielt man die »Egmont-Berichte« für defätistisch, stieß vage Drohungen gegen Schellenberg aus. Bormann und Kaltenbrunner versuchten, ihn als englischen Agenten zu denunzieren und verhaften zu lassen. Schellenbergs politische Pläne sahen einen Machtverzicht der NSDAP und eine Teilkapitulation gegenüber den Westalliierten vor, womit er sich die Idee von Popitz und Langbehn zu Eigen machte.

Im Oktober 1944 ließ Schellenberg den schwedischen Bankier Jacob Wallenberg ansprechen, zu dem Carl Goerdeler in Verbindung gestanden hatte, bevor man ihn im Zusammenhang mit dem Attentat vom 20. Juli verhaftet hatte. Himmler billigte den Vorschlag, über

Goerdeler Kontakt zum schwedischen Königshaus und auf diesem Umweg zu Großbritannien aufzunehmen, um über ein vorzeitiges Kriegsende zu beraten. Goerdeler war dazu bereit – wenn man ihn nach Stockholm reisen ließe. Ihn dafür freizugeben wagte Himmler aber nicht. Nach nur zwei Gesprächen brach man den Kontakt ab; am 2. Februar 1945 wurde Goerdeler hingerichtet.

Was immer Schellenberg sich politisch von der Aktion Musy erhofft haben mochte, der Effekt war nicht besonders groß. Denn gerade in jenen Februartagen, als der Zug aus Theresienstadt in die Schweiz fuhr, trafen sich die »Großen Drei«, Stalin, Roosevelt und Churchill, auf der Krim. Die Konferenz von Jalta, deren Stattfinden zuvor geheim gehalten worden war, beschäftigte die internationale Presse weitaus mehr. Die Koalition der Alliierten war dort gefestigt, die Besetzung und Teilung Deutschlands beschlossen, die bedingungslose Kapitulation als Voraussetzung für alle weiteren Entwicklungen bestätigt worden.

Als Schellenbergs Mittel ausgereizt zu sein schienen, kam noch einmal ein Hoffnungsschimmer aus dem Norden. Am 9. Februar hatte ein Bericht über die Musy-Aktion im ›Svenska Dagbladet‹ gestanden. Das löste Aktivitäten in schwedischen Regierungskreisen aus. Graf Bernadotte reiste am 16. Februar nach Deutschland, in der Hoffnung, mit Himmler eine ähnliche Befreiungsaktion vereinbaren zu können.

Hitler soll derlei »Spiele« so kommentiert haben: »In einem totalen Krieg kann man mit einem solchen Blödsinn nichts erreichen.«

Die einen hatten nicht verstanden, was totaler Krieg war, die andern nicht, was mit bedingungsloser Kapitulation gemeint war.

Folke Graf Bernadotte, ein Neffe des schwedischen Königs, Vizepräsident des Schwedischen Roten Kreuzes, fand in Schellenberg einen begeisterten Verbündeten, der plötzlich einen neuen Kanal zu den Westmächten sah. Carl Langbehn und Coco Chanel, Jean-Marie Musy, Prinz Hohenlohe und Felix Kersten und dazu viele Ungenannte hatten seinen diversen Vorstößen gedient, die für ihn vielleicht nur ein »großes Spiel« waren, wie es in der Sprache der Geheimdienste heißt. Aber nun begann das Endspiel, in dem es auch um seinen Kopf ging. Und immer noch hatte er keinen anderen »Helfer« als den Reichsführer SS. Im März 1945 gab Schellenberg den Versuch auf, mit seinen Berichten Politik zu machen. Jetzt blieb ihm nur noch, Himmler selbst zu einer Aktion zu bewegen.

Schellenberg nahm Bernadotte am 16. Februar 1945 in Berlin-Tempelhof in Empfang. Auf der Fahrt vom Flughafen nach Hohenlychen kam Schellenberg dem schwedischen Grafen näher. Einen »menschlich fühlenden Nazi« nannte Bernadotte ihn später. Menschlich war, dass Schellenberg jetzt vor allem an seine Rettung dachte. Er schlug vor, er selbst solle mit Bernadotte zu Eisenhower fliegen, aber das wollte Himmler nicht erlauben. Bernadotte verlangte, Himmler müsse sich von Hitler lossagen, die NSDAP auflösen und sämtliche skandinavischen Häftlinge freigeben.

Bis April reiste Bernadotte wiederholt nach Berlin. Er bildete nun die letzte indirekte Brücke zu den Westmächten. Felix Kersten war in diese Bemühungen eingeschaltet. Er hatte in Stockholm Kontakt zu britischen Vertretern aufgenommen. Von alliierter Seite kam aber kein Signal, das Schellenbergs Bemühungen hoffnungsvoll erscheinen ließ. Gleichwohl versuchte er, Himmler anzustacheln. Das deutsche Volk erwarte nach seinen großen Leiden eine befreiende Tat. Nur er, Himmler, könne sie erbringen, um den Krieg zu beenden. Er gefährde durch seine Verblendung die ganze biologische Substanz des deutschen Volkes.

Himmler: »Sie wollen also, dass ich den Führer beseitige?« Das war Himmlers neuer Refrain, und nur wenn es ihm opportun erschien, antwortete Schellenberg mit ja. »Soll ich ihn vergiften? Festnehmen lassen?«, fragte Himmler zuweilen. Die SS habe doch Sonderkommandos für solche handstreichartigen Festnahmen, entgegnete Schellenberg.

Schließlich brachte Schellenberg noch die schlechte Gesundheit Hitlers ins Spiel, ließ seinen Freund, den Charité-Arzt Max de Crinis, mit Himmler reden und ihm erklären, dass Hitler schwer krank sei

(Parkinson). Das war Himmler nicht neu. Schon im Dezember 1942 hatte er Kersten ein Dossier über Hitlers Gesundheit gezeigt, in dem von Spätfolge einer Syphilis in jungen Jahren sowie der Gasattacken im Ersten Weltkrieg die Rede war. War es eine Akte aus dem Safe von Reinhard Heydrich? Oder war das Dossier für Himmler ebenso präpariert worden wie die Horoskope von Wulff?

Einmal sagte Himmler zu Schellenberg: »Ich glaube, es ist mit Hitler nichts mehr zu machen.« Doch er tat nichts. Hielt Durchhaltereden, befahl Standgerichte für Deserteure und war entsetzt, als er am 13. April hörte, dass sein ehemaliger Adjutant Wolff, nunmehr General der Waffen-SS und oberster Polizeiführer in Italien, mit Allen Dulles über einen vorzeitigen Waffenstillstand verhandelte. Himmler befahl Wolff nach Berlin. Am 16. April, als Wolff dort landete, begann der russische Angriff auf die Hauptstadt. Wolff riskierte seine Festnahme, ja seinen Kopf. Schellenberg verhörte ihn im Beisein von Kaltenbrunner über seine Kontakte mit den Amerikanern in der Schweiz. Wolff war für Schellenberg ein politischer Konkurrent. Aber Wolff konterte und zeigte, dass er von Kaltenbrunners Vorbereitungen für einen Rückzug in die Tiroler Berge wusste. Schließlich gelang es ihm durch eine forsche Initiative bei Hitler, den er zu sprechen verlangte, seine internen Gegner zu überlisten (indem er seine Verhandlungen als Täuschungsmanöver darstellte), und so durfte er zu seinem Kommando in Norditalien zurück.

Ende April sollte Wolff das gelingen, was Schellenberg vergeblich versucht hatte. Er vereinbarte mit den Amerikanern eine einseitige Kapitulation, wodurch Menschenleben gerettet und die ausgelagerten Kunstschätze von Florenz sowie die Stadt Genua verschont wurden. Deckname der von den Russen misstrauisch beäugten Operation war »Sunrise«. Diese Geheimverhandlungen erzeugten lauter paradoxe Situationen: Der General der Waffen-SS, der 1941 bei Mordaktionen der Einsatzgruppen mitgewirkt hatte, wurde von den Amerikanern vor dem italienischen Widerstand geschützt, als amerikanischer Verbindungsmann wurde zu ihm ein tschechischer Funker delegiert, der einst aus dem Konzentrationslager Dachau geflohen war. Nun saß er in geliehener deutscher Uniform mitten unter den Leuten der Waffen-SS (denen gegenüber auch Wolff vorsichtig sein musste) und rauchte seinen großen Vorrat amerikanischer Zigaretten auf, ohne die er nicht denken konnte.

38

Am 21. April 1945 vollzog Heinrich Himmler seine letzte politische Tat. Er empfing einen jüdischen Repräsentanten, und das am Tag nach Führers Geburtstag. Auf eine Absurdität mehr kam es in diesen letzten Kriegswochen nicht an.

Kersten hatte in Stockholm Gespräche mit Vertretern des Jüdischen Weltkongresses geführt, mit dem Ergebnis, dass einer von ihnen, Norbert Masur, bereit war, nach Deutschland zu kommen, um über die Evakuierungen der Lager zu verhandeln.

Kersten und Masur flogen am 19. April von Stockholm mit einem schwedischem Flugzeug nach Kopenhagen und von dort mit einer Lufthansa-Maschine nach Berlin, als einzige Passagiere neben vielen Paketen an Bord, die für die Insassen deutscher Lager bestimmt waren. Als Masur in Tempelhof aus dem Flugzeug stieg, wurde er von einer Polizeiwache, die seine wahre Identität nicht kannte, mit »Heil Hitler« begrüßt; er sagte nur knapp »Guten Tag«. Norbert Masur war von kleiner, zarter Statur, hatte einen sehr schmalen Kopf, blickte misstrauisch um sich. Er war im Jahr 1938 mit seiner Familie aus Hamburg emigriert.

Die beiden Reisenden wussten nicht, dass die Russen schon ganz nah bei Berlin standen. Auf der Fahrt nach Norden sahen sie die Trümmerlandschaft und waren schockiert. Kersten geleitete Masur nach Harzwalde, denn das Gespräch sollte auf seinem Gut stattfinden. Es sei das achte Weltwunder, sagte Kersten. Er besaß einen von Himmler unterzeichneten Sonderausweis, dass er mit einer namentlich nicht genannten Begleitperson passieren dürfe.

Himmler wollte nicht, dass Kaltenbrunner von den Masur-Gesprächen erfuhr, weil er ihn dann in der Hand hätte. Schellenberg sah es nicht gern, dass sein Chef zum Führergeburtstag nach Berlin wollte. Er wusste, dass Himmler nach Begegnungen mit Hitler noch schwerer zu beeinflussen war. Am 19. April abends ließ Himmler, ganz gegen seine Gewohnheit, einige Flaschen Champagner öffnen und auf das Wohl des Führers anstoßen.

Am Freitag, dem 20. April 1945, herrschte strahlendes Wetter über der Hauptstadt. »Die Kriegsstadt Berlin grüßt den Führer« war auf Plakaten zu lesen. An diesem Tag sprengte Göring eigenhändig sein Haus Karinhall in die Luft und fuhr zur Geburtstagsparty. Als Gruß aus der Luft fand der vorletzte Bombenangriff des Krieges statt. Am Nachmittag tätschelte der Führer im Hof der Kanzlei einige Hitlerjungen, die für ihn sterben sollten. Dabei wurde er zum letzten Mal fotografiert.

Masur wartete bei Kersten auf die Rückkehr Himmlers aus Berlin. Er übernachtete im Gästezimmer, Kersten und Schellenberg teilten ein anderes Zimmer, verbrachten die Nacht mit Gesprächen. Schellenberg suchte mehr denn je die Nähe von Kersten. Er hatte ihn wiederholt gewarnt, er werde von Kaltenbrunner überwacht. Einmal hatte Kaltenbrunner einen Anschlag auf Kersten geplant, den Schellenberg aber vereiteln konnte. Himmler hatte Kaltenbrunner daraufhin wissen lassen: Wenn Kersten etwas passiere, wäre das auch für Kaltenbrunners Gesundheit nicht gut.

Mit Masur spazierte Schellenberg durch den Wald und führte vorbereitende Gespräche. Immerzu musste er die Fäden ziehen, aber die Fäden rissen nun. Auch Himmler instruierte Schellenberg vor dem Gespräch mit Masur: Er solle nicht vom Karma der Völker reden, das verstünde der Jude Masur nicht richtig.

Am 21. April, kurz nach Himmlers Eintreffen am Nachmittag, begannen die Verhandlungen zwischen dem Reichsführer SS und dem Vertreter des Jüdischen Weltkongresses. Es war ein Samstag.

Zuvor hatte Himmler allein mit Kersten gesprochen: Haben Sie Beziehungen zu Eisenhower oder zu den Westalliierten? Wehrmacht und SS seien bereit, nach Westen zu kapitulieren, nach Osten aber weiterzukämpfen, um Europa vor dem Bolschewismus zu bewahren. Kersten schlug vor, Bernadotte, der gerade für das Rote Kreuz in Berlin weilte, mit dem Überbringen dieser Botschaft zu beauftragen. Ein Kontakt mit Eisenhower wurde zu Himmlers neuer Obsession. Vielleicht hatte es ihm der germanisch klingende Name angetan, außerdem hatte ihm jemand eingeredet, Eisenhower lese ›Das Schwarze Korps‹, die Zeitung der SS. Himmler fragte sich schon, wie er Eisenhower gegenübertreten könne und wie er ihn begrüßen solle (die Hand schütteln oder sich verbeugen?). In dieser Fantasie zeigte sich der ganze Kerl: Er suchte nach der neuen Macht, der er sich fügen konnte.

Den Juden Masur begrüßte Himmler mit »Guten Tag!«. Kersten hatte Tee und Kuchen aus Schweden mitgebracht, um ein entspanntes Klima zu schaffen.

Er wolle die Streitaxt zwischen den Juden und dem Nationalsozialismus begraben, sagte Himmler.

Masur sagte nur, das NS-Regime sei ein sehr schlechtes Geschäft für Deutschland gewesen.

Himmler bestritt, dass es eine systematische Vernichtung der Juden gäbe, die Konzentrationslager seien reine Erziehungslager. Himmler selbst also begann mit der Holocaust-Leugnung. Über Theresienstadt sagte er, es sei kein Lager im eigentlichen Wortsinn, sondern eine von Juden bewohnte Stadt, die von ihnen verwaltet werde. »Diese Art Lager ist von mir und meinem Freund Heydrich geschaffen worden, und so hatten wir alle Lager gewünscht.«

Kersten intervenierte: Man solle nicht über die Vergangenheit reden, Masur wolle präzise Abkommen.

Gegenüber Masur klagte Himmler: »Als ich im vorigen Jahre 2700 Juden nach der Schweiz herausließ, schrieb man, dass ich mir ein Alibi verschaffen wolle. Ich brauche kein Alibi. Ich habe immer das getan, was mir für mein Volk als richtig erschien. Ich bin dabei kein reicher Mann geworden.«

Himmler erklärte auch, er habe Bergen-Belsen »intakt« den Alliierten übergeben, habe dafür aber keinen Dank geerntet.

Schließlich einigte man sich auf drei Punkte: keine weiteren Tötungen von Internierten; alle sollten in den Lagern bleiben, bis die Alliierten kämen, und nicht in Märschen evakuiert werden; in allen Lagern sollten Listen der Insassen erstellt werden. Zudem bewilligte Himmler die Freilassung aller Personen, die auf einer in Schweden vorbereiteten Liste standen. Himmler gab auch 1000 Jüdinnen aus Ravensbrück frei, wollte sie aber zur Tarnung als »Polinnen« deklarieren lassen.

Am Ende des Gesprächs sagte er: »Ja, Herr Masur, wenn wir uns zehn Jahre früher kennen gelernt hätten.«

Am 21. flogen Masur und Kersten mit einer Condor-Maschine zurück nach Stockholm.

Nach dem 20. Juli 1944 hatte der Reichsführer SS noch gesagt: »Das letzte Schwert, der treue Paladin Heinrich Himmler, kämpft bis zum Letzten für den größten Menschen der Welt, Adolf Hitler.« Nach dem Treffen mit Masur gab er von sich: »Heute habe ich den Führer verraten, weil ich einen Juden empfangen habe.«

Nach Masurs Abreise führte Himmler bis vier Uhr früh ein Gespräch mit Schellenberg über die künftige Politik. Schellenberg solle über einen Namen der neu zu gründenden Partei nachdenken. Schellenberg schlug vor: NSP, Nationale Sammlungspartei. Himmler glaubte noch an die eigene Macht und stellte ein Schattenkabinett auf, doch es war nur eine Sammlung für die Heerscharen im Jenseits.

Am Sonntag, dem 22. April, sagte er: »Ich glaube fast, Schellenberg, Sie haben Recht, ich muss jetzt irgendwie handeln. Was schlagen Sie vor?«

»Es ist etwas spät«, antwortete Schellenberg. Er schlug vor, mit Bernadotte zu sprechen, den er in Lübeck vermutete. Die schwedische Gesandtschaft in Berlin hatte dort eine Außenstelle im ehemaligen Wohnhaus der Urgroßeltern von Heinrich und Thomas Mann eingerichtet.

Also brach man auf nach Norden, um Bernadotte zu suchen. In Lübeck hieß es, er halte sich in Flensburg auf, wo sie ihn am Nachmittag des 23. antrafen. Himmler sagte, er sei bereit, den Grafen nunmehr offiziell zu bitten, den Westmächten die bedingungslose Kapitulationserklärung zu überbringen. »Wir müssen uns für besiegt erklären. Aber gegenüber den Russen ist es uns Deutschen nicht möglich, vor allem mir nicht, zu kapitulieren.« Himmler schrieb einen entsprechenden Brief an Eisenhower, der über schwedische Kanäle weitergeleitet werden sollte. Aber Bernadotte sagte nur: »Der Reichsführer versteht die Realität seiner eigenen Situation nicht mehr.«

An diesem Tag wurde Himmler eigentlich in der Reichskanzlei erwartet. Zu Bernadotte hatte er gesagt, Hitler lebe nur noch wenige Tage. Hatte er jemanden mit einer Giftspritze zu ihm geschickt? Spekulation. Schellenberg stellte er eine Sondervollmacht für weitere Kontakte über Schweden aus. Bernadottes Antwort, dass die Westmächte es ablehnten, mit Himmler zu verhandeln, behielt Schellenberg für sich.

39

Im Berlin des letzten Kriegsmonats gab es mehr zivile als militärische Opfer. Es wurden mindestens 90 000 Vergewaltigungen verübt sowie etwa 6500 Selbstmorde, von denen nur einer politische Bedeutung hatte. Der Wille eines Mannes hatte die Welt in den Wahnsinn geschickt; erst als er sich selbst zur Strecke brachte, seine einzige eigenhändige Tötung vermutlich, hörte das allgemeine Morden auf (wenn auch nicht sofort). Die Berliner lernten in diesen Tagen einige neue Wörter: Galgenallee, russische Kriegsjungfrauen, Heimkrieger (NS-Funktionäre, die sich drückten und absetzten), Reichsscheiterhaufen (Berlin selbst).

Am 9. April waren zahlreiche inhaftierte Regimegegner ermordet worden, darunter Admiral Canaris, Hans Oster und Dietrich Bonhoeffer. Am 12. April hatte das letzte Konzert der Berliner Philharmoniker stattgefunden, gespielt wurden Beethovens Violinkonzert,

Bruckners achte Sinfonie und das Finale der Götterdämmerung. Am Ausgang boten Hitlerjungen den Besuchern Zyanidkapseln an. (Hustenbonbons für die Engelskonzerte, scherzte jemand.)

Am 26. April verteidigte französische SS ein paar Stunden lang den Belle-Alliance-Platz in Kreuzberg, holländische und lettische SS kämpfte in Wilmersdorf an den Ecken, wo ›Emil und die Detektive‹ spielte. Schöne Allianzen.

Der Führer lebte im Bunker, als wäre er schon in der Unterwelt. Sein Arbeitszimmer war der sicherste Platz in Berlin, es lag hinter Eisentüren und Stacheldraht, unter einer Betondecke von fünf Metern, darüber zwei Meter Erde. Bunkerentwerfen war Hitlers Lieblingsspiel, sein verfehlter Beruf.

»Ich mache keine Politik mehr«, sagte der Führer mit dem Schluckaufnamen. Der Krieg war stets ohne ein definierbares Kriegsziel geblieben, ohne eine denkbare Friedensordnung. »Wenn der Krieg verloren ist, ist sowieso gleichgültig, wer mit den Siegern verhandelt.« Er malte sich sein Ende aus: »Ich werde auf den Stufen der Reichskanzlei fallen.« (Wäre er dort nur im Januar 1933 gestolpert.) Bedauern befiel ihn zuweilen. Er sei zu gutmütig gewesen, zu halbherzig, habe es an Härte fehlen lassen. Das hätte man über die Leichenfelder und Trümmerhaufen schreiben sollen: Der Führer war zu gutmütig ...

Am 28. April erfuhr man in der Reichskanzlei von Himmlers Kontakten mit den Westmächten (aber nicht von seinen Gesprächen mit Masur). Ein Mitarbeiter des Propagandaministeriums überbrachte Hitler eine Meldung der Agentur Reuter: Himmler habe den Westmächten die Kapitulation angeboten. Eine ähnliche Meldung würde von Radio Stockholm verbreitet.

Bormann gab wütend von sich: »Wir werden kämpfen und mit unserem Führer sterben, dem wir bis ins Grab die Treue halten.« Und Goebbels sagte: »Deutschland ist immer noch das Land der Treue.«

Hitler rief Admiral Dönitz in Flensburg an, der sogleich Himmler befragte. Himmler leugnete alles. Am Abend kam eine weitere Meldung von Reuter über seine Westkontakte.

»Niemals darf ein Verräter mir als Führer nachfolgen«, schrie Hitler.

An diesem Tag war Hanna Reitsch in den letzten Verteidigungsring geflogen. Sie landete auf einer Allee und ging zur Reichskanzlei, eine fähige Fliegerin und eine fanatische Verehrerin des Führers. In der Nacht zum 29. April empfing sie Hitler und sagte zu ihr: »Nun hat auch Himmler mich verraten. Sie müssen so schnell wie möglich den Bunker verlassen. Ich habe Nachricht bekommen, dass der Russe im Laufe des Vormittags die Reichskanzlei erstürmen will.«

Und er beschloss: »Vor meinem Tode stoße ich den früheren Reichsführer SS und Reichsminister, Heinrich Himmler, aus der Partei und aus seinen sämtlichen Staatsämtern aus.« Himmler habe ebenso wie Göring versucht, auf illegalem Weg die Macht an sich zu reißen, hieß es zur Begründung. Hat er eben nicht. Aber man stelle sich vor, man hätte nach 1945 eine Debatte darüber führen müssen, ob Heinrich Himmler dem Widerstand zuzurechnen sei.

Überliefert wird auch die Äußerung: »Das Versprechen, das Himmler gebrochen hat, hat die deutsche Jugend gehalten.«

Aber Hitler hatte die deutsche Jugend gebrochen.

Hitler schrieb sein Testament unter dem Eindruck der Meldung von Himmlers »Verrat«. Zu dessen Nachfolger wurde Karl Hanke ernannt, der einstige Geliebte von Frau Goebbels und Organisator der Verteidigung von Breslau (das erst am 6. Mai fiel und nur noch ein Trümmerhaufen war).

Die Nachricht von den Gesprächen mit Bernadotte ließ Hitler befürchten, man könne versuchen, ihn lebend zu fangen. Das war seine Angst: zu leben, lebend den Feinden in die Hände zu fallen. Er misstraute dem Zyankali, das er von Himmler erhalten hatte, deshalb testete er es an seiner Schäferhündin Blondi, die kurz zuvor Junge bekommen hatte.

Seine Wut verlangte nach einem Racheopfer: Es wurde Hermann Fegelein, den man aus einer Wohnung in Charlottenburg geholt hatte, wo er sich mit einer rothaarigen Schönheit vergnügte, während seine Frau Margarete, Eva Brauns Schwester, hochschwanger im Krankenhaus lag. Sexueller Wahnsinn hatte die untergehende Hauptstadt ergriffen. Fegelein hatte auch mit Eva geflirtet, und sie gab den Tipp, wo er stecken könnte: in der Bleibtreustraße. Treu blieb auch er nicht. Politik und Eifersucht vermischten sich im letzten kinoreifen Drama im Bunker.

Gestapo-Chef Müller verhörte Fegelein in der Krypta der Dreifaltigkeitskirche, und der gab zu, von Himmlers Westkontakten gewusst zu haben; das ergaben auch Unterlagen aus seiner Aktentasche. Hitler befahl daraufhin, Fegelein sofort zu erschießen.

Nach diesem letzten Mordbefehl heiratete Hitler. Die Trauung kurz vor seinem Ende war formal ebenso korrekt wie seine Machtübernahme 1933. Auch nach der Heirat sagte er »Fräulein Braun«, und die Braut verschrieb sich auf der Urkunde, begann mit B, strich es aus, schrieb »Eva Hitler«.

Es gab noch Champagner (Moët et Chandon, dazu Kuchen und Konfekt) für Gäste und Zeugen. In der Welt kann passieren, was will, irgendwo ist immer noch Champagner aufzutreiben. Aber die Disziplin ließ sehr zu wünschen übrig, von allerlei Ausschweifungen im stinkigen, schmutzigen Bunker ist die Rede. Sogar geraucht wurde in der Gegenwart des Führers. Seine Macht war Fiktion geworden. Die Welt fügte sich seinem Redeschwall nicht mehr.

Gerne hatte er aus der ›Edda‹ zitiert: »Alles wird vergehen, übrig bleibt nichts als der Tod und der Taten Ruhm.«

Oder die Schande.

40

Beim Abschied von Kersten duftete Himmler nach billigem Kölnisch Wasser. Er trug eine einfache Uniform ohne Abzeichen und dozierte über deutsche Ehre und Treue.

Kersten entgegnete: »Im Fall Langbehn haben Sie Ihr Wort gebrochen!«

Himmler: »Das Volksgericht war mächtiger.«

Mit feuchten Augen gab er Kersten die Hand, sagte dem mächtigen

Buddha Ade. Nie wieder würde er die Wohltat der magischen Hände spüren. Nur durch sie hatte er aus dem Wahn in das menschliche Leben zurückgefunden, wenn auch nicht ganz, denn vor dem Bewusstsein der eigenen Taten schützte ihn ein dichter Lügenpanzer. Zu Bernadotte hatte er gesagt: »Die Krematorien waren doch nur für die Typhusopfer.«

Er hätte handeln müssen, hätte schon längst alles in die Hand nehmen müssen, aber er konnte es nicht ohne Befehl. Welcher Art war nur die Macht, die er besessen hatte?

Im Kampf gegen den Bolschewismus müsste er fallen, das wäre der angemessene Abgang. Aber wie sollte er das machen? Hatte er je gekämpft? Als Feldherr hatte er sich versucht, aber nie als Soldat. War er nicht immer der Hosenscheißer gewesen, der seine Angst nur umgedreht hatte, der durch andere mächtig wurde, der Befehle erteilt hatte, die er selbst nie hätte durchführen können? Er war nur an die Spitze gelangt, weil er für keine handfeste Aufgabe zu gebrauchen war.

Speer gegenüber hatte er sich aufgeplustert: »Ohne mich kommt Europa auch in Zukunft nicht aus. Es braucht mich weiter als Polizeiminister, um Ruhe zu halten. Eine Stunde mit Eisenhower und er wird der gleichen Überzeugung sein! Ohne mich bekommen sie ein heilloses Durcheinander.« (Heil und Unheil haben sie verwechselt, das war der Hauptfehler dieser Leute.)

Er sagte noch: »Jetzt muss ich meine neue Regierung vorbereiten. Für die deutsche Zukunft ist meine Person zu wichtig, als dass ich das Risiko eines Fluges unternehmen könnte.«

Er wäre der Herr der Welt geworden, wenn er nicht solche Flugangst gehabt hätte.

Zuletzt war Himmler der Lage nicht mehr gewachsen. Seine Ehre hieß Schläue, aber er war nicht schlau genug. Er war nur noch ein gehetztes Wild, das bald hierhin, bald dorthin springt, Auswege und Durchschlupfmöglichkeiten sucht, weil das sein Reflex ist, auch wenn es keine Chance mehr gibt. Er war so hoch gestiegen, hatte immer mehr Ämter an sich gerissen, und als er fast die ganze Macht in Händen zu halten glaubte, als er beinahe an der Spitze stand, wo er sich immer hingeträumt hatte, als er dem Vormann nur noch einen kleinen Stoß zu geben brauchte, da versagte der Skrupellose, da zerplatzte alles, griff er ins Leere. Fiel.

Nicht einmal Auto fahren konnte er. In Flensburg rammte er Bäume und Autos, landete im Graben. Himmler fuhr wie ein Aas.

In Schloss Kalkhorst bei Travemünde erfuhr Himmler durch Hanna Reitsch von Hitlers Tod und von seinem eigenen Parteiausschluss.

Die Fliegerin sagte zu ihm: »Was Sie machen, ist Hochverrat, Herr Reichsführer.«

Himmler: »Hitler war nicht mehr bei Verstand.«

Hanna Reitsch: »Er starb tapfer, nur Göring und Sie haben ihn verraten.«

Himmler: »Ich wollte deutsches Blut retten. Ich hätte ihn längst abschieben sollen.«

Theatralischer Dialog der Lemuren, der dienstbaren Geister des Molochs. Als sie vom Verrat und Ausschluss ihres Reichsführers erfuhren, nahmen sich einige SS-Leute, die noch auf tschechischem Boden kämpften, nach einer letzten makabren Feier das Leben.

41

In Flensburg erfuhr Schellenberg am 1. Mai 1945 von Giselher Wirsing, dass Kaltenbrunner ihn des Amtes enthoben und Obersturmbannführer Waneck zu seinem Nachfolger ernannt habe. Schellenberg maß dem keine Bedeutung zu, er versuchte, die Politik von Dönitz zu beeinflussen, durfte noch Vorträge halten, bekam sogar einen diplomatischen Auftrag. Am 4. Mai wurde er Gesandter bei der schwedischen Regierung.

Schellenbergs neuer Amtssitz war das Hotel Danziger Hof in Lübeck, sein Dienstwagen ein neuer karminroter Mercedes. Tieffliegerangriffe erfolgten, während Frühlingssonne über der Trümmerlandschaft schien. Das Hotel war voller Flüchtlinge, schmutzige stinkende

Menschenmassen, die tagelang in denselben Kleidern auf den Straßen unterwegs gewesen waren. Sie lagerten, die Köpfe auf die Tischplatten gelegt, in einem Chaos von Koffern und Kisten, dazwischen fluchende Unteroffiziere. Schellenberg erhielt Besuch von Benoît Musy, der in den letzten Kriegswochen unermüdlich versuchte, Grausamkeiten bei der Evakuierung von Lagern zu verhindern (in Buchenwald zum Beispiel).

Schellenberg traf Himmler in einer Baracke im Umland von Lübeck. Er hatte eine Zigarre im Mund, sein Gesicht war geschwollen und gerötet, er roch nach Schnaps.

»Sie hatten ja Recht damals, Schellenberg ... Es ist jetzt alles zu spät.«

Sein letzter Adjutant hieß Fälschlein. Mit dem Namen konnte man bei Himmler etwas werden. Aber er selbst konnte nichts mehr werden. Angstschweiß, Schluchzen, zitternde Hände, nervöses Paffen, er kaute an den Nägeln. »Ich muss mir das Leben nehmen. Raten Sie mir, Schellenberg.«

Als die Meldung eintraf, Hitler habe Dönitz zum Nachfolger ernannt, sagte Himmler zum Admiral: »Ich möchte der zweite Mann in Ihrer Regierung sein.« Die Nummer zwei auf der Liste der Kriegsverbrecher war er schon lange.

Am 6. Mai 1945 hatte ihn Admiral Dönitz mit den Worten entlassen: »Ich danke Ihnen für die Dienste, die Sie dem Reich geleistet haben.« Das Reich, das mit Heinrich dem Vogler begann, endet mit Heinrich dem Furchtbaren. Durch ihn war »das Reich« für immer erledigt. Auch ein Dienst.

Mit dem Friedensschluss im Norden am 5. Mai und seiner Entlassung durch Dönitz am Tag darauf endete Himmlers Rolle in der Politik. Wer im Herzen besiegt ist, hatte er einmal keck gesagt, der ist am Ende. Das war er nun. Der unscheinbare Mörder machte sich unkenntlich, eignete sich die Papiere und den Namen von Heinrich Hitzinger an, einem Feldgendarm, den seine eigenen Leute wegen Defätismus erschossen hatten.

Von Hitler ausgestoßen, von Dönitz fortgeschickt, wanderte Himmler im Mai 1945 durch die Lüneburger Heide, in der Uniform eines einfachen Soldaten, eine Binde über einem Auge, ein gescheiterter Wotan ohne Siegfried, ohne Sieg, ohne Frieden.

Das Brauneck dort so freundlich schaut
zum Geigenstein als seiner Braut ...

Verse aus der Heimat, aus der Kindheit. Ob er daran dachte? Oder war ihm alles Menschliche längst fremd geworden? Außer wenn ihn Kersten geknetet hatte?

Wie tritt ein Schurke ab? Bei Himmler konnte es nur eine tödliche Komödie sein. Vielleicht sogar ein abgekartetes Spiel?

Als er verhaftet wurde, trug er lange Unterhosen und hatte sich nur eine Decke umgehängt. Sein Lippenbärtchen hatte er abrasiert.

Man brachte ihn in eine Baracke. »Ziehen Sie sich aus«, befahl Sergeant-Major Austin.

»Er weiß nicht, wer ich bin«, dachte Himmler laut.

»Doch, ich weiß, wer Sie sind«, sagte Austin. »Sie sind Himmler, ziehen Sie sich aus!«

Zögernd tat er es. Man suchte den Körper ab, fand nichts.

Dann befahl der Arzt C. J. L. Wells: »Kommen Sie ans Licht! Öffnen Sie den Mund!«

Wells glaubte, etwas in einem Zahn zu entdecken.

»Kommen Sie noch näher ans Licht!«

Das Monster biss den Doktor und drehte seinen Kopf ruckartig weg. Himmler holte eine kleine Kapsel aus einem hohlen Zahn. Er hatte immer mit dem Tod im Maul gelebt.

»He did it«, sagte der Arzt, der ihm Zeit gelassen hatte, die Zyankali-Kapsel zu zerbeißen. Über die Leiche wurde eine Wolldecke gelegt.

Die Umstände des Todes waren so rätselhaft, dass Verschwörungstheoretiker sich mancherlei ausgedacht haben: Himmler starb den Engländern sehr gelegen (damit er in Nürnberg nichts über seine indirekten Westkontakte aussage, die etwa durch ein Dankschreiben des schwedischen Königshauses bezeugt waren), oder gar: Er starb gar nicht, die Fotos zeigen eine falsche Leiche, es gab einen Deal und man versteckte ihn irgendwo in Lappland.

Von Himmler gibt es kein letztes Wort, keine Selbsterklärung, kein Bekenntnis. Sein Selbstmord verhinderte Fragen und Antworten, auch ein Urteil vor Gericht. Er blieb für alle Zeit der Blutheinrich, der sich zum Ausgleich für seine Untaten in unwirkliche Sphären hineinträumte. Furchtbare deutsche Geschichte, die einen zwingt, sich mit Gestalten zu beschäftigen, die kein Begriff, kein Wort, kein Name treffen oder bannen kann.

42

Schellenberg reiste mit Bernadotte nach Stockholm, stellte sich aber nach einigen Wochen den Engländern. Zuvor erlebte er in Kopenhagen am 5. Mai einen falschen Triumph, der einer Verhöhnung gleichkam und gut zu seinem falschen Spiel passte. Da er in Bernadottes Auto gefahren war und für einen schwedischen Diplomaten gehalten wurde, jubelten die Menschen ihm zu. Sie feierten die Kapitulation Deutschlands und das Ende der Besatzung. Hätte bloß noch gefehlt, dass ihn die begeisterte Menge totgedrückt hätte. Ein Tod unter falschem Vorzeichen hätte zu seiner kurzen Laufbahn der Täuschungen gepasst. Aber warum hätte er ausgerechnet in Kopenhagen sterben sollen?

In Stockholm lebte Schellenberg als Gast von Bernadotte, aber in wechselnden Quartieren, da ihm die Presse auflauerte. Zwei Sekretärinnen und sein Mitarbeiter Franz Göring waren ihm gefolgt. Mit ihnen arbeitete er an einem Memorandum. Sie hatten auch die 30 000 Dollar sowie die 28 000 Schweizer Franken mitgebracht, die der Chef des Amt VI zur ständigen Verfügung hatte. 1000 Dollar wurden an Jean-Marie Musy in der Schweiz überwiesen, waren wohl aber für Schellenbergs Familie in Süddeutschland gedacht. Die Mitarbeiter erhielten drei Monatsgehälter ausgezahlt, der Rest des Geldes ging an das schwedische Rote Kreuz. Als im ›Dagens Nyheter‹ und auch im ›Aftonbladet‹ Artikel samt Fotos erschienen, in denen er als prominentester Wendehals Nazideutschlands und als Himmlers Helfer bezeichnet wurde, begann Schellenberg an Rückzug zu denken. Man brachte ihn in Kontakt mit dem amerikanischen Militärattaché in Stockholm, Colonel Rayes, der ihn überredete, sich den Alliierten zu stellen und ihnen sein Wissen preiszugeben.

Am 17. Juni 1945 flog Schellenberg in Begleitung von Rayes in einer Dakota nach Frankfurt am Main. Im Hauptquartier des SHAEF wurde er ausführlich vernommen und dann den Engländern übergeben.

Auf einem Foto aus dieser Zeit sieht man ihn mit Hut und beigem Agentenmantel. Er wirkt ernst und leidend, hat einen leichten Bart, tiefe Einschnitte zeichnen die Wangen, die Stirn ist gerunzelt, die strengen Augen sind noch intensiver geworden, der Blick geht wie immer nach oben. Auch mit weißem Hemd und Krawatte sieht er nicht ganz sauber aus, ein Hauch von Unterwelt umschwebt ihn. Seine ganze meteoritenhafte Karriere war auf diesen Anblick eines Gehetzten und Gefangenen zugelaufen.

An einem sonnigen Junitag flog Schellenberg zum ersten Mal »gen Engelland«. Vor der Landung blickte er aus dem Fenster auf die riesige Stadt hinunter. Er konnte weder Trümmer noch andere Kriegswunden entdecken. Unwillkürlich sagte er: »Das verstehe ich nicht, überhaupt keine Zerstörungen ...«

London war (beinahe) heil geblieben, aber Schellenbergs Welt lag nun endgültig in Trümmern.

8. KAPITEL

Alle Wege führen in die Schweiz

43

Gesehen habe ich Onkel Max erst auf der Reise mit meinen Großeltern nach Zürich im Jahr 1947. Ich war gerade eingeschult worden und hatte doch schon eine Vergangenheit, denn es war eine Rückkehr auch für mich.

Ich spürte eine leichte Furcht vor der ersten Begegnung mit Onkel Max. Später habe ich rekonstruiert, dass es 1945, als wir noch in Zürich lebten, hieß: »Max ist aufgetaucht.« Dieses Wort *aufgetaucht* kam mir so unheimlich vor. Wo war er denn gewesen? Und wie sieht jemand aus, der auftaucht? Mein Vater brach sogleich auf, fuhr nach Genf und dann nach Lausanne und von dort weiter nach Montreux, aber er kam zurück, ohne ihn gesehen zu haben.

»Max ist fort«, sagte er. »Er steht zwar auf der Liste, aber er ist nicht da. Angeblich hat ihn jemand aus dem Lager abgeholt.« Er sagte »Lager«, aber er meinte nur das Hotel außerhalb von Montreux, in dem die meisten Ankömmlinge aus Theresienstadt untergebracht waren. Liste, Zug, Theresienstadt – wie oft habe ich diese Wörter damals gehört.

In den nächsten Wochen herrschte große Unruhe, aber irgendwann muss Max wieder aufgetaucht sein. Mir erzählte man nichts, ich konnte mir nur allerlei Geschichten ausmalen. Vielleicht sollte man die ganze Weltgeschichte aus der Kinderperspektive erzählen, aus Ahnungen und Ängsten, aus Missverständnissen und Alpträumen, aus unerfüllt gebliebenen Versprechungen und natürlich aus Illusionen, Fehldeutungen und den ganz kleinen Freuden, die ein

Kinderleben ausmachen, statt abgeklärter und durchschauter Erwachsenengeschichten, die sich aus Hass und Enttäuschung nähren.

Ich blieb eine Weile allein, Vater und Mutter fuhren nach Lausanne, kamen erst zwei Wochen später wieder zurück. Inzwischen versorgte mich eine Bekannte, doch ich fühlte mich zum ersten Mal verlassen. Die Erwachsenen kümmerten sich aber nicht nur um den auf- und dann wieder abgetauchten Max. Denn gerade um diese Zeit war meine Mutter wieder schwanger. Damals wurde wohl auch beschlossen, dass mein Vater in Zürich bleibt, während meine Mutter nach Paris geht und nunmehr mit dem Buchhändler Piet Cary, dem Vater des Kindes – meines Bruders also – zusammenlebt. Ein Kind bei Kriegsbeginn, eins zum Kriegsende, aber ich weiß nicht, ob auch diesmal jemand gefragt hat: Muss das denn sein?

44

Im Sommer 1947 kam die Vergangenheit zu Besuch. Sie kam in Gestalt meiner Großeltern. Von da ab hat ein Teil von mir nach rückwärts gelebt. Alles, was seither geschah, was ich erlebte und zu verstehen glaubte, diente auch dazu, Licht auf meine Vorgeschichte zu werfen.

Mitte der dreißiger Jahre hatten es Ludwig und Henriette Bamberger geschafft, nach Palästina auszuwandern. Nun wollten sie, zwei Jahre nach dem Krieg, ihre beiden noch lebenden Söhne wieder sehen und auch »die kultivierte Welt«, wie es meine Großmutter nannte. Außerdem wollten sie mich kennen lernen, das bildete ich mir zumindest ein. Sie besuchten uns in Paris und zusammen mit ihnen sollten wir in die Schweiz fahren.

Mein Vater, Franz Bamberger, lebte damals noch in Zürich, er ist um 1950 nach Frankfurt gezogen. Der andere Sohn, also Onkel Max, wohnte nun in einem Dorf oberhalb von Lugano. Der mittlere Bruder, Siegfried, war 1944 als amerikanischer Soldat in Frankreich gefallen.

Das Erste, was mir an meiner Großmutter auffiel – ich nann Omama –, waren ihre grünlich schimmernden Augen. An den Großvater kann ich mich kaum erinnern, die Bilder von Omama überdecken alles. Sie war eine mächtige Person. Körperlich war sie wohl eher zierlich, aber auf mich wirkte sie damals einfach mächtig, vor allem durch ihre eindringliche und etwas pedantische Art des Sprechens. Sie schien jedes Wort lange abzuwägen und mit besonderer Betonung zu sprechen, vor allem wenn sie das schöne Haus am Kemperplatz erwähnte, in dem ihre Familie vor dem Krieg wohnte. Sie hatte etwas von einer abgedankten Fürstin an sich. Wenn sie sprach und sich in ihren Erinnerungen verlor, schien sie zu wachsen. Auch hier in Paris erzählte sie oft »von früher«. Sie betonte, welche bedeutenden Leute zu Besuch kamen, welche glänzenden Aussichten ihre Kinder damals hatten.

Lange hatten die Großeltern sparen müssen, um sich die Reise von Palästina nach Europa zu leisten. Monatelang hatten sie sich um Pässe, Visa und Billetts kümmern müssen, außerdem benötigten sie eine Einladung aus Paris. Dieser Besuch war beinahe schwieriger zu bewerkstelligen als die Emigration aus Deutschland im Jahre 1936. Bis zur letzten Sekunde war es ungewiss, ob man sie auf das Schiff lassen würde, den griechischen Dampfer *Cyrenia*. Mitte Juni war es so weit. Im Hafen von Haifa brachte sie eine Barkasse zum Dampfer, der auf Reede lag. Die Freude an den überraschend komfortablen Kabinen wurde dadurch getrübt, dass Männer und Frauen getrennt untergebracht wurden, jeweils mehrere Personen gemeinsam.

Auf dem Schiff empörte sich eine Mitreisende, als sich meine Großeltern auf Deutsch unterhielten. »Wie kann man diese Sprache des Weltunglücks sprechen!« Danach haben sie auch untereinander nur noch Französisch gesprochen.

Das Schiff machte zunächst Station in Alexandria, wo es 36 Stunden festlag, sie aber an Bord bleiben mussten, weil Juden ägyptischen Boden nicht betreten durften. Dafür entwickelte sich vor dem Schiff ein buntes Treiben: Verkäufer bauten ganze Warenlager auf, hauptsächlich billige Ledersachen, Zauberkünstler produzierten sich, Bettler gesellten sich hinzu. Man kaufte und feilschte von der hohen Reling nach unten. War man einig, flog das Geld nach unten, die Ware, ganz gleich wie groß und schwer, nach oben, ohne jemals ihr Ziel zu verfehlen.

Auch im nächsten Hafen, Athen, blieben die Großeltern an Bord, wahrscheinlich, weil es an Land einfach zu heiß war. Dann ging es durch die Straße von Messina und an dem Feuer speienden Stromboli vorbei nach Genua. Sieben Tage hatte die Reise gedauert, sieben Stunden dauerte es, bis sie nach Erledigung aller Formalitäten an Land gelassen wurden. In Genua sahen sie zum ersten Mal Häuser in Trümmern, bis dahin kannten sie die schrecklichen Kriegsfolgen nur aus Berichten und Bildern in den Zeitungen. Sie machten einen Ausflug in die Stadt und das Umland und entsetzten sich über die vielen bettelnden Frauen und Kinder.

Nebel verzögerte die Weiterfahrt, so dass sie erst nach zwei Tagen in Marseille landeten, wo sie mein Vater, ihr jüngster Sohn, empfing. Auch hier gab es wieder endloses Warten, Gedränge, rüde Behandlung durch die Zöllner – »als seien wir irgendwie verdächtig und minderwertig«, erzählte Großmutter später, »ich wollte eigentlich nach Herzenslust weinen, aber die Zöllner haben es mir gründlich verdorben«.

Sie wollten etwas essen und trinken, aber das erhielt man nur auf Marken, was sie sehr erstaunte. Marken besaßen sie nicht, es wurden auch keine verteilt. Hungrig und durstig mussten sie 15 Stunden Zugfahrt bis Paris aushalten. Die ganze Reise war nur mit Schikanen und Opfern zu bewerkstelligen. Irgendjemand schien es ihnen besonders schwer machen zu wollen.

Am Bahnhof in Paris, Gare de Lyon, warteten meine Mutter und ich. Zwar war ich etwas enttäuscht, dass nicht gleich die Geschenke ausgepackt wurden, aber ich weiß noch, dass ich ganz vertrauensselig die Hand von Omama ergriff, als hätte ich sie immer schon gekannt.

Das Reisepech blieb den Großeltern in Paris treu. Die Museen oder die Kaufhäuser, die wir besuchen wollten, waren meist geschlossen. Die Metro streikte, und das Wetter war recht unangenehm. Es war sehr heiß in diesem Sommer, und die Großeltern litten unter der stickigen Atmosphäre in ihrem Zimmer im fünften Stock. Als es dann eine Serie von heftigen Gewittern gab, wurde es auch nicht besser.

Omama wunderte sich über die Auslagen in den Läden. »In Palästina hat man uns gesagt, hier gäbe es keine Schuhe und keine Lebensmittel!« Unser Brot allerdings fanden die Großeltern miserabel. Ich glaube, in den Nachkriegsjahren wurde noch viel Maismehl in den Brotteig gemischt. An einem Abend standen wir in Montmartre vor Sacré-Cœur und sahen unter uns Abertausende Lichter. Ringsum tobte eine fröhliche Menschenmenge, singend und tanzend, die vielen Gaststätten, mit Lampions geschmückt, waren überfüllt. Und endlich waren auch die Großeltern mit ihrer Reise zufrieden. Das war es wohl, was sie erleben wollten.

Ein kleines Problem bereiteten unsere verwickelten Verhältnisse. Meine Mutter nannte die Frau, die ja doch nicht mehr ihre Schwiegermutter war, immer bei ihrem Vornamen, Henriette. Meiner Omama gefiel die Situation unserer Familie nicht, vor allem, dass mein Vater, ihr Sohn, und der neue Gefährte meiner Mutter, mein Stiefvater Piet, so vergnüglich-verträglich miteinander umgingen. Dreimal haben uns meine Großeltern insgesamt besucht, und jedes Mal hatte mein Vater eine neue Frau. Für mich war es kein Problem, ich hatte es ja nie anders gekannt. Mein Stiefvater sagte einmal zu mir: »Du hast mich adoptiert.«

45

Anfang Juli 1947 fuhren wir mit dem Nachtzug von Paris nach Zürich. Es gab ein gutes Frühstück im Speisewagen, Zoll und Passrevision gingen reibungslos vonstatten, mit Essensmarken wurde man beim Eintritt in die Schweiz sofort versehen. Das war doch eine bessere Organisation als in Frankreich, wie meine Großmutter laut bemerkte.

Wir wohnten in der Pension Susenberg, fast auf der Höhe des Zürichberges, hatten ein großes elegantes Zimmer, dazu eine herrliche Terrasse. Bei klarem Wetter sahen wir nicht nur ganz Zürich und den See vor uns liegen, sondern auch die ewigen Schneeberge, Urirotstock, Titlis, Pilatus, manchmal auch die Berner Alpenkette. Wir gingen ins Wellenbad, zum Dolder, dem Kurhaus für reiche Leute, mit Golfplätzen ringsum und allem erdenklichen Luxus. Oft machten wir einen Spaziergang in die Stadt hinunter, staunten über die großartigen Geschäfte. In der engen Altstadt sagte Omama: »Hier sieht es aus wie in Hildesheim, aber das soll jetzt ja ganz zerstört sein.«

Ich erinnere mich dunkel, dass ich eines Abends allein bleiben musste, weil die Großen zu einer Veranstaltung in die Stadt fuhren, die niemand verpassen wollte. Es war immer von einem »Mann« die Rede. Erst Jahre später wurde mir klar, dass es eine Lesung oder Rede von Thomas Mann gewesen sein musste. Ein ganz großes Erlebnis für die Erwachsenen.

Meine Großmutter wollte unbedingt das Wesendonk-Haus sehen, in dem Richard Wagner den Tristan vollendet hatte, und die Lavaterstraße. Jemand las den Text der Gedenktafel vor, auf der etwas von Goethes Besuch bei Lavater stand. Mir kam dieser Name seltsam vor, er brachte mich in meiner Zweisprachigkeit ganz durcheinander. Und so fragte ich: Heißt der Mann nicht Levater? Die andern haben über meine Frage gelacht, tagelang wurde das als guter Witz wiederholt, was ich gar nicht lustig fand.

Ende Juli ging es endlich weiter mit dem Zug von Zürich nach Lugano, eine herrliche Fahrt, vorbei am Zürcher See, am Zuger See, am Vierwaldstätter See. Leider störten unzählige Tunnel den Blick. Die Rhône begleitete uns lange, man sah viele Wasserfälle, schönste Laubwälder, größere und kleinere Dörfer. Bis zum Gotthard präsentierten sich die Häuser im hübschen sauberen Schweizerstil.

In Bellinzona, wo wir umstiegen, erwartete uns Onkel Max. Mir kam es vor, als hätten wir eine lange geheimnisvolle Reise machen müssen, um endlich zu ihm zu finden, dem rätselhaften Onkel mit der sonderbaren Geschichte.

Aber der Weg blieb mühselig. Mit dem gelben Postbus fuhren wir die 600 Meter hinauf bis nach Ciona, dem kleinen Dorf, in das sich Max mit seiner Braut verkrochen hatte, das ziemlich verfallen aussah (manche nennen das malerisch). Wir hatten ein kleines turmartiges Haus mit vollständiger Einrichtung gemietet. Unser Turm, wie wir sagten, lag an einem großen eingezäunten Wald am Fuß des Monte San Salvatore. Im Dorf blühten rote Alpenveilchen; Nussbäume, Maronenbäume und andere Laubbäume boten in der großen Hitze immer etwas Schatten und Kühle. Die Großeltern schliefen nicht im Turm, sondern in einem Holzhäuschen nahebei. In unserem Dorf gab es absolut nichts zu kaufen, der nächste Ort, Carona, war 20 Minuten entfernt. An allen Häusern sah man Wandgemälde und kunstvolle alte Gitter.

Ein paarmal fuhren wir mit dem Autobus 25 Minuten nach Lugano hinunter. Dort herrschte zu jeder Tageszeit touristisches Treiben, überwiegend bevölkerten Engländer und Amerikaner die Stadt. Es wurde erzählt, dass einige Gäste von Einheimischen verprügelt worden waren, weil sie sich nicht dezent genug gekleidet hatten.

Vor der Abfahrt hatte Omama eine große Menge Schokolade gekauft, die sie nach Palästina mitnehmen wollte. Ich war sehr enttäuscht, dass ich nichts abbekam. Die Erwachsenen waren mit Gesprächen über Abschied und Wiedersehen beschäftigt. Als der Postbus eintraf und am Ende der Dorfstraße gleich vor unserem Turm kehrtmachte, fuhr er rückwärts in das abgestellte Gepäck hinein. Der Schokoladenkoffer wurde vollständig zerquetscht. Eine gewisse Schadenfreude konnte ich nicht unterdrücken. Meine Großmutter kam mir damals ziemlich humorlos vor, erst nach dem Tod ihres Mannes erlebte ich sie gesprächig und aufgeräumt, als hätte sie einen Teil von dessen Charakter geerbt.

An einen der Abende damals in Ciona kann ich mich gut erinnern. Wir saßen auf einer Terrasse, meine Eltern, meine Großeltern, Piet, der neue Lebensgefährte meiner Mutter, Onkel Max und Tante Elli, und ich irgendwo dazwischen. Keiner wollte etwas sagen, obwohl es doch so viel zu erzählen gegeben hätte.

Plötzlich begann mein Vater: »Ist doch seltsam. Nun sind wir alle in der Schweiz gelandet, und alle auf sonderbaren Umwegen.«

»Und dabei heißt es immer, alle Wege führen nach Rom«, lachte meine Mutter.

»Ohne die Hitlerei hätten wir das einfacher haben können«, fiel meine Großmutter ein, »wir hätten am Kemperplatz, im Neuen Westen oder sonstwo in Berlin zusammengesessen.«

»Wäre dir der Lago di Wannsee wirklich lieber?«, fragte mein Vater.

»Mir wäre lieber, unser Siegfried wäre jetzt auch bei uns«, entgegnete meine Großmutter.

Ehe zu viel Melancholie aufkommen konnte, brach es plötzlich aus meinem Stiefvater Piet Cary hervor: »Habe ich euch eigentlich mein seltsamstes Zugabenteuer erzählt? Das war 1917. Als junger Soldat war ich bei Konstanz stationiert. Da kam der Befehl, zehn Mann aus unserer Kompanie hätten einen geheimnisvollen Zug zu begleiten, der ohne Halt durch das Reichsgebiet fahren sollte. Das haben wir dann auch gemacht, und Herr Lenin, denn um ihn handelte es sich, ist unbehelligt bis nach Sassnitz auf Rügen gelangt. Den Rest der Reise machte er ja per Schiff. Zu Gesicht bekommen haben wir ihn aber nicht.«

Meine Großmutter wurde lebhaft, ging aber gar nicht auf diese Anekdote ein. »Sag mal, Max, was ist denn wirklich passiert, nachdem du in die Schweiz gekommen bist? Das hast du immer noch nicht erzählt.«

9. KAPITEL

Der Champagnerzug

46

Es ist ein besonders prächtiger April. Die Schwäbische Alb ist ein Traum in frischem Grün und leuchtendem Weiß. Ein feiner Schimmer liegt über der Landschaft. Die sanft gewölbten Hochflächen haben sich herausgeputzt, als stünde ein Fest bevor, ein feierlicher Empfang. Auf den Streuobstwiesen blühen die Birnbäume. An den Mulden von eingebrochenen Karsthöhlen glimmen Mondviolen. Die Haselnusssträucher bekommen schon feine Blattspitzen, das Weiß der Dolden vom Holunder ist noch ganz zart, aber bald werden sie ihren starken Duft verbreiten. Am Rande der Wiesen schaut man in eine weiße Wand aus überschäumenden Schlehenbüschen.

Die Zapfen des Wacholders zeigen sich als kleine graugrüne Beeren, die herzförmigen Ährchen vom Zittergras schwanken an langen Stielen im Wind. Wer genauer sucht, findet auch das Knabenkraut, eine purpurfarbene Orchideenart mit dunklen Punkten auf den Blättern, Maiglöckchen sind schon zu sehen, Glücksbringer, aber auch Hundsveilchen und Akelei, Jakobskraut und Salomonsiegel. Ein feiner Knoblauchduft an den Waldrändern verrät, dass der Bärlauch schon in voller Blüte steht.

An der strauchartig hohen Kornelkirsche, volkstümlich Vorwitz genannt, weil sie so früh ihre gelblichen Blütenbüschel zeigt, entfalten sich schon die eiförmig zugespitzten, an ihrer Unterseite filzig behaarten Blätter. Im September kann man die roten Steinfrüchte zu Marmelade verarbeiten, aber so weit denkt jetzt niemand. Und niemand denkt in diesem Jahr daran, kleine Birken mit farbigen Bändern als Maibäume vor den Fenstern der Geliebten aufzustellen. Es ist ja auch erst Georgitag.

Kristallklare Bäche bahnen sich ihren Weg durch Kalkstein und winden und schlängeln sich durch Wiesen; an ihren Rändern drängen sich Sumpfdotterblumen. An Wald- und Feldrand stehen Büsche von Mehlbeeren, Vogelbeeren und Heckenrosen. Kriechender Günsel rankt im feuchten, moosdurchsetzten Gras. Wiesenschaumkraut verteilt hellrosa getönte weiße Wölkchen über die Wiese.

Zitronenfalter sind unterwegs, aber auch Meisen, Finken, Lerchen, Amsel, Elster, Specht, Krähen, Saatkrähen, der kreischende Ruf des Eichelhähers, der die Waldpolizei spielt, ist nicht zu überhören. Der Rote Milan in seinem rostbraunen Federkleid, zuweilen auch ein Mäusebussard, kreist hoch über den Baumwipfeln der Mischwälder mit Eiche, Ahorn, Linde, Esche und der alles beherrschenden Buche. Reh und Feldhase trauen sich zuweilen aus der Deckung. Die zarten Spitzen der Fichten verleihen den buschigen Nadelwäldern Glanz und Frische.

Sanft und behäbig ist die Landschaft, ohne weite Horizonte. Hier strebt nichts ins allzu Große, Buckel reiht sich an Buckel, Tal an Tälchen, Waldstücke und Wiesen wechseln mit Äckern.

Das Grundgestein besteht aus Granit und Gneis, so lernen es die Kinder in der Schule, darauf aufgebaut Buntsandstein, Ablagerungen von Muschelkalk, darüber Ablagerungen von Schwarzem, Braunem und Weißem Jura. Der Weißjura ist von Rissen, Spalten und Klüften durchzogen, enthält viele Karsthöhlen und Tropfsteinhöhlen. Der Schwarze Jura bietet nicht nur Fossilien (Saurier, Ammoniten), sondern auch Ölschiefer.

Mauswedel, Engelsbirne, Roter Sternapfel, Hexenbesen, Königskerze, Himmelsschlüssel – schon die Namen der Blumen sind Gedichte. Beim Anblick blühender Kirschbäume wird man unwillkürlich zum Heimatdichter, auch wenn das Gemüt in diesem Frühjahr eher auf Herbst steht.

So wie sich Greise ergehn beim Sonnenschein, abends, so stehen
Distelhäupter am Weg. Weit glänzt ihr silbernes Haupthaar. -
Leicht mag ihnen der Tod wohl werden, wenn nächstens das große
Sterben beginnt im Wald, auf Feldflur, Heide und Talgrund.

Das große Sterben hat schon zu lange gedauert. Bald muss es enden. Aber noch ist es nicht so weit, noch hat der Frühling nicht gesiegt. Noch wird auch auf der Alb gestorben. Denn die blühende Landschaft hatte in den letzten Rüstungsplänen des untergehenden Reiches unerwartete Bedeutung erhalten.

Weil der Wehrmacht das Öl auszugehen drohte, sollten die heimischen Produktionsstätten ausgebeutet werden. Auf der Alb, zwischen Tübingen und Rottweil, fand das letzte Experiment des Dritten Reiches statt. Der oberste Alchimist war Heinrich Himmler. Er hatte den Auftrag zur Ausbeutung der württembergischen Ölschiefergebiete erteilt. »Unternehmen Wüste« hieß die Planung, die der Ölversorgung der Waffen-SS und des Heimatheeres dienen sollte. Die SS sorgte auch für die Arbeitskräfte, deren Leben nicht geschont zu werden brauchte, Häftlinge aus dem elsässischen Konzentrationslager Natzweiler-Struthof, später aus den evakuierten Lagern im Osten. Während daran gearbeitet wurde, dass mit Himmlers Erlaubnis einige Juden in die Schweiz reisen durften, bauten Zwangsarbeiter im Januar 1945 in der Schwäbischen Alb das letzte Lager, in Barfußkommandos, bei Kälte und Schnee.

Teergestank lag in der Luft. Im Tagebau wurde der blättrige Posidonienschiefer abgebaut und dann zermahlen, in freiem Gelände zu Meilern aufgeschichtet, in die man Absaugrohre einführte. Das Abdeckmaterial aus Torf oder Braunkohle wurde entzündet, die durch den Schieferstaub wandernde Gluthitze trieb Öl aus, das durch die Röhren abgesaugt wurde, bestenfalls ein Tropfen pro Minute. Dafür quälte man Tausende Zwangsarbeiter aus Frankreich, Belgien, Polen und Russland zu Tode. Aus 35 Tonnen Ölschiefer konnte in den »Wüstenwerken« eine Tonne Schweröl gewonnen werden. Jede Tonne kostete zwei Menschenleben.

47

Der Ölschieferstollen nahe dem kleinen Ort Hoffingen ist aber schon zugeschüttet worden. Eine Kompanie unter dem Kommando von Hauptmann Kurt Krögen steht davor und bewacht ihn tapfer. Irgendwann im Oktober war ein seltsamer Zug angekommen, vier nur mit Planen abgedeckte Waggons, jeder von einem anderen Typ, geschoben von einer Rangierlok. Der Zug war hineinbugsiert und der Stollen danach versperrt worden. Ein Oberst vom SD war dabei und gab seine Instruktionen. Unter den Planen war ein seltsames Klimpern und Klingen zu hören gewesen. Das sei geheimes Kriegsmaterial, hatte es geheißen, und von des Führers Wunderwaffe hatte man ja schon manches gehört. Sie sollte die Wende bringen im Krieg, den Sieg, an den man nicht mehr glauben konnte und doch glauben musste, wenn man nicht dran glauben wollte.

»Das Material darf auf keinen Fall in die Hand des Feindes geraten. Sie haften mit Ihrem Kopf dafür«, hatte der Oberst gedonnert. »Notfalls zerstören Sie es.«

Auf Hauptmann Krögen und seine Kompanie war Verlass. Sie versah ihren Wachdienst, auch an diesem Montag, dem 23. April 1945. Angeblich rückten in dieser Gegend die Franzosen vor, nicht die Amerikaner. Die Fremdarbeiter aus den benachbarten Ölschieferstollen verweigerten seit Tagen die Arbeit. In einem Dorf in der Nähe hatte ein Bauer kampfwütige Hitlerjungen entwaffnet, dann aber wurden der Bauer und seine Helfer gehenkt, mit einem Plakat neben ihren Leichen: »Das deutsche Volk ist entschlossen, mit zunehmender Schärfe solche feigen, selbstsüchtigen und pflichtvergessenen Verräter auszumerzen, und wird nicht davor zurückschrecken, auch deren Familien aus der Gemeinschaft des in Ehre kämpfenden deutschen Volkes zu streichen.«

Leute, die zu früh die weiße Fahne gehisst hatten, wurden erschossen oder aufgeknüpft, auch wer Panzersperren abbauen ließ oder deren Bau verhinderte. Die Leichen blieben tagelang hängen, auf Schildern stand: Volksverräter!

Der örtliche Parteibonze von Hoffingen entzog sich dem Volkssturm, schützte einen Herzfehler vor. »Mir hend schliaßlich Beziehunga«, sagte seine Frau.

Am Morgen dieses Georgitages liegen die Berge im Dunst, seltsame Schattierungen von Blau, die sich mit der kommenden Sonne ins leicht Orangenrote verwandeln, man könnte es auch champagnerbeige nennen.

Keinen Blick dafür hat der Ortsgruppenleiter. Er hat die Panzersperren wegnehmen lassen. Hauptmann Krögen, der nicht nur das Dorf unverteidigt sieht, sondern auch den dahinter liegenden Ölschieferstollen, lässt sie wieder vor dem Dorf errichten. Es kommt zu einem Wortwechsel mit heftigen gegenseitigen Drohungen.

Der Ortsgruppenleiter sagt: »I han da höhere Rang. I verleg d' Verteidigungslinie ja nur henders Dorf.«

48

Max Bamberger hat das Gefühl, viel zu spät aufzuwachen. Er schreckt hoch wie aus wirren Träumen und spürt, dass er etwas verpasst hat. Aber es ist, als hätten seine Träume Monate und Jahre gedauert. Und in diesem Augenblick schnurren sie zusammen zu einem einzigen Tag, zu einer unwirklichen Nacht.

Der Lkw bleibt stehen, und Max betrachtet die friedvolle Aprillandschaft. Das frische Grün tut den Augen wohl. Wie viele böse Bilder kann so ein Anblick fortwaschen. Aber er ist nicht ruhig genug, er spürt steigende Nervosität, weil er nicht mehr weiß, was er hier macht. Er ist schon wieder am falschen Ort.

Er weiß nicht, ob ihm vom Fahren so schwindlig ist oder von dem vielen Erzählen Hans Bürglers, der sich immer noch als »sein Freund« bezeichnet. Seit sie die Schweizer Grenze in Richtung Norden passiert haben, sucht sich der Wagen ausgemachte Schleichwege.

Der Fahrer sagt kein Wort, scheint seine Route genau zu kennen. Er stamme aus der Gegend, hatte Hans gemurmelt.

Schon als Hans in Montreux aufgetaucht war, hatte dieser seltsame Erzählrausch begonnen.

»Mir verdankst du dein Überleben«, sagte er, »nun schuldest du mir einen kleinen Gefallen.«

Während Hans und der Fahrer noch über den Weg beratschlagen, sagt Max: »Ich habe das Gefühl, ich sollte zurück.«

»Zurück wohin?«

»Wo wir hergekommen sind.«

»Nach Theresienstadt? Hat es dir da so gut gefallen?«

Hans ist spürbar nervös geworden. Aber es tut ihm sofort Leid, so brüsk gewesen zu sein. »Ich meine nur, das Wort zurück hat in deinem Fall doch wenig Sinn.«

Max schweigt, will dazu nichts sagen.

»Was denkst du? Die ganze Weltgeschichte ist in Bewegung gesetzt worden, um dich da rauszuholen, und du willst mir nicht einen kleinen Gefallen tun.«

»Ich lege keinen Wert darauf, in diesem Krieg eine Rolle zu spielen.«

»Was sagst du?«, fragt Hans etwas zerstreut, fährt aber gleich mit seinem Stenogramm fort.

Er habe in Bregenz für den Sicherheitsdienst gearbeitet, erzählt Hans. Deshalb wusste er von dem Zug aus Theresienstadt.

»Du ahnst nicht, wie lange Verhandlungen für die ganze Aktion nötig waren!«

Aber nun komme die Entschädigung für alles. Im Herbst 1944, als die Deutschen Frankreich räumen mussten, habe er einigen hohen Tieren geholfen, eine ganze Zugladung Champagnerflaschen in Sicherheit zu bringen. Durch Kämpfe und Bomben hätten sie den Zug heil nach Schwaben geleitet. Hier würde es sichere Stollen und genug Dieselöl geben, hatte es geheißen.

»Weißt du, was das wert ist? Zehntausende bester Flaschen. Damit kann man ein Vermögen machen. Wir müssen sie nur in die Schweiz verfrachten. Du sollst als Schweizer Hotelbesitzer auftreten. Ich habe erstklassige Papiere. Als Schweizer kann dir nichts passieren. Du musst erklären, dass es deine Ware ist, die aus Versehen umgeleitet wurde. Ich habe die Papiere, keine Bange.«

Max erwidert nichts. Er weiß nicht, ob er Hans glauben soll. Er ist dabei aufzuwachen, herauszufallen aus dieser Geschichte, die ihn so lange gefangen hielt. Aber gerade in dem Moment, wo alles von ihm abfällt, ist er in eine gefährliche Lage verstrickt. Vor ihnen liegt ein Dorf, und vor diesem Dorf stehen sich deutsche Soldaten und die Vorhut einer französischen Kompanie gegenüber.

»Wir kommen zu spät«, flucht Hans. »Sie werden den Stollen vor uns ausräumen. Wir müssen uns etwas einfallen lassen.«

Er überlegt eine Weile.

»Jetzt sind wir eben alle Schweizer. Der Wagen hat ja sowieso ein Zürcher Nummernschild.«

Vor dem Dorf Hoffingen marschiert eine Gruppe Fremdarbeiter mit einer selbst gefertigten Trikolore auf. Sie wollen offensichtlich den Franzosen entgegengehen. Unter dem kleinen Haufen deutscher Soldaten entsteht Unruhe, einige entsichern ihre Gewehre. Jetzt nähert sich ein zweiter Trupp, es sind die Frauen von Hoffingen, in Sonntagskleidern, ganz ohne Kittelschurz. Sie haben soeben den Ortsgruppenleiter verprügelt, der daraufhin das Weite gesucht hat. Die Buben mit den Panzerfäusten wurden von ihnen fortgejagt, waren ja ihre Buben. Sie wollen keine Schießerei im Dorf und haben deshalb weiße Tücher an ihre Reisigbesen geknüpft, die sie nun in die Höhe halten. Am Ortsschild vereinigen sie sich mit den Fremdarbeitern. Hauptmann Krögen tritt ihnen drohend entgegen, mit entsichertem Gewehr. Die Frauen kümmern sich nicht um ihn, reden stattdessen auf seine Soldaten ein, die schließlich bereit sind zu kapitulieren und die Waffen abzugeben. Krögen verzieht sich fluchend, denn schon rollen die ersten französischen Panzer auf das Dorf zu. Die Fremdarbeiter laufen ihnen jubelnd entgegen.

In diesem Augenblick hält ein Lastwagen mit Schweizer Kennzeichen, aus dem drei Männer steigen. Einer von ihnen – es ist Hans Bürgler – geht ohne zu zögern auf die Franzosen zu und erklärt in perfektem Französisch, im Ölschieferstollen sei ein Zug untergestellt, der eine Lieferung enthalte, die eigentlich für das Hotel Savoy in Zürich bestimmt war, von der Wehrmacht aber konfisziert wurde. Der ältere Herr dort sei der Hoteldirektor, man könne alles belegen. Und er greift nach Papieren. Der kommandierende Offizier schaut sie sich an und sagt weiter nichts.

Stunden später haben die Fremdarbeiter unter Mithilfe einiger französischer Soldaten den Eingang zum Stollen freigelegt. Tatsächlich, da stehen vier Waggons samt Lokomotive. Nach einigen Manipulationen gelingt es, die Lokomotive langsam in Gang zu setzen. Ein Soldat springt auf den Zug und schaut sich die Kästen an.

»C'est du champagne!«, ruft er.

Allgemeines Freudengeheul antwortet ihm, jetzt werden alle aktiv, klettern auf die Waggons.

»Aber das gehört uns!«, schreit Hans. »Das ist Schweizer Privatbesitz!«

Er merkt gar nicht, dass Max wieder in den Lastwagen gestiegen ist.

Plötzlich pfeifen Schüsse durch die Gegend.

Hauptmann Krögen hat sich angesichts der schmählichen Kapitulation hinter einen Felsen zurückgezogen und feuert auf den Zug. Champagnerflaschen explodieren. Der Zug setzt sich scheinbar von allein in Bewegung, gewinnt auf der leicht abschüssigen Strecke an Fahrt.

Noch mehr Schüsse fallen, bis ein französischer Stoßtrupp Krögen außer Gefecht setzt. Aber der Zug kommt ins Schlingern, die Soldaten springen ab. In einer Kurve kippt ein Waggon um, der Zug bleibt stehen. Kisten stürzen zu Boden, immer mehr Flaschen explodieren, eine sprudelnde Champagnerfontäne ergießt sich.

Während sich die Soldaten und die Fremdarbeiter einen Spaß daraus machen, die Flaschen zum Knallen zu bringen, stürzt Hans herbei, greift sich eine Kiste, die intakt zu sein scheint, und schleppt sie zum Lastwagen.

»Wenigstens eine«, sagt er. Seine Wut wird überdeckt von der ansteckenden Fröhlichkeit der Szene.

»Ich habe das Gefühl, wir sollten zurück«, sagt Max. Wochen später, in Montreux, war er nicht mehr sicher, ob er das alles wirklich erlebt hatte.

Epilog

Bei meiner historischen Lektüre, meistens spät abends in der Buchhandlung, habe ich eine Rede entdeckt, in der Himmler seinen Befehl vom Juli 1942 kommentiert, jüdische Kinder aus Frankreich »in den Osten« zu schicken. »Ich habe mich nicht für berechtigt gehalten – das betrifft natürlich die jüdischen Frauen und Kinder –, in den Kindern die Rächer groß werden zu lassen, die dann unsere Kinder und Enkel umbringen ... Folglich wurde die Frage kompromisslos gelöst.«

Himmler hätte also auch meiner Mutter und mir diese Reise ohne Wiederkehr beschert, wenn wir nicht in die Schweiz entkommen wären. Und mit Himmlers Billigung hat Onkel Max 1944 Theresienstadt verlassen dürfen.

Als mir das deutlich wurde, konnte ich mehrere Nächte lang nicht schlafen. Vielleicht erklärt das, warum ich mit dem Erzählen der Geschichte von Onkel Max gewartet und auf fremde Hilfe gehofft habe, warum ich sie aber auch nicht vergessen konnte.

In meinen Träumen sah ich immer wieder seine Augen, die ich so geliebt hatte. Sonst wich er ja Blicken eher aus, als empfinde er die Zuwendung von anderen als Störung. Beim letzten Besuch, ich war gerade elf geworden, als er uns oben an der Bushaltestelle im Dorf verabschiedete, sah er mich auffordernd und auch etwas hilflos an, als erwarte er etwas, das er aber nicht aussprechen wolle. Nie werde ich diesen Blick vergessen. Gewiss spürte er, dass es ein Abschied für immer war.

So möchte ich auch seine Geschichte haben. Man umkreist sie, man nähert sich ihr von verschiedenen Seiten, man folgt ihren Umwegen und Abwegen, doch einmal schaut sie einen an, einmal glaubt man, das Wesen eines Menschen zu erfassen und das Bündel unerzählter Geschichten, die mit ihm verloren gehen.

Vor zwei oder drei Jahren, auf meiner letzten Reise nach Zürich, machte ich in einer ansteigenden Gasse der Altstadt vor einer Mauer Halt, in die man einen Grabstein aus der Römerzeit eingelassen hatte. Darauf betrauerte ein Elternpaar sein Söhnchen, das mit anderthalb Jahren gestorben war. Der kleine Schmerz, in der Weltgeschichte untergegangen, das ganz private Unheil, hatte ein bleibendes Zeugnis geschaffen, denn dieser Grabstein war nun das älteste Dokument der Stadtgeschichte. Hier stießen zwei Zeitspuren aufeinander, die wenigen Monate eines Kinderlebens und die mehr als 2000 Jahre seither. Ich las die lateinische Inschrift und spürte die große Liebe zu dem verlorenen Kleinen, als hätte ich alles miterlebt.

Die Vergangenheit ist eine Nacht, aus deren Schatten wir nie heraustreten. Sie zieht uns zurück, macht uns zu Marionetten, zu unfreiwilligen Spielern auf fremden Schauplätzen. Erst wenn die Erinnerungen einmal glücklich zu Ende erzählt sind, können wir aufatmen.

Nachwort

DR. KAUFFMANN: *Did you know that your activity, too,
could bring suffering to many people,
to people who were per se innocent?*
SCHELLENBERG: *I did not understand the question.
Will you please repeat it?*

Nürnberger Prozess 1946

Bei Kriegsende war Walter Schellenberg bei Graf Bernadotte in Schweden und schrieb auf dessen Rat einen Bericht über die Verhandlungen der letzten Monate. Ergebnis war das sog. Trosa-Memorandum, benannt nach dem Dorf, in dem Schellenberg damals lebte. Die Alliierten verlangten seine Auslieferung, die auch erfolgte. Nach scharfen Verhören in London wurde Schellenberg nach Nürnberg ins Gefängnis gebracht. Im Nürnberger Prozess wurde er als Zeuge im Verfahren gegen die Hauptkriegsverbrecher gehört (darunter Göring, Ribbentrop und Kaltenbrunner). Sein eigenes Verfahren begann erst 1948 im Rahmen des Wilhelmstraßen-Prozesses. Das Urteil wurde im April 1949 verkündet. Schellenberg wurde nur in zwei Punkten schuldig gesprochen, als Angehöriger von SS und SD, die zu kriminellen Vereinigungen erklärt worden waren, zudem wegen der Mitschuld an der Ermordung russischer Kriegsgefangener im Rahmen der Operation Zeppelin. Als mildernde Umstände wurde seine Mitwirkung bei Rettungstaten wie der »Musy-Aktion« gewertet, unabhängig von seinen Motiven dabei. Die Verurteilung zu sechs Jahren Haft, beginnend mit 1945, war eines der mildesten Urteile in Nürnberg. Schon im Juli 1951 wurde er entlassen.

Im Gefängnis hatte er weitergeschrieben. Das Manuskript war von einem amerikanischen Gefängniswärter herausgeschmuggelt und dem Schweizer Scherz Verlag zugesandt worden. Nach seiner Freilassung begab sich Schellenberg in die Schweiz und schloss einen Vertrag über die Publikation seiner Memoiren.

Der sehr kranke Schellenberg (Anzeichen von Leberkrebs waren schon in der Gefangenschaft aufgetreten) kontaktierte auch den Schweizer Geheimdienstchef Roger Masson. Der vermittelte ihm einen deutschen Chirurgen, aber Schellenberg konnte sich nicht zu einer Operation entschließen. Untergebracht wurde er in Romont zwischen Lausanne und Fribourg, in Musys Heimat. Das Schweizer Außenministerium betrachtete ihn als illegalen Einwanderer und verwies ihn des Landes. Er zog in den italienischen Ort Pallenza am Lago Maggiore.

Im Sommer 1951 bat der Verleger Alfred Scherz den deutschen Journalisten Klaus Harpprecht um Mitarbeit bei der Redaktion. Schellenberg hatte schon 1000 Seiten geschrieben. Die Arbeit wurde durch eine Reise nach Madrid zu Otto Skorzeny unterbrochen. Vielleicht hatte die Reise einen besonderen Grund. Laut einer Meldung des amerikanischen Geheimdienstes CIC von 1948 waren am 1. Mai 1945 im Auftrag von Schellenberg der Ingenieur Schada und der Pilot Susemihl von Warnemünde nach Barcelona geflogen, an Bord größere Mengen an Golddollar und Dokumente aus dem Reichssicherheitshauptamt. Das Heinkel-Flugzeug wurde an die spanische Regierung verkauft. Die beiden Deutschen kehrten mit dem Schiff nach Deutschland zurück.

Im Oktober 1951 erbat und erhielt Schellenberg eine Audienz beim Papst. Im Februar 1952 wurde Schellenberg von dem Schweizer Journalisten André Brissaud interviewt.

Schellenberg war krank und besaß wenig Geld. Er fühlte sich von englischen und französischen Agenten überwacht. Er hatte gehofft, man würde ihn und nicht Reinhard Gehlen mit dem Aufbau eines gegen die Russen arbeitenden Nachrichtendienstes in Deutschland beauftragen.

Woher bekam er Geld? Aus dem Testament von Bernadotte, der 1948 in Jerusalem erschossen worden war? Oder von Coco Chanel? Er hatte sie im Sommer 1951 in Lausanne angerufen. Es kursieren Gerüchte, sie hätte ihm oder später seiner Witwe Geld gegeben, damit ihr Name nicht in seinen Memoiren erscheine. Aber das ist, wie so viele Geschichten um sie, nicht überprüfbar. Harpprecht gegenüber sprach Schellenberg von geheimen Belohnungen aus Israel für seine Rettungstaten. Vielleicht wurde er ja ein Opfer seiner eigenen Legende.

Sein Zustand verschlechterte sich, er unterzog sich einer Operation und starb am 31. März 1952 in einer Klinik in Turin. Er war 42 Jahre alt. Das Grab 1673 hatte zunächst einen Stein mit Namen und Daten: Walter Schellenberg 1910–1952. Aber der Stein wurde von Unbekannten entfernt. Das Grab des Geheimen sollte geheim bleiben.

Schellenbergs Witwe zog alsbald nach Düsseldorf und behielt das Manuskript. Sie stand in Kontakt mit Werner Best, einst Mitarbeiter des Reichssicherheitshauptamtes und dann Beauftragter im besetzten Dänemark, wo er in den letzten Kriegswochen intensiven Kontakt mit Schellenberg hielt, und nun für die Kanzlei von Ernst Achenbach in Essen tätig. Dieser hatte die Verteidigung Werner Naumanns aus dem Propagandaministerium und anderer Nationalsozialisten übernommen, betreute ein ganzes geheimes Netzwerk alter Kameraden und suchte als FDP-Abgeordneter alle Gesetze gegen Kriegsverbrecher zu verschleppen, ein Lobbyist, der selbst in die Repressalien der Besatzungspolitik in Frankreich verstrickt war.

Best riet Frau Schellenberg, die Memoiren nicht in der Schweiz, sondern in Deutschland veröffentlichen zu lassen. Unter einem Decknamen erschienen reißerische Auszüge in der Illustrierten ›Quick‹. Inzwischen war auch das Material, das ihr Mann in Schweden verfasst hatte, an Frau Schellenberg gelangt.

Sie schickte es nach England, wohin man wiederum Klaus Harpprecht kommen ließ. Die Unterlagen befanden sich in ziemlicher Unordnung. Die englische Fassung wurde 1955 von Alan Bullock überprüft, der das Material für echt hielt. Der Übersetzung lag der Entwurf zugrunde, den Harpprecht aus Schellenbergs Vorlagen verfertigt hatte. Sie umfasst nur einen Teil dessen, was Schellenberg geschrieben hat.

Die englische Fassung wurde 1956 mit Vorwort von Alan Bullock veröffentlicht. Verschiedene deutsche Ausgaben erschienen seit 1957 mit einem Vorwort von Klaus Harpprecht, der zwar Schellenberg porträtierte, seine eigene Rolle bei der Redaktion des Textes aber nicht erläuterte.

Vergleicht man den deutschen Text mit dem im Institut für Zeitgeschichte in München nun zugänglichen Original, so sieht man, dass es sich um eine beträchtliche Überarbeitung handelt. Dass man Memoiren leserfreundlich und eleganter als das Original gestaltet, ist im Prinzip akzeptabel, aber hier verfälscht es das Bild einer problematischen Persönlichkeit. So elegant, so sachlich und selbstkritisch schrieb Schellenberg nicht. Seine eigenen Texte sind plump, verdreht und voller Naziterminologie (wie auch anders?).

»Der Versuch, die Judenfrage in Deutschland trotz aller vorherigen vergeblichen Bemühungen doch noch zu einem einträglichen Ergebnis [zu bringen] – nämlich dem, dass sozusagen noch in letzter Minute die noch in Deutschland lebenden Juden erhalten blieben ...« So formulierte Walter Schellenberg noch 1948. Es gab also eine Judenfrage, die man »lösen« musste, und die Rettung der letzten Juden war ein »einträgliches Ergebnis«.

Schellenberg hat spätestens seit 1943 und bis zum Ende Kanäle nach Westen gesucht, gegen Hitlers Befehl, aber mit Himmlers Rückendeckung, doch es geschah nicht mit humanitärer Zielsetzung, sondern um ein bestimmtes Deutschland zu retten (und damit sich selbst). Die Freilassungen und Musterzüge waren taktische Konzessionen in einem politischen Spiel, falls man sie nicht überhaupt nur als Mittel im Spiel der Geheimdienste bezeichnet. Auch hat er nicht ganz aus eigenem Antrieb gehandelt, er war beeinflusst, vom »Freundeskreis Reichsführer SS«, einigen Industriellen, die Himmler finanziell unterstützten, von Hohenlohe, von Kersten, von Langbehn, den er vielleicht ins Messer laufen ließ, von Krämers Berichten aus Stockholm.

Ebenfalls 1952 starb Jean-Marie Musy. In den Nachrufen wurde die Rettungsaktion nur kurz oder gar nicht erwähnt. An der Totenfeier nahm auch Rabbi Isaak Sternbuch teil, der zum ersten und letzten Mal in seinem Leben einer katholischen Messe beiwohnte. In Fribourg kursierten böse Gerüchte über Geldzahlungen an Musy; sein Haus erhielt den Spitznamen »Villa Theresienstadt«; er hatte es aber schon 1932 erworben.

Benoît Musy, der seinem Vater nicht nur als Chauffeur gedient hatte, sondern in den letzten Kriegsmonaten auf eigenes Risiko große Aktivitäten entwickelt hatte, um den Überlebenden in den Lagern zu helfen, ist nie als Retter gewürdigt worden. Nach 1945 begann er eine Laufbahn als Motorradsportler und gewann mehrere Rennen auf einer Moto Guzzi. 1956 verunglückte er tödlich mit einem Maserati.

In Israel wurde im Jahr 1998 auf Antrag von Reuben Hecht, dem einstigen Residenten des Irgun in der Schweiz, sowie von Gilad Pragay eine Kommission gebildet, die das Wirken von Jean-Marie Musy untersuchte. Sie fasste im Dezember 1999 einen einhelligen Entschluss: Musy habe zwar in diversen Aktionen die Rettung von Juden ermöglicht, doch rügte man die Geheimniskrämerei, die seine Aktionen umgab. Angesichts seiner Vorgeschichte, seiner zahlreichen profaschistischen Äußerungen und des geringen persönlichen Risikos – er habe sich lediglich der möglichen Bombardierung ausgesetzt, aber keine Vorschrift übertreten, gegen keinen Befehl verstoßen – lehnte man es ab, ihn zum »Gerechten unter den Völkern« zu erklären.

Über die Rolle von Coco Chanel als Botin Schellenbergs sind mehr Gerüchte als Fakten in Umlauf. Auch schwanken die Angaben zum Zeitpunkt der Mission. In dem einzigen offiziellen Dokument, in dem ihr Name in diesem Zusammenhang vorkommt, dem Verhör Schellenbergs durch die Engländer im Juni 1945, ist nur von April 1944 die Rede. Hier wurde die plausibelste Version rekonstruiert. Die Modemacherin hat zwar naiv gehandelt, aber wohl daran geglaubt, eine Friedensmission durchzuführen.

Felix Kersten wurde von manchen Leuten im Jahre 1945 als Kandidat für den Friedensnobelpreis gehandelt. Aber seine Rolle war doch zu obskur. Einer seiner Patienten, der holländische General Roëll, habe 1939 zu ihm gesagt: »Gehen Sie ruhig zu Himmler, schützen Sie Holland.«

Graf Bernadottes Buch ›Das Ende‹ erschien am 15. Juni 1945, es war weitgehend von Schellenberg redigiert. Bernadotte versuchte, Kersten, der allerlei Abträgliches über ihn verbreitete und seine eigene Rolle bei den Rettungsaktionen vor Kriegsende herausstrich, zum Schweigen zu bringen. Kersten sagte in Nürnberg zugunsten einiger Angeklagter aus, das schadete seinem Ruf. Die schwedische Staatsangehörigkeit wurde ihm verweigert, Bernadotte ließ ihm drohen, ihn Finnland und damit potenziell den Russen auszuliefern. Die holländische Regierung ließ sein Wirken als Retter durch eine Kommission untersuchen, die zu einem positiven Ergebnis kam, und man verlieh ihm einen hohen Orden für seine Taten. Immerhin sind für Himmler vorbereitete Listen mit Namen von Freizulassenden erhalten, die er wahrscheinlich von Carl Langbehn bekommen hatte.

Ob Kersten auch die Hand aufgehalten hat, ist unklar. Er bestritt, von Himmler viel Geld bekommen zu haben. »Seine Kur hat Himmler nie bezahlt. Er zahlte mit Menschen.« Andere Zeugnisse sprechen von sehr hohen Summen (er habe bis zu 50 000 Reichsmark im Jahr erhalten).

Sicher ist, dass Kersten viel schwadronierte, es mit Titeln und Initiativen, eigenen und fremden, nicht so genau nahm. »Medizinalrat« ist ein Fantasietitel, den er sich ausgedacht hatte, gab Kersten zu; in Finnland sei es ein »Ehrentitel«, sagte er ein andermal. Offiziell nannte er sich »Arzt für manuelle Therapie«.

Anfang Juli 1944 fuhr ein Zug mit 222 holländischen Juden, die Auswanderungspapiere in das britische Mandatsgebiet Palästina besaßen, aus Bergen-Belsen über den Balkan und die Türkei nach Haifa. In entgegengesetzter Richtung reisten zur selben Zeit über 100 »Deutsch-Palästinenser«, Angehörige des pietistischen Templer-Ordens, die von den Briten interniert worden waren. Diese Austauschaktion war nach monatelangen Verhandlungen zustande gekommen und auf deutscher Seite von bestimmten Kreisen im Auswärtigen Amt betrieben worden; den Anstoß hatte die zionistisch orientierte »Jüdische Agentur für Palästina« gegeben, aber auch britische Diplomaten waren beteiligt. Da keine direkten Verhandlungen in Betracht gekommen waren, hatten das Internationale Komitee vom Roten Kreuz und die Schweizer Botschaft in Berlin als Vermittler gedient. Ein Zusammenhang mit der Musy-Aktion war nicht gegeben.

Um das komplexe Schicksalspuzzle etwas anschaulicher und einfühlsamer zu machen, habe ich eine erfundene Geschichte eingebaut. Die Namen von Max Bamberger sowie von Elli Frankfurter sind fiktiv, sie tauchen in der Liste der geretteten Personen aus dem Zug vom Februar 1945 nicht auf. Ebenso wie die fiktive Gestalt von Hans Bürgler wurden sie und alle Mitglieder der Familie »Bamberger« nach wirklichen Schicksalen gezeichnet.

Auch die Episode mit dem Champagnerzug sowie der Ort Hoffingen sind fiktiv. Die Vorgänge um die Ölschieferstollen sowie die Ereignisse aus den letzten Kriegstagen im Schlusskapitel knüpfen an überlieferte Zeugenberichte an. Zitate historischer Figuren halten sich an überlieferte Dokumente; nur bei Zitaten aus Memoiren und privaten Dokumenten wurde aus erzählerischen Gründen leicht redigiert.

Die Verse auf Seite 199 stammen von Christian Wagner.

M. F.

Literatur

Adler, H. G.: Theresienstadt. Das Antlitz einer Zwangsgemeinschaft. Tübingen 1955

Altwegg, Jürg: Geisterzug in den Tod. Ein unbekanntes Kapitel der deutsch-französischen Geschichte. Reinbek 2001

Arendt, Hannah: Eichmann in Jerusalem. A Report on the Banality of Evil. 15. Aufl. New York 1992

Aronson, Shlomo: Heydrich und die Anfänge des SD und der Gestapo (1931–1935). Berlin 1967

Baker, Leonard: Hirt der Verfolgten. Leo Baeck im Dritten Reich. Stuttgart 1982

Bauer, Yehuda: Jews for Sale? Nazi-Jewish Negotiations 1933 – 1945. New Haven und London 1994

Beevor, Antony: Berlin 1945. Das Ende. München 2002

Besgen, Achim: Der stille Befehl. Medizinalrat Kersten, Himmler und das Dritte Reich. München 1960

Biss, Andreas: Der Stopp der Endlösung. Der Kampf gegen Himmler und Eichmann in Budapest. Stuttgart 1966

Böschenstein, Hermann: Vor unsern Augen. Aufzeichnungen über das Jahrzehnt 1935 – 1945. Bern 1978

Brissaud, André: Canaris. 1887 – 1945. Aus dem Französischen von Georg Vogt. Frankfurt/Main 1970

Brown, Anthony Cave: Die unsichtbare Front. Entschieden Geheimdienste den Zweiten Weltkrieg? München 1996

Brown, Anthony Cave: »C«. The Secret Life of Sir Stewart Graham Menzies, Spaymaster of Winston Churchill. New York 1987

Delmer, Sefton: Die Deutschen und ich. Hamburg 1962

Dieckhoff, Alain: Rescapés du Génocide. L'action Musy: une opération de sauvetage de Juifs européens en 1944 – 1945. Basel und Frankfurt/Main 1995.

Douglas-Hamilton, James: Geheimflug nach England. Der »Friedensbote« Rudolf Heß und seine Hintermänner. Düsseldorf 1973

Dulles, Allen Welsh und Von Gaevernitz, Gero S.: Unternehmen »Sunrise«. Die geheime Geschichte des Kriegsendes in Italien. Düsseldorf / Wien 1967

Dulles, Allen Welsh: Verschwörung in Deutschland. Kassel 1969
Favez, Jean-Claude: Une mission impossible? Le CICR, les déportations et les camps de concentration nazis. Lausanne 1988
Felsmann, Barbara und Prümm, Karl: Kurt Gerron – gefeiert und gejagt. Das Schicksal eines deutschen Unterhaltungskünstlers. Berlin 1992
Fest, Joachim: Das Gesicht des Dritten Reiches. Profile einer totalitären Herrschaft. München 1963
Fest, Joachim: Hitler. Eine Biographie. Berlin 1973
Fest, Joachim: Speer. Eine Biographie. Berlin 1999
Fest, Joachim: Der Untergang. Hitler und das Ende des Dritten Reiches. Berlin 2002
Fraenkel, Heinrich und Manvell, Roger: Himmler. Kleinbürger und Massenmörder. Aus dem Englischen von W. W. Elwenspoek. Berlin 1965
Galante, Pierre: Mademoiselle Chanel. Paris 1973
Gautschi, Willi: General Henri Guisan. Die Schweizerische Armeeführung im Zweiten Weltkrieg. Zürich 1989
Gerlach, Christian und Götz, Aly: Das letzte Kapitel. Der Mord an den ungarischen Juden 1944/1945. Stuttgart und München 2002
Grandt, Michael: Unternehmen Wüste. Hitlers letzte Hoffnung. Das NS-Ölschieferprogramm auf der Schwäbischen Alb. Tübingen 2002
Hagen, Walter (i. e. Wilhelm Höttl): Die geheime Front. Organisation, Personen und Aktionen des deutschen Geheimdienstes. Stuttgart 1950
Hanfstaengl, Ernst: Zwischen Weißem und Braunem Haus. Memoiren eines politischen Außenseiters. München 1970
Hassell, Ulrich von: Aufzeichnungen vom anderen Deutschland. Die Hassell-Tagebücher 1938 – 1944. Herausgegeben von Friedrich Freiherr Hiller von Gaertringen. Berlin 1989
Hassell, Ulrich von: Der Kreis schließt sich. Aufzeichnungen in der Haft 1944. Berlin 1994
Herbert, Ulrich: Best. Biographische Studien über Radikalismus, Weltanschauung und Vernunft, 1903 – 1989. Bonn 1996
Höhne, Heinz: Der Orden unter dem Totenkopf. Die Geschichte der SS. München 1984
Höhne, Heinz: Canaris. Patriot im Zwielicht. München 1976
Hoffmann, Peter: Widerstand, Staatsstreich, Attentat. Der Kampf der Opposition gegen Hitler. München 1985
John, Otto: Zweimal kam ich heim. Vom Verschwörer zum Verfassungsschützer. Düsseldorf / Wien 1969
Kempner, Robert M. W.: Ankläger einer Epoche. Lebenserinnerungen. Berlin 1986
Kessel, Joseph: Les mains du miracle. Paris 1960

KAHN, DAVID: Hitler's Spies. German Military Intelligence in World War II. New York 1978
KAISER, CHANTAL: Bundesrat Jean-Marie Musy. 1919–1934. Fribourg 1999
KERSTEN, FELIX: The Kersten Memoirs 1940–1945. Mit einer Einleitung von H. R. Trevor-Roper, London 1956
KLADSTRUP, DON und PETIE: Wein und Krieg. Stuttgart 2002
KLÜGER, RUTH: weiter leben. Eine Jugend. Göttingen 1992
LANZMANN, CLAUDE: Un vivant passe. Entretien avec Maurice Rossel. Paris 1997
MANN, FRIDO: Terezín oder Der Führer schenkt den Juden eine Stadt. Eine Parabel. Münster 1994
MEYER, WINFRIED: Verschwörer im KZ. Berlin 1996 (darin S. 300ff: Carl Langbehn)
MUSY, JEAN-MARIE: La Suisse devant son destin. Extraits des conférences données à Lausanne, Vevey, Neuchâtel, Nyon, Fribourg, Orbe et Genève, Novembre et Décembre 1940, Janvier et Février 1941. Montreux 1941
OPPENHEIM, A. N.: The Chosen People. The Story of the »222 Transport« from Bergen-Belsen to Palestine. London und Portland, OR 1996
PADFIELD, PETER: Himmler. Reichsführer SS. London 1990
REITLINGER, GERALD: Die SS. Tragödie einer deutschen Epoche. Wien, München und Basel 1956 (engl.: Alibi of a Nation)
REITSCH, HANNA: Fliegen – mein Leben. München 1972
RIEGNER, GERHART M.: Niemals verzweifeln. Sechzig Jahre für das jüdische Volk und die Menschenrechte. Gerlingen 2001
SCHELLENBERG, WALTER: Aufzeichnungen. Die Memoiren des letzten Geheimdienstchefs unter Hitler. Wiesbaden und München 1979
SCHELLENBERG, WALTER: The Labyrinth. Memoirs of Walter Schellenberg. Eingeleitet von Alan Bullock, übersetzt von Louis Hagen. New York 1956
SCHRÖM, OLIVER und RÖPKE, ANDREA: Stille Hilfe für braune Kameraden. Das geheime Netzwerk der Alt- und Neonazis. Berlin 2001
SPEER, ALBERT: Erinnerungen. Berlin 1996
SPITZER, FEDERICA und WEISZ, RUTH: Theresienstadt. Aufzeichnungen. Berlin 1997
TAU, MAX: Das Land, das ich verlassen musste. Hamburg 1961
THOMAS, HUGH: SS 1. The Unlikely Death of Heinrich Himmler. London 2001
WEIL, DINA: In a Troubling Age. London 1997
WEINREICH, MAX: Hitler's Professors. The Part of Scholarship in Germany's Crimes Against the Jewish People. New York 1946
WHEELER-BENNETT, JOHN W.: Die Nemesis der Macht. Die deutsche Armee in der Politik 1918 – 1945. Düsseldorf 1954
WITTE, PETER (u. a. Hg.): Der Dienstkalender Heinrich Himmlers 1941–1942. Hamburg 1999

Wulff, Wilhelm Th. H.: Tierkreis und Hakenkreuz. Als Astrologe an Himmlers Hof. Gütersloh 1968

Zweig, Ronald W.: The Gold Train. The destruction of the Jews and the Second World War's Most Terrible Robbery. London 2002

Zuroff, Efraim: The Response of Orthodox Jewry in the United States to the Holocaust. The Activities of the Vaad ha-Hatzala Rescue Committee 1939 – 1945. New York 2000

Das Braune Netz. Wie Hitlers Agenten im Auslande arbeiten und den Krieg vorbereiten. Paris 1935

The Holocaust. Bd. 16: Rescue to Switzerland. The Musy and Sally Mayer Affairs. Eingeleitet von Sybil Milton. New York und London 1982

Unveröffentlichte Quellen

Dokumente aus dem Institut für Zeitgeschichte, München:

Walter Schellenberg, Memoiren (Manuskript) IfZ: 4374/70, darin: Memorandum: ED 90/7

Schellenbergs Verhöre beim Nürnberger Prozess: IfZ 831/53

Dokumente zu Heinrich Himmler (Reden, Briefe): im IfZ: MA 316

Moritz Henschel: Die letzten Jahre der jüdischen Gemeinde Berlin. Vortrag in Tel Aviv 1946. IfZ: 2903/62 – G 01

Reszö Kasztner: Der Bericht des jüdischen Rettungskomitees aus Budapest 1942–1945. IfZ 2903/62 – G-01

Dokumente aus den National Archives at College Park, Maryland, USA:

File XE001752 Walter Schellenberg. Investigative Records Repository

Records of the Army Staff. Record Group 319, darin: Final Report on the Case of Walter Friedrich Schellenberg. London 1945

Dokumente aus Beit Theresienstadt, Theresienstadt Matyrs Remebrance Association, Givat Haim-Ihud, Israel:

»Der Weg in die Freiheit.« Von Theresienstadt nach der Schweiz, geschildert von Hulda Cassel

Yad Vashem:

Dossier Jean Marie-Musy, No 3841, darin: »Rapport au comité suisse de l'Union of Orthodox Rabbis of the United-States and Canada … par le Docteur Jean-Marie Musy…«. Fribourg 1945

Für Ratschläge, Hinweise und Hilfe bedanke ich mich bei:

Annette Antignac, Paris
Evelyn Adunka, Wien
Yehuda Bacon, Jerusalem
Dominique Bourel, Jerusalem und Paris
Friedrich Dahlhaus, Jerusalem
Dagmar Debreil, geb. Langbehn, Paris
Jullian Lord Grenfell, London und Paris
Rainer Hildebrandt, Berlin (†)
John van Oudenaren, Washington
Hannah Peiser, Jerusalem
Michael Bormann, Dresden
Lore Reimann, Berlin
Nurit Reznik, Berlin
Alisa Shek, Beit Theresienstadt, Givad-Haim Ihud
Marga Winckler, Gingen
Mordecai Paldiel und Lucien Lazare, Jerusalem (Yad Vashem)
Mila Ganeva und allen Kollegen vom GREAL at Miami University, Oxford, Ohio
den Archivaren des Instituts für Zeitgeschichte (München), der National Archives in College Park (Maryland, USA) und des Centre de Documentation Juive Contemporaine (Paris)
Andrea Wörle und Beatrice Heiber, München
sowie bei Frauke Jung-Lindemann, Berlin

M. F.